ベトナムとバリアフリー

当事者の声でつくる
アジア的インクルーシブ社会

上野俊行
UWANO Toshiyuki

明石書店

はしがき

　2003年12月、快晴、気温35度。飛行機の窓から見えるホーチミンの日差しはまぶしかった。6時間前に出発した成田とは、30度近い気温差がある。成田から完全防寒状態であった私は、慌てて場違いな厚手のダウンジャケットを脱いだ。熱帯特有の熱気を肌で感じた。しかし、初めて訪れる南国の空気は、アスファルトの照り返しによる真夏の暑さとは違い、さわやかに感じられた。空港の外に出ると、2人乗りは当たり前、3人、4人が同乗する大量のバイクがたえず鳴り響くクラクション音とともに走っている。行き交う人々の声高な話し声と対照的に、腰まで黒髪のアオザイ姿の女性は優雅に歩きながら、やわらかい響きのベトナム語を発している。目にする看板もフランス語で見かけるアルファベットの上に「?」や「〜」の記号がついており、読めそうで読めない。とある試験の合格発表を前に敵前逃亡していた当時の私は、英語圏でも中国語圏でもない、まったく理解できないこの空間に未知なる異文化を感じ、興奮せずにはいられなかった。試験のことを忘れたいと計画した旅行であったが、そのようなきっかけすら忘れるほどの新たな冒険の始まりであった。しかしまだこのときは、その冒険の旅がネバーエンディング・ストーリーになるとは、ふだんから夢見がちと言われる私でも想像していなかったのである……

　このように書くと、人並みの旅行者を気取って、旅行上級者向けガイドブックを片手にバックパッカーでも始めそうな勢いだが、実際の私は車椅子で生活しているのである。冒頭に機内の話を書いたが、じつは機外に出るまでに一苦労があり、「あぁ、これがベトナムの現状なのか」と途上国の洗礼を受けていた。歩行不能なうえ、180 cmを超える身体を自分自身がもてあましている状態を再確認させられたのである。海外に限らず、国内であってもつねに移動の困難を抱えている。その私が介助者の力を借りてではあるが、マイカーである車椅子（のちに電動化）で東南アジアを中心に旅をくり返す。これを記憶だけではなく記録として、さらに紀行文やエッセーではなく、「自分がベトナム人の

3

障害者だったならば……」と、ベトナムのバリアフリーに焦点を当てたのが本書である。

　人間の考え方は生まれた場所が異なるだけで大きく違う。2002年ごろ、インターネットを使った中国語の練習パートナーに、「あなたは車椅子を使っているのに、どうして中国に来るとウソを言うのですか」と詰問されたことがあった。日本で暮らしていれば嘘ではないことがわかるし、それほど珍しいことではないだろう。しかし、その国における障害者の存在が、われわれの日常とは異なると、彼らはわれわれの日常に驚き、またそのような質問を受けた私も驚かされる。このような驚きの発見こそが、地域文化研究の醍醐味でもある。そしてそのような国々では、障害者はまだまだ偏見の対象となっており、社会参加をしている障害者は格好のニュースネタである。「障害者でも頑張っている」という美談は人々に感動を与えるものだから、悪いことではないという反論もあるだろう。しかし世の中、頑張っているのは障害者だけではない。「障害をもちながら」と美化して考えること自体が、すでに偏見によるものであることに気づかねばならない。

　本書は筆者の学位論文を「東京大学学術成果助成制度」の助成を受けて出版するものである。車椅子で生活する重度障害者である筆者が、アジアの諸都市を車椅子で実地走行し、そのバリアフリーの実態を学術的に分析するものである。したがってその分析の視座は、車椅子からみた物理的障壁とその移動手段が中心となっている。

　従来、日本国内のバリアフリーの先行研究は、先進国の先端技術と自国を比較し、自国の劣っている点の解明、あるいはその改良といった、技術的な内容が主であった。必然的に、バリアフリーの後発地域であるアジアに関して、バリアフリーの有無に言及することはあっても、その環境が研究されることは多くない。先人たちはこれらの地を訪れ、日本では考えられない、現地のバリアフリーをすでに知っているのであろう。しかし、このことをわざわざ文章にして残す必要を感じなかったと考えられる。私自身、懇親会で「ベトナムのバリアフリー研究をしています」と自己紹介をし、笑われたことは一度や二度ではない。

　この先行研究のない分野に対し、自らの車椅子で移動し、一次資料を作成し

はしがき

て分析を行い、この不自由極まりないバリアフリーの環境の原因に取り組もう
とするものである。一般に、途上国の遅れているバリアフリーに対し、スロー
プやエレベーターを設置できるだけの経済力がないことを原因にしがちである。
はたしてそうだろうか。ベトナムでもスロープやエレベーターが皆無なわけで
はない。スロープやエレベーターが存在しながらも、何かおかしな点があると
考えたことから本研究は始まる。スロープやエレベーターの有無という経済的
理由で判断されてきたバリアフリーに対し、社会的にとらえ直す試みである。
これは、私がバリアフリーに関し、設備というハードだけでなく、そこに暮ら
す人々もその構成要因として重要な役割を果たすと考えるからである。

　個人的な理由から、ベトナムを選んだ理由は以下のとおりである。まず、日
本との交流も多く、日本人に対し友好的で、好奇心旺盛な国民性ということは
研究の遂行上、大きな優位性として挙げられる。そして2番目として、私が初
めてベトナムを訪れて以来、ベトナムの変化がめざましいこともあげられる。
毎年訪れるごとに、歩道のバリアフリー化が拡張しているのである。しかし一
方で、企業の建物の階段は簡単にはバリアフリー化されない。「（建物の中には）
入れないから諦めようか」。そう思いながら見上げていると、周囲の人が集まっ
てくる。次の瞬間には、車椅子が担ぎ上げられているのである。私がお礼の言
葉を言う間もなく、彼らはすでに持ち場に戻っている。このような文化はベト
ナム固有のものではないのであろう。しかし、私は数か国を訪れたが、どこの
国でも有している文化ではない。そのように考え、この文化の背景は何なのか
という疑問が湧いてきたことが3番目の理由である。

　2020年東京パラリンピックを前に、国内外からのさまざまなゲストを迎え
入れるにあたり、巷では「バリアフリー」がブームとなっている。本書を一読
いただいて、これまでの「バリアフリー＝スロープやエレベーター」という考
えから社会全体のバリアフリーへと視野を広げていただければ、本書の目的は
十分に達せられたといえる。さらに、「ベトナムに行ってみたい」と興味をもっ
ていただけると、ベトナムの地域文化研究者としての冥利に尽きる。

ベトナムとバリアフリー
当事者の声でつくるアジア的インクルーシブ社会

目 次

はしがき　3

序章　途上国にとってのバリアフリー..13

0・1　本書の目的と背景　13

0・2　問題意識　16

0・3　バリアフリー史と先行研究レビュー　19

0・4　本書におけるバリアフリーと関連する語句の定義　27

0・5　方法論　32

0・6　フィールドと対象　34

0・7　本書の構成　37

第1章　権利としてのバリアフリー...39

1・1　バリアフリーの正当性　39

1・2　福祉先進国のバリアフリー化　42

　　1・2・1　北欧　42

　　1・2・2　米国　44

1・3　アジアのバリアフリー化の動き──国連とその影響　50

　　1・3・1　国連障害者生活環境専門家会議　51

　　1・3・2　国連と障害者年　51

　　1・3・3　アジア太平洋障害者の十年　52

　　1・3・4　障害のある人の権利に関する条約（2006年）　53

1・4　小括　53

第2章　ベトナムとバリアフリー...59

2・1　障害者の概況　61

2・2　ベトナムの障害者にとってのバリアフリー　64

2・3　政府からのバリアフリー──法における障害者とバリアフリー　67

　　2・3・1　憲法における障害者　67

2・3・2　障害者に関連する法律　72

2・3・3　バリアフリーの概念　78

2・3・4　書籍『交通バリアフリー』　80

2・4　事業者が供給するバリアフリー　81

2・4・1　都市　81

2・4・2　バス　90

2・4・3　地下鉄　103

2・5　障害者へのインタビュー　106

2・5・1　DP ハノイにおけるインタビュー　106

2・5・2　DRD におけるインタビュー　108

2・5・3　VNAH におけるインタビュー　110

2・5・4　VFD におけるインタビュー　112

2・5・5　傷病兵のインタビュー　113

2・5・6　一般の障害者　115

2・6　小括　118

第3章　ベトナムの市民にとってのバリアフリー..........................121

3・1　ベトナム2大都市の公共交通の現状と問題点　121

3・2　市民の意識調査──アンケートの集計結果から　122

3・3　小括　150

第4章　他都市のバリアフリー..153

4・1　北京──社会主義とバリアフリー　153

4・1・1　政府からのバリアフリー化　154

4・1・2　北京のバリアフリー──フィールドワークを通しての検証　161

4・1・3　調査結果の考察　180

4・1・4　北京編の小括　182

4・2　バンコク──東南アジアにおけるバリアフリーと社会運動　189

4・2・1　政府からのバリアフリー化　191

4・2・2　事業者側からのバリアフリー化に対する調査　192

4・2・3　障害者の活動　203

4・2・4　インタビュー　205

4・2・5　バンコク編の小括　209

4・3　台北──バイク社会におけるバリアフリー化　211

4・3・1　政府からのバリアフリー　212

4・3・2　事業者からのバリアフリー　214

4・3・3　インタビュー　216

4・3・4　公共交通機関とバイクとの関係　218

4・3・5　障害者と公共交通の関係　226

4・3・6　台北編の小括　228

第5章　社会とバリアフリー　231

5・1　政府の役割　232

5・2　障害者の役割　235

5・3　事業者の役割　237

5・4　バリアフリー化の三角形　238

5・5　バリアフリーの形態　243

第6章　ベトナム型バリアフリー　247

6・1　形式的バリアフリーとその認識　247

6・2　日本のバリアフリー文化　252

6・3　日越のバリアフリー文化の比較考察　253

第7章　ベトナムにみられるバリアフリー化の課題　257

7・1　議論の整理と形式的バリアフリーの要因　257

7・2　バリアフリー化の知識と経験　260

7・3　バリアフリー化の目的地　264

目次

終章　動き始めたベトナム──4年後のバリアフリー化の検証..............269

参考文献一覧　　285
インタビュー　　298
付録　　300
　ハノイにおける調査票　　300
　ホーチミンにおける調査票　　303
略語一覧　　306
索引　　308
あとがき　　313

序 章

途上国にとってのバリアフリー

0・1　本書の目的と背景

　本書は、ベトナムにおける障害者が社会参加をするために必要となる公共交通機関を重視し、そのバリアフリー化を論じるものである。従来、障害者が社会参加するための方法としては、社会保障の分野における障害者の権利擁護、法整備、障害年金（所得保障）、教育、雇用機会、リハビリテーションなどいくつかの議論が考えられている。これらのなかにおいて、筆者は障害者の移動手段の確保を第一義の課題ととらえ、公共交通機関のバリアフリー化をこの方法として考える。これは、身体の障害があるがゆえの移動の制約をバリアフリーによって補完することにより、障害者の通勤、通学、通院、日常の外出などの社会参加の可能性が高くなり、障害者本人だけではなく社会全体における生活の質（quality of life、QOL）の向上[1]を期待できるからである。

　本書を通じて、ベトナム社会におけるバリアフリー化の始まりから現在に至るまでの変遷を見直すことにより、ベトナムの公共交通機関のバリアフリーにおける将来像を描き出すことを試みる。さらに現時点で考えられるベトナムのバリアフリーの将来像に対して、バリアフリー社会へ向かうためには何が必要であるかを考察する。そして、本書の考察が、ベトナムの人々にバリアフリー環境のもつ意義を再認識させ、障害者の社会参加の可能性を向上させるために貢献することを目的としている。

　本書のフィールドとしてベトナムを選んだ理由は、途上国にとってのバリア

1）「クオリティ・オブ・ライフの向上」は、リハビリの目標としてよく聞かれる言葉である。

序章　途上国にとってのバリアフリー

フリー、という挑戦的な動機があったからである。一般に、バリアフリーはエレベーターやスロープといったハードウェアを設置するというイメージがあるため、バリアフリーは経済力により解決されると考えられがちである。このため、途上国におけるバリアフリーは議論の俎上に上がることすらない。このような状況下、2006年に採択された国連障害者権利条約に署名した途上国は、どのように対応するのだろうかと考えたのである。筆者自身、バリアフリーは経済力のみでは解決できないという体験をしてきた。途上国におけるバリアフリーをハードの有無の判断で終わらせるのではなく、その質まで考えてみたいと思ったからである。この意味において、1986年のドイモイ政策による経済改革以降、著しい経済発展をしているベトナムは、この経緯を追うのにふさわしい。

　次に、ベトナムにおける障害者の割合が、ほかのアジアの国々と比較して高いことがあげられる（表0-1）[2]。原因としては、他国にもある疾病、交通事故による障害事由以外に、1975年に終結したベトナム戦争による傷病兵、枯葉剤による後遺障害[3]、戦争後の不発弾処理により障害を負った者の存在などがあり、これら戦争の影響は現在も続いているのである。このようにベトナム固有の障害事由を有しているため、国民全体に対する障害者の割合が他国よりも高く、バリアフリーの環境をより必要としている。それにもかかわらず、ベトナムのバリアフリー化は容易には進展していない。その理由として、1975年まで続いたベトナム戦争は国内が戦場であったこと、1978年にカンボジアに侵攻したことにより西側諸国から経済制裁を受けたこと、1979年に中越戦争があったこと、1991年にソ連が崩壊する前の援助停止、さらに自然災害がこれらに追い打ちをかけ、戦後復興が大きく遅れたことがあげられる。

　さらに、ベトナム文化に魅了されたこともある。実際にベトナムを訪れると、ベトナムの街はバリアだらけであり、横断歩道があってもおびただしい数のバイクが走り抜け、車椅子で横断するにはとても危険である。しかしながら、周囲の人たちがすぐに介助に集まるので、車椅子でも簡単に横断歩道を渡れ、階段を上がれる文化なのである。バリアがありながらもバリアを感じさせない、

　　2) 同統計の数値に関しては、指標が世界共通のものではないという批判もある。しかし、筆者は多国間を比較できる統計の一例として引用した。
　　3) 枯葉剤の後遺障害については、隔世遺伝や成人してからの発症などの事例もある。

表 0-1　東アジア各国の障害者人口と障害者の割合

国名	障害者人口（人）	人口比（%）
ベトナム	6,700,000	7.8
中国	85,020,000	6.3
日本	7,442,000	5.8
韓国	2,683,477	5.6
シンガポール	100,000	3.0
タイ	1,871,860	2.9
ミャンマー	1,276,000	2.3
インドネシア	3,063,000	1.4
カンボジア	192,538	1.4
マレーシア	359,203	1.3
フィリピン	942,098	1.2
ラオス	56,727	1.0

出所：国連アジア太平洋経済社会委員会の資料［ESCAP Division Social Development 2012］より筆者作成

ベトナム文化の淵源に興味を抱いたからである。

　バリアフリーに関してベトナム人と会話をすると、老若男女、障害の有無によらず、ほぼ全員から「ベトナムは貧しいから日本のようなバリアフリーは難しい」という返事が返ってくる[4]。筆者がインタビューを行った行政官僚も、同様の回答をしている。ベトナム戦争中のベトナムを表現した「貧しさを分かち合う社会主義」からの訣別としてのドイモイのはずであったが［古田 1996:3］、この文化は少なくとも社会保障の領域においては、ドイモイが始まった 1986 年から 30 年を経た現在でも、ベトナム人の心に根ざしているようである。現在のベトナムはドイモイ政策以降、高度経済成長を続け、2010 年にアジア開発銀行より中進国に格上げされている。2003 年よりハノイとホーチミンにおけるバリアフリーの定点調査を行っている筆者の目にも、ドイモイ以降の経済発展と「貧しい」という用語は相容れない。

　また、ベトナムのバリアフリー化が停滞している理由は、経済力以外にもあると考えられる。この意識からベトナム社会をみるならば、中国と同様に市場経済を導入した社会主義国家であるため、民主主義国家のように国民が意見を発する機会がなかなか実現されない現実がある。そして、洪水のようなバイクの台数が、都市のインフラ整備の面で公共交通のバリアフリー化を難しくしていることも事実である。この一方で、ベトナムでは近年、社会保障づくりが着

　4）日本国内のバリアフリーの研究会においても、筆者の研究テーマが「ベトナムにおけるバリアフリー」ということで、ある日本人研究者から驚かれたことがあった。日本国内でもなかなか実現できていないバリアフリーについて、ベトナムを対象にすることへの疑問であったと考えられる。

序章　途上国にとってのバリアフリー

実に本格化しているという［寺本 2012:171］。このような状況下において、バリアフリーをエレベーターやスロープといったハード技術からだけではなく、その環境を構築するベトナム社会について社会科学の視座から分析する。

0・2　問題意識

　福祉先進国におけるバリアフリーなどの社会政策には、民主主義のもとで市民社会から政府に対して要求を行い、その結果として要求が実現してきた経緯がある。したがって、言論の自由が制限されている社会主義体制下において、バリアフリー化の実現は容易ではないという考えを有する日本のバリアフリー研究者もいる。さらに福祉環境が途上段階であるアジア全般のバリアフリーは、欧米とは異なる。バリアフリーを社会政策のなかの1項目として考えた場合、欧米の社会政策は2度の世界大戦を経て福祉意識や権利とともに発展してきたが、アジアの社会政策は国の経済発展とともに、1990 年代以降に徐々に発展してきた。このような背景から、アジアのバリアフリー化がなかなか進展しなかった理由として、以下の3点が考えられる。

①【政策の優先順位】政府が国家の経済政策を優先させるため、社会政策が優先されない。さらに社会政策のなかでも医療保険、年金と比較して、バリアフリーの優先度が低い。

②【社会からの需要の低さ】社会におけるバリアフリーは、社会の少数である障害者のためのものである。このため、バリアフリーは社会にとっての最大多数の最大幸福とはならない。

③【行政側からの供給】政府側も、社会からの需要がない状態では、社会における少数利用者のためのバリアフリーは、費用対効果の面からも供給は起こりがたい。

　李蓮花［2011］によると、台湾と韓国の事例において、社会政策である医療保険と年金が発展した要因には、政治的要因（民主化）と経済的要因（工業化）があるという。この2つの要因に鑑みて、アジアにおいてバリアフリー化が進展しなかった上記の3つの理由の①は経済的要因であり、理由の②と③は政治的要因であるため、社会政策の1つであるバリアフリーにも両要因は関連していると考えられる。民主化されているわけではない中国ではあるが、2008 年

の北京オリンピック・パラリンピックにおいてバリアフリーが実現している。このため、中国において急激に進展したバリアフリー化について、一般的なアジアの社会政策研究の文脈では説明できない。筆者は、バリアフリーには民主化と工業化以外の要因がさらにあると考えた。

　一方、修士論文における筆者の問題意識は、北京においてバリアフリーが急速に発展できた理由にあった。改革解放前の中国は、国民の権利という意識はまだ高くなく、バリアフリーに対する権利についても同様であった。また、失業問題を基本的に抱えていないとされる社会主義社会では、その問題を解決するための制度、社会保障制度は存在せず、あったのは賃金を補完する生活保障制度であったということになろう、と田多英範が述べている［田多 2004:15］ように、国民に対してなされる社会保障のシステムという点でも遅れていた。これは、市場経済を導入する前の社会主義体制においては労働に応じた所得分配［関 2006:38］であったが、市場主義経済を導入したことにより、社会保障による所得の再分配システムの整備を必要とするように変化したからである。このような背景から、1980 年代後半から労働保険制度の改革あるいは社会保障制度改革が行われ始めた［田多 2004:17］。このことは、中国の社会保障改革は改革解放後の政策の一環として計画的に行われたものではなく、社会保障改革を必要とする社会環境に国内が変化したと考えられる[5]。このように中国社会が変化するさなかの 1982 年、現行の憲法 45 条に「国家と社会は視覚・聴覚・言語障害その他の身体障害をもつ公民の労働・生活と教育を援助し処置する」という明文規定を置いたことにより、バリアフリーを含めた障害者関連の施策が次々となされた。さらに、2001 年 7 月 13 日に北京オリンピック・パラリンピックの開催が決定された。このような経緯があり、政府がバリアフリーを急速に実現したことを考えると、政府に対して社会からバリアフリーの需要がない状態で、バリアフリーが実現したといえる。したがって、中国のバリアフリーの特徴は政府により主導されるトップダウン型であり、北京においてバリアフリーが急速に進展した理由は、外的要因にあたる 2008 年北京オリンピック・パラリンピックである、と結論づけた。そして、このような社会の環境におい

---

5) 田多は「市場経済化は、当然従来からの労働保険制度を中心とした生活保障制度に改革を迫ることになった」と述べている。それに対し鄭功成は、社会保障改革を 1970 年以来の世界の流れとしてとらえており、「市場経済改革を行わなくても中国の社会保障の改革は必要であった」としている［鄭 2007:41］。

序章　途上国にとってのバリアフリー

ては、市民にバリアフリー意識が定着したとはいい難く、バリアフリーの深化
は不十分に終わってしまう。

　筆者の新たな疑問は、仮に北京においてパラリンピックが開催されなかった
ならば、急速なバリアフリーは実現できたか否かである。日本[6] において、バ
リアフリーが社会に定着するまでに、市民は政府に対してバリアフリーを必要
とする声を高めた。これに対して政府は法整備などの対応を迫られ、建築物の
バリアフリーに関する法律である「ハートビル法」[7] (1994 年)、公共交通のバ
リアフリーに関する法律である「交通バリアフリー法」[8] (2000 年)、「ハートビ
ル法」と「交通バリアフリー法」を統合した法律である「バリアフリー新法」[9]
(2006 年)が施行されるまでの間、長年にわたり議論がなされた。同様に、障
害者差別解消法が成立したのは 2013 年（2016 年施行）であり、障害者権利条約
に批准したのは 2007 年の署名から 7 年後、2014 年のことである。これとは反
対に、市民においてバリアフリーを求める声が上がらずに、政府もバリアフ
リー化を急速に推進する動機がなかった場合、市民においてバリアフリーに対
する意識はどのように変化するのか。この問題意識から、博士論文においては
中国の社会体制に近いベトナムを事例研究の対象とした。ベトナムにおいては、
ベトナム戦争を経たため戦争による傷病兵も多く生活している。さらに枯葉剤
後遺症の障害による障害者も多くいるため、ベトナム国内における障害者の数
から考えて、バリアフリーは中国以上に必要なものである。当然のことながら、
国際環境も変化しているため、社会主義体制というだけでベトナムと中国を同
様に扱うことに対し反論は考えられるが、歴史的に中国の影響を大きく受けた
文化、社会主義体制、市場経済などの共通点を有する国家はほかにないことも
事実である。

　現在のベトナムはドイモイ以降、経済発展を遂げている一方で、社会問題と
して貧困問題、社会格差問題、地方格差問題のように優先すべき課題が存在す

　6）大分県の「太陽の家」は 1965 年に開所したリハビリテーション施設であるが、1964 年の東
　　京オリンピック後の「パラリンピックが創始者である中村裕に設立の決意を与えた」という
　　［小林、白川 1969:25］。
　7）正式名称は、「高齢者、身体障害者等が円滑に利用できる特定建築物の建築の促進に関する
　　法律」。
　8）正式名称は、「高齢者、身体障害者等の公共交通機関を利用した移動の円滑化の促進に関す
　　る法律」。
　9）正式名称は、「高齢者、障害者等の移動等の円滑化の促進に関する法律」。

るため、障害者を対象としたバリアフリーの実現は経済的にも容易ではない。このような社会環境におけるバリアフリー化の過程を研究することにより、ベトナムにおけるバリアフリー化を妨げる政治的要因と経済的要因以外のさらなる要因を明らかにすることができる。同時に、修士論文の中国の事例研究において生まれた疑問を、本書で副次的に解決することも考えている。ひいては、発展途上国のバリアフリー化の事例研究を試みようとするものである。

　以上から、経済発展の途上国（以下、途上国とする）におけるバリアフリーに対して、筆者が有する問題意識は以下のとおりである。途上国は経済開発を優先するため、福祉を前面に押し出した政策は後手になりがちである。このような地域では、障害者の権利や障害の社会モデル（後述）を根拠にした政策は受け入れられがたい。筆者が論じることは、地域独自の社会と文化を理解したうえで、障害者に対する政策が社会全体の利益になるものであるか、あるいは国家の政策が障害者を包摂するものであるかを考えることにより、途上国の政策として受け入れられやすいバリアフリー化へと導くことができる方策である。

0・3　バリアフリー史と先行研究レビュー

　筆者の研究対象は、物理的障壁に対するバリアフリーである。物理的バリアフリーの研究は、ほかの学問と比較して新しい研究分野であるため、研究の蓄積は豊富ではない。さらにベトナムに関するものとなると、皆無に近かった。

　バリアフリー研究の初期には、工学系を中心にバリアフリーの技術論が議論されていた。しかし近年は建築基準法により、バリアフリーではない設計に対しては建築許可が下りない。現代社会の大前提として、物理的バリアフリーは当然のものとして必要であるという考えがあるため、障害学を中心に、物理的障壁よりも社会的障壁についての議論の場が増えている。

　世界的にみると、福祉の領域では北欧と米国が先行していたが、バリアフリーを具体的に定義した研究は、米国のANSI（米国国家規格協会、American National Standards Institute の略）［1961］が世界で最初であると考えられる。車椅子を利用する障害者を主体に考え、客体である建築物にどのようにアクセス（利用）できるようにするかを数値で表した研究結果ともいえる内容である。北欧においては1950年代に、知的障害者の施設のためにノーマライゼーションの概念

序章　途上国にとってのバリアフリー

を取り入れるための活動を行っていたが［河東田 2009、花村 1998、ニィリエ 2000、高藤 2009］、バリアフリーへの直接の言及はなかった。

　そして、このバリアフリーが世界的に認知されたのは、1974 年の国連の報告書『バリアフリー・デザイン』（*Barrier-free Design*）[10] である［Hammerman and Duncan 1975、総理府 1995］。同報告書では障壁に関して、物理的障壁と社会的障壁の 2 つをあげており、物理的障壁の数値に関しては世界標準として扱われた。このため同報告書のバリアフリーは、物理的障壁を対象としているという印象が強かったように思われる。その後、国際障害者年（1981 年）、国連障害者の十年（1983 年～ 1992 年）によって、バリアフリーという言葉が日本に普及した。この当時のバリアフリーに対する概念は、ANSI 同様に主体は車椅子の利用者であり、客体は建築物であった。

　日本の障害者のバリアフリーを求める活動は、車いす市民全国集会など 1970 年代前後から始まっていたが、バリアフリー研究が出始めるのは 1990 年代以降になる。1994 年のハートビル法、2000 年の交通バリアフリー法とバリアフリーに関連する法律も施行された。日本の高齢化社会を背景に、北欧の高福祉からのノーマライゼーションの理念が日本でも紹介されていた時期である。このような時期に、生活環境の改善をめざすものとして、バリアフリーが取り上げられた［野村 1991、高橋 1996］。野村みどりは生活環境論という立場から、物理的障壁の改善を目的とするバリアフリー研究を行った。住宅、福祉、医療、教育、交通の施設のバリアフリー化にアプローチした文献は、日本初の本格的なバリアフリー研究の論文集である［野村 1991］。1980 年代にふるわなかったバリアフリー研究が 1990 年代になって本格的になり始めた背景として、国民にとって高齢化社会が他人事ではなくなったことが大きいと考えられる。また、国際障害者年以降、障害者のためのバリアフリーは社会に浸透していたとはいえなかったため、研究者たちが高齢者問題と障害者問題を積極的にリンクさせたことも、社会的要因の 1 つとして考えられる。この高齢化社会を背景に、バリアフリーの主体は障害者だけではなく、高齢者、妊婦、幼児、ベビーカーを押す人も含まれるように拡大している。

　また、バリアフリーの主体の拡大を明確にしたものがユニバーサルデザイン

　　10）同報告書全文の日本語訳は、日比野編『図解 バリア・フリー大百科』［1999: 206-228］に収められている。残念ながら、筆者は原書を入手できていない。

0・3　バリアフリー史と先行研究レビュー

写真 0-1　米国シャーロット地域交通システム（Charlotte Area Transit System、CATS）の ST サービス車両
[Disability Rights & Resources]

である［川内 2001、2007、古瀬 1998］。バリアフリーが社会に浸透する過渡期において、車椅子の利用者だけを対象にしたバリアフリーではなく、すべての利用者を対象にするユニバーサルデザインは斬新な発想であった。川内美彦は自己の人脈により、ユニバーサルデザインの発案者であるロナルド・メイス（Ronald Mace）の資料などを独自に収集している。このようにして、社会のバリアフリーのニーズは徐々に変化していったといえる。バリアフリーの主体を障害者からすべての人に拡張したことは、米国の商業ベースからの発想でもあった。

　同時期に、建築物のバリアフリーだけではなく、公共交通機関のバリアフリーを論じた研究も出始める［秋山 2001、2003］。建築物のバリアフリー研究が主流のなか、秋山哲男の研究は、都市交通工学の視座より公共交通機関をアクセシブルにすることにより、都市全体をバリアフリー化させる構想であり、障害者の移動を重視している。都市全体をバリアフリーの客体としたモビリティ（移動性）を重視する点において、筆者も秋山と同様の考えを有する。秋山の考えは、ドア・トゥ・ドアである欧米の先進福祉の考えと先端技術の車両を、日本の都市に導入することである。具体的には、ST サービス（スペシャル・トランスポート・サービス、特別輸送サービス）という、欧米ですでに実践されている公共移送サービスやコミュニティ交通のことで、秋山は公共交通を利用できない障害者のモビリティの手段として提言をしている（写真 0-1）。コミュニティ交通は、低密に居住しているような場所では、無理に公共交通のサービスを行っても、運用経費がかさんで料金収入ではまかなえず、多額の税金がつぎ込まれることにな

21

序章　途上国にとってのバリアフリー

るという考えから、小型車両などに相乗りする形態のほうが、公共バスを走らせるよりも採算が合うという考えに基づく［秋山 2001:62］。ST サービスとコミュニティ交通は、日本の過疎地域では十分に議論できる内容である。しかしながら、日本国内でもなかなか実現できていない手段を、バリアフリーの概念が根づいていない東アジアの都市において、障害者のために準備するのは財政的に容易ではないと考えられる。また、交通渋滞を引き起こす車両の台数が問題となっているベトナムにおいて、ST サービスのような車両をさらに走らせることに有効性があるとは考えづらい。

　以上のような建築物や交通機関をバリアフリーにすることが論じられ始めたのは十数年前にすぎないのだが、当時としてはまだ斬新な研究であり、バリアフリーの概念がまだ社会に浸透していない時期でもあった。そのため、2001 年の発表論文のタイトルに「バリアフリー」の語句を使用することを躊躇した著者もいたという［秋山 2003:385］。

　このように、1990 年代から 2000 年代前半にかけては、日本のバリアフリー研究の中心は、工学系の視座より物理的障壁の除去をめざした研究であったといえる。しかしながら、バリアフリーやユニバーサルデザインはまだ啓蒙の段階で、先行研究はバリアフリーについて論じるよりも、バリアフリーとはどういうものか、なぜ必要かという概説的なものが中心であった。この分野の研究者たちが中心になって行った 15 年間の研究活動は、『福祉のまちづくりの検証』として日本国内のバリアフリーについて官民学のさまざまな角度からまとめられている［日本福祉のまちづくり学会 2013］。同書は技術的な内容にとどまらず、法整備の経緯についてもふれており、日本国内のバリアフリー史を知るうえで欠かせない文献といえる。以上のように、国内の先行研究の中心は欧米の先進技術を研究したうえで、バリアフリーが必要なことを前提に議論している。バリアフリーを経済的要因としてとらえているため、途上国のバリアフリーに関する先行研究は存在していない。

　このような研究の流れがあるなか、「国連障害者の十年」（1983 〜 1992 年）を経て、1993 年に国連で採択された「障害者の機会均等化に関する基準規則」では、政府に対し社会のバリアを認識することを求めた。この影響を受け、政府は障害者白書において、社会のバリアとして、物理的環境、制度、情報、意識の 4 つの障壁を具体的にあげた［内閣府 1995］。これにより、バリアフリーの

客体は建築物だけではなくなり、社会全体へと拡張されている。とくに、意識のバリアという目に見えない障害（障壁）に関しては、当時の工学系のバリアフリー研究者たちも戸惑っていたようである。この意識のバリアに対しては、「心のバリアフリー」という言葉も生まれる。これらの4つの障壁があげられたことにより、物理的障壁以外の障壁も研究対象になり、バリアについて幅広い視野で議論されるようになる。心のバリアフリーに関しては、徳田のように、個人に起きた障害という不幸な出来事を社会は認識したうえで、障害者にどのように対処するかを学ぶ必要がある、という新たな知見もある［徳田2005］。1974年の国連の報告書で言及された社会的障壁が、日本においてもようやく認識され始めたといえる。

　バリアフリーに関して、工学系とは別の研究分野として障害学があげられる。障害学は1990年代の英国と米国において研究が活発になっており、先駆的である［Barnartt and Scotch 2001、Oliver 1990］。従来、障害者と直接関わっていた医療や福祉が、障害者を庇護の対象とする慈悲アプローチであったことに対し、障害学では障害者は権利の主体であるという権利アプローチを行う。とくにオリバーは「社会モデル」を理論化しており、資本主義社会からの排除を「障害」の原因としてとらえた。障害を個人と社会に分別して二元的にとらえ、障害の原因を個人に帰責する「医学モデル」ではなく、社会に帰責するとする「社会モデル」は画期的な考えであった。日本では2000年ごろから研究の蓄積が始まる［石川ほか1999、2002、杉野2007、長瀬1999、中邑ほか2012、星加2007］。なお、2006年の国連障害者権利条約も、障害の社会モデルの考えに基づいている。松井彰彦が主催する研究会は、法学、経済学、社会学から障害学を分析している。ただし、障害者の権利の視点に立った先進国からの議論になっているため、途上国で受け入れられることはまだ容易ではない。バリアフリーに対する障害学のアプローチも先進国の影響を受けていることもあり、バリアフリーであることを前提として議論されている［川越ほか2013］。このため、障害学において途上国のバリアフリーに関する議論は存在していない。

　国外のバリアフリー研究は、根本的にバリアフリーは経済力により解決されるものと考えるものが多い。また、バリアフリーは設置されることが当然視されているため、有無が問題になるのであり、このバリアフリー化の経緯に関する先行研究はほぼ皆無である。米国の障害研究の中心は差別禁止法に至るもの

が中心であり［Scotch 2001、Shapiro 1993］、バリアフリーは1つの条項として明記されているため、バリアフリーにしないこと自体が法律違反になるからである。このなかで川内［2001、2007］はユニバーサルデザインの観点から、米国の障害者関連の法律の歴史的背景を紹介している。米国の障害者に関しては、「障害をもつアメリカ国民法」（Americans with Disabilities Act of 1990、ADA 法）からの研究はあるが［杉野 2007］、川内の研究は米国のバリアフリーに関して言及している数少ない先行研究である。しかしながら、日本以外のアジアについての言及はない。

　アジアという視点でみると、古瀬敏［1997］が著書で、国連アジア太平洋経済社会委員会（United Nations Economic and Social Commission for Asia and the Pacific、UNESCAP、以下 ESCAP）のバリアフリープロジェクト（北京の住宅地、バンコクの商業施設、ニューデリーの官公庁）に言及している。しかし事実確認にとどまり、プロジェクトが始まった経緯などについては言及していない。

　中国のバリアフリー研究では、高橋儀平の研究が中国語訳されている［高橋儀平 2003］。近年の高橋は中国、韓国と共同で、バリアフリー研究のプロジェクトを立てている。中国のバリアフリーに関しては、権利という概念を社会に実現することは難しいこともあり、技術的な研究が中心となっている。また、アジアのなかでは日本が先行しているので、日本の技術導入・支援という手法をとることで自国のバリアフリー化を進めようとしており、日本のバリアフリーを研究する形となっている。

　アジア全体がこのような状況なので、ベトナムのバリアフリー研究になると研究の蓄積はさらに乏しく、ベトナムの障害者に関連する研究から入っていく必要があった。ベトナムの障害者に関連する研究の多くは、枯葉剤後遺障害に関連するものである［Palmer 2010、タカサキ 2006］。それらはバリアフリーへの言及はなされておらず、日本では黒田学が教育学の視座より本格的にベトナムの障害者研究を行っている［黒田 2003、2006］。黒田はベトナムの障害者関連の法律にも言及しており、ベトナム障害者研究の先がけともいえる研究書である。だが障害児教育が同研究の中心であるため、バリアフリーに関しては法律の文言でふれられてはいるが、黒田自身がふれたものではない。また寺本実［2011］は、地方に住む障害者たちを対象にインタビューを実施し、障害者の生活状況を分析した事例研究を行った。そして一般障害扶助制度に関し、枯葉剤後遺障

害を含めた戦争による被害の因果関係を国家が認定するか否かでいかに異なるかを明らかにしている。地方の障害者を論じる先行研究は存在しないため、貴重な内容である。ただし、本書の対象となる都市部の障害者に対する言及まではなされていない。

2008年になり、ベトナム最初のバリアフリー研究が発表される。カオ・チョン・ヒェン (Cao Trọng Hiển) 編の『交通バリアフリー』(Giao thông Tiếp cận)[11][2008]である。米国のバリアフリーの技術ガイドラインを示した、トム・リッカート (Tom Rickert) の『モビリティフォーオール：世界各地のアクセシブルな交通機関』(Mobility for All) [Rickert 1998] の内容が中心となっている。ただし同書は概説書であり、先進国をモデルにしてベトナム社会のバリアの現状を述べるにとどまる。ほかにベトナムのバリアフリーに言及した研究としては、伊藤彰人の「ベトナムのバリアフリー環境事情」[2010b] や「東南アジアの発展途上国の鉄道駅における日本型バリアフリー基準の適応要件に関する研究」[2010a] といった、日本福祉のまちづくり学会における研究報告が存在する。ベトナムにおける最新のバリアフリー事情を知るうえで参考になるが、ハードが中心となるため、現状報告にとどまっている。

また、ベトナム国内においても障害者に関する先行研究はまだ少なく、博士論文と修士論文で若干みられる程度である。これらのなかで、グエン・ティ・バオ (Nguyễn Thị Báo) の博士論文である「現在のベトナムにおける障害者の権利に関する法律の改善」[2008] は、ベトナムの法制度と国外の障害者に関する権利の法律を比較しながら、自国の障害者の権利について論じている。2008年の段階では、ベトナムにおける障害者を扱った数少ない論文の1つといえる。しかしながら、バリアフリーへの言及はなされていない。2011年になり、『教程 ベトナム障害者法』(Giáo Trình Luật Người Khuyết Tật Việt Nam) が、海外の助成金を受け、法科大学の教科書として出版された。同年はベトナムにおいて障害者法が施行された年でもあり、ハノイとホーチミンの法科大学の専門科目で使用されているという。今後、ベトナムの障害者の権利という意識の発信源としても期待できる。ほかにベトナムにおける障害者に関する研究は、ベトナムの労働・傷病兵・社会福祉省による障害者政策を扱う調査報告が主である。

---

11) Tiếp cận を日本語訳すると「アクセス」に相当するが、本研究に対応させ「バリアフリー」と意訳した。

序章　途上国にとってのバリアフリー

　先行研究を概観すると、工学の視座によるものは技術的な物理的環境がおもなものであり、先進国のバリアフリーの状況を紹介し、物理的なバリアフリーに関して具体的な数値をあげながら技術を論じるものが中心である。技術面でバリアフリーを論じるものは、バリアフリーをスロープやエレベーターとしてとらえており、バリアフリーをツールという一過性のものとして終わらせがちである。また、ベトナムに言及するものは研究発表報告に限られる。社会学や障害学では、バリアフリーは社会保障のなかでも非常に限定されたものであるため、障害者の権利のなかに包括され、物理的環境を当然のものとしてとらえたうえでの障害者の権利を扱う傾向がある。したがって、バリアフリーへの言及がなされることは多くない。

　技術的な先行研究は、バリアフリーが社会において必要なものとして認識されている先進国において、バリアフリーのハードを所与の社会条件にいかに適合させるかを論じる内容といえる。しかしながら途上国においては、バリアフリーを必要とする認識がまだ十分には確立していないため、途上国に先進国のバリアフリーのハードを直接導入すると、所与の社会条件とはアンバランスな結果となるという視点が見落とされている。このため、途上国のバリアフリーを論じるためには、バリアフリーを必要とする社会環境についても論じることが必要である。一方、ベトナムの障害者に関する先行研究は、法整備に関するアプローチが主である。また、近年のベトナムの政府機関の報告書は、ベトナム国民全体の状況を知るうえで、国内の障害者数や障害の程度の現状を把握することを目的としている。しかしながら、障害者が生活する場である社会環境にまでは言及していない。またバリアフリーに関する法整備もなされているが、建築物に対するルールであり、都市全体としてバリアフリーの社会環境をつくり上げるためにどのようにすべきか、という点までは踏み込んでいない。

　本書は、ベトナムの地域文化を念頭に置いて、ベトナム社会にとって適合しうるバリアフリー環境の構築にアプローチするものである。階段にスロープを設置したり、バスにリフトを設置して車椅子で乗車できるようになったりすることにより、バリアフリーの問題が解決するならば、工学技術の領域におけるバリアフリーのハードの問題である。筆者は社会におけるバリアフリー環境を、バリアフリーのハードのように一過性のものとは考えていない。バリアフリー化する必要性と、バリアフリー化することでベトナム社会がどのように変わる

26

のかを、本書の射程としている。バリアフリーを論じるにあたり、地域研究の視点を学際的に交えた先行研究は、管見のかぎり存在しない。

0・4　本書におけるバリアフリーと関連する語句の定義

バリアフリーとは、バリア（障壁）をフリー（除去）にすることである。ここで、このバリアとは何かを考える前に、バリアフリーを利用する主体である障害者はどのような存在であるかを明確にする。

「障害がある」という表現[12]には、いくつかの理解が考えられる。1つ目として「あの人には障害がある」というように、ある個人の身体的機能が欠損あるいは損傷していることをさすならば、この場合の障害を表す語としてインペアメント（impairment）が相当する。2つ目として「あそこに障害がある」というように、日常生活における障害（物）や障壁など物理的なものをさすならば、この場合の障害を表す語としてディスアビリティ（disability）が相当する。3つ目として、障害を社会的な不利益としてとらえる考え方もあり、この場合の語としてハンディキャップ（handicap）[13]を使うこともある。日本国内において近年、社会的不利益について議論されることも多い。本節にかぎり、障害の意味の混乱を避けるため、3種類の障害をカタカナで表記する。

バリアと障害者の関係であるが、川島聡は細く狭い階段を上った先にあるレストランの例を用いて、車椅子利用者が車椅子から降りても入店できない状況を説明している［川島 2011:291］。筆者は、地下鉄駅の事例に置き換えて、川島の例を本書に応用してみる。日常的に車椅子を使用する、インペアメントがある人がいる。その人が地下鉄に乗ろうとしたさいに、地下鉄駅にあるのは階段だけで、エレベーターがなかったとする。この環境はインペアメントがある人にとって、階段というディスアビリティが存在する状況である。さらにディスアビリティが原因で、地下鉄に乗車できないというハンディキャップも負わせられたことになる。この場合、ハンディキャップになる理由は、地下鉄を使えば目的地まで簡単に移動できるはずであるが、階段しかない地下鉄駅では地下

12）「障害を持つ」という表現もあるが、「持つ」に自分の意思が介在するニュアンスがあるため、近年では「障害がある」という表現に変化している。

13）ハンディキャップという用語が物乞いを連想させるという話もあるが、引用元である川島の「差別禁止法における障害の定義」に従う。

序章　途上国にとってのバリアフリー

鉄という移動手段が強制的に消去され、別の手段（自走やタクシー）による移動
を選択せざるをえなくなり、時間や金銭などの不利益を被るからである。一方、
インペアメントがなく、車椅子を必要としない人の場合、階段を利用できるた
め、階段はディスアビリティとはならず、ハンディキャップを負うことはなく
なる。また、たとえ聴覚のインペアメントがあっても、階段を利用できるなら
ば、これらの人々にとって階段はディスアビリティとはなりえない。このよう
に考えたならば、インペアメントとディスアビリティの相互作用により、ハン
ディキャップを負わされるという結果になる［川島 2011:314］。本書におけるバ
リアとは、このディスアビリティのことであり、障害者とはインペアメントの
ある個人のことである。このようにハンディキャップをインペアメントとディ
スアビリティとの相互作用としてとらえる考え方が社会モデルであり、一方イ
ンペアメントのみとしてとらえる考え方が医学モデル（個人モデル）である。

　およそ 1990 年以前の社会では、医学モデルが中心であった。医学モデルで
は、障壁（バリア）を乗り越えるには、個人のインペアメントをリハビリによっ
て機能回復させる必要があると考えられていた。同モデルに従うと、回復しな
いインペアメントを有する個人は、社会への参加が難しいということを意味
する。これに対し社会モデルは、障害学が存在する先進国の障害者には広く
浸透した考え方である。しかしながら、タイのようなバリアフリー途上国に
おいては、障害者でさえ社会モデルを明確に理解しているわけではない［千葉
2011:40］。ハンディキャップは一個人のインペアメントに属するものという考
え方が主流であり、この風潮はベトナムでも同様であると考えられる[14]。いず
れの場合であっても、インペアメントがある個人とバリアは密接な関係にある。
本書におけるバリアフリーとは、ディスアビリティを取り除くことでハンディ
キャップを軽減することも射程に入っている。

　また、バリアフリーという用語についてであるが、日本において平成 17 年
度の国民の認知度は 93.8％である［内閣府 2006］。しかしながら、今日の米国
ではあまり使用されておらず、マイナスのイメージがもたれているという［川
内 2007:7、2001:41］。日本で一般に使われているバリアフリーに相当する用語
は、米国ではアクセシブル（accessible）[15]である。また近年の日本国内において

14）筆者のインタビューにおいて、とあるベトナム人障害者リーダーは医学モデルと社会モデ
　ルを理解していなかった。

も、情報バリアフリーなどバリアフリーの対象範囲が広がっているため、たんにバリアフリーというだけでは対象が不明確になることもある。そこで筆者は、本書のバリアフリーを「車椅子の利用者を含めて移動可能である状態」と定義する。これは、移動の障害を有する場合、車椅子がもっとも汎用なツール（tool、器具）であり、車椅子で移動できる状態であれば、ほかの人々が移動困難になることは少ない[16]という理由からである。

なお、米国でバリアフリーという用語が使用されていない理由を考察すると、以下のことが考えられる。米国における最初（1961 年）のバリアフリーのガイドラインである ANSI A117.1（第 1 章参照）は、世界最初のバリアフリーのガイドラインでもある［中国残疾人联合会 2002:786][17]。題名には "American National Standard Specifications for Making Buildings and Facilities Accessible to, and Usable by, the Physically Handicapped"（身体的障害を有する人がアクセスでき、利用できる建物と施設をつくるための米国国家標準仕様）とあり、同書においてもアクセシブルが使用され、バリアフリーという言葉は使用されていない。

また、ANSI A117.1 は 1980 年に大改訂されたが、この改訂作業の中心人物であるエド・スタインフェルド（Edward Steinfeld）の私的見解[18]によると「バリアフリーは、その当時は今日のユニバーサル・デザインのように、非常に限られた人たちのみがそれを理解している言葉だった」[19]とある［川内 2001:11]。そして、2004 年に川内が行ったインタビューに対し、米国のリハビリプログラムに大きな功績を残したティモシー・ニューゼント（Timothy Nugent）は「いろいろなバリアがあるが、バリアフリーといったときには、それが何をさしているのかがわからず、建物の物的環境をさしているとは連想できない」と答え

15）米国で車椅子に乗ったまま利用できたタクシーの会社から筆者自身が受け取った名刺には、Wheelchair-accessible taxi と書かれていた。
16）ここで「少ない」と表現する理由は、視覚障害者の利用を考慮してのことである。バリアを除去することで車椅子は通過できるが、視覚障害者がバリアフリーとよぶためには、障壁を除去した後に点字や点字ブロックなどのツールを設置することが必要であったり、逆に階段があったほうが便利とされるからである。しかしながら、ここでこの議論を深めることは、車椅子のスロープの角度などバリアフリーの最低限の条件たる「障壁の除去」の意味から遠のくため、本書には適さない。
17）同ページにおいて、1930 年代にスウェーデンとデンマークにおいてバリアフリーの施設があったことを言及しているが、具体的には示されていない。
18）川内への私信の内容である。
19）同書の出版が 2001 年であることから、スタインフェルドの回答は 1990 年代であると推定される。

序章　途上国にとってのバリアフリー

ている［川内 2007:90-91］。これらから、米国一般において、バリアフリーの概念としてアクセシブルを本来使用しており、バリアフリーという用語は対象が曖昧になるため普及していなかった可能性もある[20]。

　一方、バリアフリーの用語に対して、日本は米国と正反対の方向で発展している。日本においては、バリア（障壁）として、政府は 1993 年 3 月に「完全参加と平等」の実現に向けて「障害者対策に関する新長期計画―全員参加の社会づくりをめざして―」を策定し、同計画のなかで「物理的障壁」[21]、「制度的障壁」、「文化・情報面での障壁」、「意識面での障壁」を、障害者をとり巻く4 つの障壁として指摘し、バリアの対象を具体化して曖昧さを回避している［総理府 1995:4-12］。このことは、障害者の社会参加が進むにつれて、物理的障壁以外のバリアが認識された結果だと考えられる。

　また、障害者白書が指摘するバリアフリー以外にも、社会においては日常生活の物品に対してもバリアフリーの概念を有しているとも考えられる。そしてユニバーサルデザインという概念も、日本国内では普及している[22]。バリアフリーの設計は障害者を対象にしてデザインするために障害者専用のものになりがちであるのに対し、ユニバーサルデザインとは対象者を障害者のほか、高齢者、妊婦、子供から一般人にも拡大した普遍的なデザインを意味する。このデザインの概念は、米国のメイスにより提唱された［川内 2007:8］。大きな相違点は、バリアフリーは障害者に特定してデザインするため普遍性を有しているとはい

20）このような言語文化の違いは、同じバリアフリー関係の語句のなかにもう一例存在する。スロープという用語はバリアフリー化のツールとして、日本国内でもっともよく知られている用語の 1 つであるが、米国においてはランプ（ramp）が用いられる。ランプは 1961 年版 ANSI A117.1 のなかでも "An exterior ramp, as distinguished from a "walk," would be considered an appendage to a building leading to a level above or below existing ground level."（「通路」と区別される外部のスロープは建築物に付属し、地表面に対し上方向あるいは下方向に導くものと考えられる）［ANSI A117.1 1961: 6］と定義づけられる。筆者の友人である米国人の語感によると、英語におけるスロープとランプの違いは、前者は自然界のもの（日本語では「坂」に相当する）であり、後者が人工的なもの（日本語ではスロープ）だそうである。日本においては、ランプは高速道路の出入口に使うぐらいで、使用例が少ない。ベトナムにおいてはランプに相当するベトナム語は一般にはまだ確立しておらず、"cầu để dắt xe"（駐車するための橋）、"lối đi lên vỉa hè"（歩道に上がる通路）という表現をしている。また ANSI A117.1 において、walk に関して 5 項目の定義がなされている。

21）今日では障害者権利条約など、世界的な潮流で「アクセシブル」とカタカナで表記することが多くなっている。しかしながら、日本ではバリアフリーのほうが用語として定着しているため、「アクセシブル、日本でいうバリアフリー」という表現をする研究者もいた。

22）日本国内における認知度は、平成 17 年度の調査によると 64.3％である［内閣府 2006］。

えないので、特別注文となりコストが高くなりがちである。一方、ユニバーサルデザインは普遍性を有しているので、商業ベースに乗りやすく、大量生産によるコストダウンも可能である。

さらに、英国発祥のインクルーシブデザインという概念もある[23]。英国規格協会（British Standards Institute）の定義によると、「流通している製品あるいはサービスに対し特別な変更や仕様を行わなくても、できるだけ多くの人々がアクセシブルでユーザブルであるデザイン」である。この定義を解釈すると、一般向けのデザインを障害者向けに拡張してデザインすることにより、障害者も含めて誰もが利用できるという理念は、ユニバーサルデザインと共通である。両デザインに対して逆転の発想をするならば、障害者も含めて利用しやすい一般的なデザインの形態であるのだから、障害者が利用できない形態は、ユニバーサルデザインともインクルーシブデザインともよぶことはできない。

以上から、本書のバリアフリーの調査は、ユニバーサルデザインやインクルーシブデザインの最低限の条件である「車椅子の利用者を含めて移動可能である状態」のデザイン（設計）を有しているか否かを対象にする。なお、社会に包摂される障害者には、肢体不自由者、視覚障害者、聴覚障害者、精神障害者、知的障害者などがあげられるなか、とくに車椅子を調査のツールとする理由は以下のとおりである。車椅子の利用に対する改造は、目に見える障壁（ハード）が対象となる。近年のエレベーターは車椅子利用者にかぎらず、高齢者、妊婦、子供、ベビーカーに対してもユニバーサルに利用できる仕様として発展し、点字や点字ブロックも施されている。このように、車椅子用の改造であるバリアフリーは、視覚障害者も含めたユニバーサルデザインとなる可能性が高い。一方で、エレベーターやリフトの設置、ノンステップバスの導入などは高額な負担を強いる[24]ため、事業者も経済的負担を理由にバリアフリー化を起こしがたい。したがって、高額な経済負担をして行うバリアフリー化には、供給する事業者のバリアフリー化に対する意識を捕捉しやすいからである。

23) 誰にとっても使いやすいことをめざすという点ではユニバーサルデザインと同じだが、最初からすべての人を想定することの難しさを克服するため、ただ1人の個人に徹底的に向き合うことからデザインを始める点が特徴的である［塩瀬 2009]。
24) 改造にかかった費用は非公開なので、補助金の申請データから整備費用の平均額を算出した先行研究が存在する。既存の駅を障害者トイレの改造を含めてバリアフリー化するために、エレベーターを1基設置する平均費用は約 8500 万円、2基では1億 5000 万円である［沼尻 2011:44]。

序章　途上国にとってのバリアフリー

0・5　方法論

　ベトナムのバリアフリーに関する先行研究は存在しないため、筆者のフィールドワーク、市民からのアンケート、関係者のインタビューによる一次資料の収集が中心となる。

　バリアフリー化のプロセスを考えたならば、バリアフリーを強制できる立場の「政府（行政、立法、司法）」、バリアフリーを供給する社会のなかの「事業者（サービス提供者）」、バリアフリーを需要する社会のなかの「障害者」の３者の関係で、最終的にはバリアフリーが形成されると考えられる。そしてこれらの３者に社会の人々が影響を与えることで、形成されたバリアフリーのバランスが変化すると考えられる。さらに、バリアフリーを主導する主体が政府（トップダウン）であるか社会（ボトムアップ）であるかでも、この形態は変わりうる。このことから、本書において筆者は、バリアフリーの法制度（政府）、バリアフリーのハード（事業者、障害者）、バリアフリーのソフト（事業者）、心のバリアフリー（社会）の４つの観点より論じる。

　具体的には、政府の観点を知るために、ベトナムにおける障害者関連の法律とバリアフリーの法律の制定過程に関わる文献資料を渉猟し、ベトナムのバリアフリーに関連する法律を系統だてる。そのさいに、術語の定着の度合いにも着目している。そして、バリアフリーに関わる行政関係者にインタビューを行う。

　次に、事業者の観点を知るために、政府の法律にどのように対応しているかインタビューを行う。さらに、バリアフリーのハードとソフトの具合を、筆者自身が車椅子により検証する。これにより、事業者がどのようなバリアフリーを供給しているかを知ることができる。

　そして、障害者の観点を知るために、バリアフリーに関するインタビューを行う。そのさいに、筆者が検証したバリアフリーがどのようであるかをすり合わせる。このことにより、筆者が収集したデータに客観性をもたせることを目的としている。

　さらに、市民のバリアフリーに対する観点を知るために、ベトナムの２大都市においてアンケート調査を行う。このアンケートの集計結果からバリアフリーに対する社会の考えを分析し、住民の心のバリアフリーという、見えない意識を導き出すことを試みる。副次的に、筆者の参与観察により、障害者に対

0・5　方法論

する社会の対応も一次資料として収集できる。

　バリアフリーの法律と比較すると、バリアフリーのハード、バリアフリーの
ソフト、心のバリアフリーの用語は説明を要するであろう。内閣府の共生社会
政策のバリアフリー・ユニバーサルデザイン推進要綱［内閣府 2008］には、今
後の取組方針として「ハード・ソフトからハートへ」という項目が存在する。
そこには、ハード・ソフトの取組の充実に加えて、国民誰もが、支援を必要と
する方々の自立した日常生活や社会生活を確保することの重要性について理解
を深め、自然に支え合うことができるようにする「心のバリアフリー」を推進
することにより、初めて共生社会が実現されると考えられる、とある。本書で
は障害者の移動問題を考えているため、バリアフリーのハードとは、車椅子の
アクセシビリティを可能にするツール（介助の道具）であるエレベーターやス
ロープのほか、階段昇降機などの介助機器をさす。さらに、バリアフリー化に
するために何らかの手段が講じられているか否かも対象となる。これは「何ら
かの手段を講じたということは、バリアフリー化する意識が存在した」と判断
できる[25]からである。この場合、急なスロープなどの実用性の有無は別の問
題となる[26]。

　日本のバリアフリーのソフトの定義は、職員による応対や情報提供などであ
るが、本書の場合はバリアフリーのハードを扱う職員の技術までも含める。た
とえば階段があって階段昇降機などの介助機械を必要とする場合、スロープの
設置の仕方や階段昇降機を操作するために、事業者側の職員が介在する。この
人物が有する知識と技術を含めて、バリアフリーのソフトと考える。バリアフ
リー化のための介助機器があれば、職員がこれを操作できて当然と思われるだ
ろうが、これは先進国的な発想ともいえる。バリアフリーに対する知識がない
ところに新しい技術（機械）が入ってきた場合、事業者側の人物がその操作を
知らない、できないということを筆者は経験している。また、手間がかかるの
で使いたくないなどの対応も、過去の調査において受けている。

　次に問題となるのは心のバリアフリーである。2008 年のバリアフリー・ユ
ニバーサルデザイン推進要綱から考えると、心のバリアフリーとは「理解を深

25）2005 年 8 月、東洋大学の高橋儀平教授へのインタビュー。
26）高橋儀平はこの 2005 年のインタビューで、実用的ではない急なスロープであってもバリ
　　アフリーと認められ、実用的ではない設計は設計者の技量の問題であると説明した。

33

め、自然に支え合うことができるようにする」ことなので、障害者に対する偏見（意識）のバリアを取り除いて、手を差し伸べる心といえる。ここで考えなければならないことは、この目に見えない市民の心を、調査時にどのように捕捉するかである。単純に考えるならば、「心」という意味で市民のやさしさとも一般にはとらえられる。また、「理解を深める」という点に着目したならば、4つの障壁のうちの1つである意識の障壁に対応する形で、障害者理解ともとらえることもできる。さらに、「支え合う」という点に着目したならば、傍観者でいるだけではなく、実際に手を貸すようにも考えられ、物理的に介助するという積極的な行動ともとらえることができる。市民が障害者と障害について「理解」することにより、市民が障害者を「受けいれる（受容）」ことができるならば、障害者に対して手助けをすることができる。これにより障害者は社会参加が可能となり、障害者は非障害者と社会を「共有」することになる。このように社会の「共有」が拡大する経過で、市民社会は障害者を包摂することになり、障害者は市民社会の一員として、それまで隔たりのあった市民と「共生」することになる。したがって、内閣府のバリアフリー・ユニバーサルデザイン推進要綱からさらに踏み込み、本書においては心のバリアフリーを「理解」、「受容」、「共有」、「共生」の段階的な視点でみる。

　最後に問題となるのは、バリアフリーのソフトと心のバリアフリーには人間が介在するため、この2つのバリアフリーの観点には共通する部分が現れ、判断が難しくなる可能性である。この点について、バリアフリーのソフトは事業者が供給するものであり、心のバリアフリーは市民から発せられるものであると判別する。事業者側の人物が手間を理由に介助機器の使用を拒んだり、あるいはタクシーの運転手が車椅子を理由に乗車を拒否したりした場合は、業務上のことなのでバリアフリーのソフトの問題である。仮にタクシーの運転手が車椅子を折りたためることを知らなかった場合であっても、やはりバリアフリーのソフトの問題ということになる。

0・6　フィールドと対象

　バリアフリーに対する4つの観点からの調査をベトナムで行ったが、筆者はベトナムに対する分析だけではバリアフリーの深化の程度を明確にできないと

考えた。日本国内のバリアフリーの先行研究においては、日本のバリアフリーを論じるさいに、欧米の福祉先進国と日本を比較して、日本の遅れている技術を指摘する手法が多い。欧米とアジアとのバリアフリー比較では、経済力と文化の差異が大きいことばかりが目立ち、比較の焦点が曖昧になるため、本書ではベトナムと東アジア[27]の都市を比較する。北欧の高福祉国と表現したり、国連が地域ごとに5つのブロックに分類してアジア太平洋地域とするように、福祉に対する考えにも地域文化の影響を考えないわけにはいかないからである。とりわけ、アジアの社会においては宗教観、家族形態などによって形成された慣習が、障害者やバリアフリーについての地域住民の考え方に影響している。

　このような理由から、ベトナムの都市との比較では、東アジアの都市鉄道を有する都市を中心に選んで調査を行った。これは、ハノイとホーチミンにおいて地下鉄の開通が予定されており、交通インフラの整備に多大な影響を与え、ベトナムの2大都市が今後大きく変化すると想定されるからである。この意識から筆者は、日本以外に東アジアのベトナム（ハノイ、ホーチミン、ダナン）、中国（北京、上海、広州、深圳）、韓国（ソウル）、台湾（台北・新北、高雄、台中、台南）、香港、タイ（バンコク、チェンマイ、パタヤ）、マレーシア（クアラルンプール、マラッカ）、シンガポール、フィリピン（マニラ）の9地域20都市以上の公共交通機関のバリアフリーについて実地調査を行い、最終的にベトナムと同じ特徴を有している北京（社会主義国家の首都）、バンコク（社会運動によりバリアフリー化を実現した東南アジアの都市）、台北（バイク社会の都市）の3都市をとくに比較対象として選んだ。

　また、都市の調査対象であるが、従来のバリアフリーに関する先行研究の主流は、都市のなかに存在する建築物を客体としたバリアフリーの判断であった。そして、客体のバリアフリーの有無、あるいはバリアフリーにするための技術的な方法が主である。しかしながら、個々の建築物を客体としていては、都市に点在するバリアフリーの集合体を判断する形になる。この意味において、1都市のバリアフリーの調査にさいし、公共交通機関のバリアフリーの乗車の可否を調べるだけでは、都市の1駅、1停留所のバリアフリーを判断するにすぎず、障害者の生活形態に近いとはいえない。

27）本書において、筆者は東南アジアと東北アジアを「東アジア」とする。

序章　途上国にとってのバリアフリー

　筆者は1都市全体を客体と考え、都市におけるバリアフリー公共交通機関（地下鉄、バス）の移動の軌跡（動線）から、バリアフリーの連続性を判断することを主目的として調査を行う。近年では都市鉄道の場合、途上国が自国で車両を生産しない場合であっても、先進国の先端技術を導入することにより、バリアフリーの意識の有無にかかわらず、車両本体のバリアフリーが実現することが起こりうる。この事例はキャッチアップ型バリアフリーである。このため、車両本体のバリアフリーの有無を判断しても、輸出元の技術を判断することとなるため、対象となる都市のバリアフリーの技術力を知るうえでは意味をなさない。したがってこの場合は、車両本体から接続される駅舎という建築物と、駅周辺のバリアフリーの連続性に調査の比重が置かれる。このことは、政策以外にバリアフリー動線（連続性）を判断することにより、1都市のバリアフリーに対する意識の深化（浸透度）を判断する試みである。公共交通機関のバリアフリーは公共性が高いだけではなく、障害を有する者にとって移動の手段が確保されることになり、日常生活空間が拡大する。また公共交通機関のバリアフリーは障害者にとってだけでなく、高齢者や子供、妊婦、ベビーカーを含めた包括的な利益となるため、公共の福祉の増進に寄与すると考えるからである。また、多くの観光地は観光客を招くためにバリアフリーが比較的進んでいる[28]が、障害者が生活する地域とは一般に断絶しているため、都市における日常生活空間のバリアフリーの判断対象とすることはできない。しかしながら、同都市のバリアフリーの技術水準を知ることができるため、参考として言及することもある。

　最後に、一車椅子生活者として、一次資料を現地調査から収集する重要性も認識している。筆者は現地の障害者と同様の日常生活を送り、現地の職員と直接接触することにより、現地の車椅子生活者の利用形態により近い一次資料を得た。このことに対し、筆者の調査データは1つの体験例にすぎないという批判も考えられる。このため現地の障害者のインタビューを通じて、筆者の一次資料と現地の障害者のすり合わせを行うことで、データを精査している。

---

28) 観光地をバリアフリーにすることにより、経済効果が見込まれるためである。バリアフリーと経済効果の先行研究については、国土交通省の『バリアフリー化の社会経済的評価の確立へ向けて』がある。

0・7　本書の構成

　第1章では、最初にバリアフリーにおける関係当事者である政府、事業者、障害者の3者と市民社会の関係を、バリアフリーの需要と供給、正当性から考え、福祉先進国である北欧と米国のバリアフリー化の経緯をみる。そして、国連の活動の影響を受けながらバリアフリー化を行っている途上国の問題点を提起する。そして、途上国ではなかなかバリアフリーが進まない原因を、先進国の事例から考える。

　第2章では、ベトナムのバリアフリーの現状を論じるために、バリアフリー化の過程における3者の関係に着目する。バリアフリーに対するベトナム政府の動きとして、まず障害者に関連する法律の制定過程を明らかにする。次に、政府が制定した法律に対し、事業者が供給する実際のバリアフリーはどのような形態であるかを、筆者自らの車椅子により実地調査し、一次資料のデータとする。そして、障害者のインタビューを通じて障害者の動きを明らかにするとともに、筆者の調査に対して意見のすり合わせを行い、この結果、生じた齟齬の原因を探ることにより問題を明確にした。

　第3章では、ハノイとホーチミンの住民に対するアンケート調査を通じて、障害者と公共交通に対する市民の意識を探る。最終的なバリアフリー社会の形態は、多数派である住民が第2章のアクターである3者の関係に影響を与えることで決定される。この意味において、市民がバリアフリーについてどのように考えているかを探る。そのさいに、第2章の3者に属さない市民へのインタビュー、聞き取りを適宜行い、新聞報道も収集し、バリアフリー社会に影響する市民の考えをまとめる。

　さらに、本章には別の目的がある。ベトナムの特徴としてバイク社会があげられ、バイクによる渋滞を緩和することは政策課題にまで発展している。このような社会環境において、障害者の移動のための公共交通機関のバリアフリー化だけを論じることは現実的ではない。都市部の8割以上の住民が移動手段としてバイクを所有するため、バリアフリーの前提条件となる公共交通機関を市民が利用することが可能か否かを探る。

　第4章では、筆者がこれまで調査を行った東アジアの20数都市のうち、北京、バンコク、台北はベトナムの今後のバリアフリー化を考察するうえで重要な要

素をもち合わせていると考えられるため、この3都市のバリアフリー化の特徴について考察を行う。北京については、ベトナムと同様の社会主義国家において、バリアフリー化がどのように進展したのかを論じる。また、北京はオリンピックおよびパラリンピックというイベントと高度経済成長が相まって、急速にバリアフリー化が進展した都市である。このため、経済力とバリアフリー社会の関係についても取り上げる。バンコクは東南アジアの民主主義国家の都市である。福祉の途上地域である東南アジアという社会環境は、ベトナムと同様である。国民のデモによって実現したバンコクのバリアフリー環境を、社会主義体制下のベトナムでどのように応用できるかを論じる。台北は特色あるバリアフリー社会を実現している都市である。ほかの東アジア国家が障害者権利条約を動機にバリアフリー化を進めているのに対し、国連に属していない台湾のバリアフリーの動機は何か。さらに、ベトナムにおいて政策課題となっているバイクの渋滞に、台北は巧妙に対処している。筆者が考えている公共交通のバリアフリー化という観点から、ベトナムにおけるバイク社会の問題を回避することはできない。台湾のバイク社会の事例から、ベトナムにおける公共交通のバリアフリー化について論じる。

　第5章では、ベトナムにおいてバリアフリーを形成する政府、事業者、障害者のそれぞれの課題をあげる。そして都市におけるバリアフリー化を、バリアフリー化の三角形の図を用いて説明し、その特徴を導く。さらに、ベトナムにとって意義のあるバリアフリーを考える。

　第6章では、第5章で導いたベトナムにとって意義のあるバリアフリーの文化的側面とその優位性について述べる。ベトナム人にとって日常生活のなかで当然ととらえられていることを、異文化圏からの訪問者の視点で考察した。

　第7章は、実質的な結論である。公共交通のバリアフリー化から、ベトナム社会全体のバリアフリー化へつながるよう、これまでに導かれたベトナム型バリアフリーの課題とその解決法を考える。

　最終章では、2014年3月に博士論文を提出した後にみられたベトナムにおけるバリアフリー化の進展について、2018年3月現在の観点で検証を行う。

　なお、本書における翻訳のうち、特記のないものは拙訳であり、写真も同様に筆者が撮影したものである。

第 1 章

権利としてのバリアフリー

　バリアフリーを世界に広く紹介したのは、1974 年の国連障害者生活環境専
門家会議における『バリアフリー・デザイン』（*Barrier-free Design*）という報告書
である。同書はバリアフリーが必要であるという前提のもと、どのようにバリ
アフリー化を進めるかについて、具体的な数値とともに述べている（1・5 節に
詳述）。しかしながら、バリアフリーを当然のものとしてとらえる正当性はど
こにあるのだろうか。バリアフリーが社会に定着している欧米のバリアフリー
化の過程を振り返り、アジアの状況をみる。

1・1　バリアフリーの正当性

　福祉先進国のバリアフリー化の事例をみると、バリアフリー化に関わる関係
当事者として、法制度を整える政府、バリアフリー化を行う事業者、バリアフ
リーを利用する障害者の 3 者のアクターが存在する。そのうち障害者は、バリ
アフリー化の恩恵をもっとも受ける主体といえる。政府は国際条約の遵守によ
り国際的な評価を受けることができる。これらの 2 者に対して、事業者はどう
であろうか。建築物が存在し、バリアフリーに対応していなかった場合、以前
であれば、建築物の事業者の選択肢は以下の 3 つであったと考えられる。

① 事業者は障害者の利用は少数なので経済負担は採算に合わないと考え、障
　害者を顧客から排除し、不作為のままにする
② 事業者は経済負担を回避するために改造を行わずに、事業者の職員などの
　人力で障害者を介助する（バリアフリーのソフトの供給）
③ 事業者は経済負担を自ら被りながら、バリアフリーに改造する（バリアフリー
　のハードの供給）

39

第1章　権利としてのバリアフリー

バリアフリー化は事業者にとって何の見返りもない[1]ため、②と③は事業者から当事者への慈善行為であったと考えられていた。

②の経済負担の回避にも、バリアを理解して改造を回避する場合と、バリアを認識しないまま改造しない（放置する）場合が考えられる。前者の場合、バリアを理解している状況なので、つねに介助してくれる誰かがいることが明確であるならば、コストを節減したバリアフリーとして有効かもしれない。しかしながら人力であるがゆえに、事故責任の所在という別の問題も発生しうる。また、不特定多数の利用者が訪れる公共の場でも、誰もいないことは多々あるので、この事例は普遍的に有効であるとは限らない。

後者のように、バリアを認識していない状況は途上国において少なくない。これは、社会がバリア（たとえば、階段や障害物）を所与の条件としてとらえているために起きる現象である。特徴として、車椅子の人が来たならば周囲の人々がみんなで手伝うことを、当然の行為と考えていることがあげられる。エレベーターがなく、階段しかない環境で日常的に生活している場合、エレベーターがあれば車椅子利用者が自由に移動できるという発想自体が生まれない。この形態によるバリアフリー化も、途上国ではバリアフリーとよべる。先進国において必要性を認識していながら、経済負担を考えたうえでの不作為とは異なる形態である。

②のバリアフリーの形態は事業主の考えに帰属するため、認識の有無を外見から判断することは難しい。以前はこのような形態が問題になったが、現在では建築物の設計段階でバリアフリーではない場合、建築許可が下りないというように、法律の整備により③のようなバリアフリー化が事業者に対して義務化されている。

以上のようにバリアフリー化は、事業者に対して経済的負担を強いるものである。途上国によくみられる医学モデルのように、バリアの原因を個人に帰属するものととらえる場合、政府が事業者に対してバリアフリーをこのように義務化（強制）できる正当性はどこにあるのだろうか。バリアフリー化することにより障害者の外出が可能になるため、経済活動に参加できるようになり、事業者にとっても経済的利潤を得られ、障害者と事業者がウィン・ウィンの関係

---

1) 日本国内において、自治体によっては事業者が行うバリアフリーの改造に対し、一部支援を次第に行うようになってきた経緯はある。

になるというロジックもある。しかしながら、これは先進国的発想といわざるをえない。途上国側からは、途上国の障害者は経済活動に参加できるだけの経済力をもたないという反論がある。北欧のように「障害を有していてもノーマルな生活を送る権利がある」という観念に基づいたならば、バリアフリーは人間が生まれながらに有する当然の平等な権利と考えることができる。ノーマライゼーションの理念から、障害者のためにバリアフリーにすることに対し、事業者に抵抗はないかもしれない。これに対し、北欧や米国と比べて、社会福祉の面で後発であるアジアの国々においては、バリアフリーの概念が社会へ浸透することも遅れている。このような国々において、事業者は政府が強制するバリアフリー化を無条件に受け入れられるだろうか。

WHO（世界保健機構）と世界銀行が共同で発行した『障害に関する世界報告書』（*World Report on Disability*）の統計（2011 年）によると、障害者は世界人口の 15％であり、数字が示すとおり社会における少数派である。この一方で、すべての人間は生まれながらにして平等であるという観念が世界に普遍的に存在する。このような観念においては、すべての人が生活できるような社会環境を構築することが暗黙のルールである。したがって、障害の有無にかかわらず、バリアのない社会においてすべての人が自由に生活できる権利が前提となりうる。この前提に基づくと、バリアによって障害者の権利が侵害される現代社会に対して、「障害者がこの権利を享受できないのは、多数派である障害を有しない人たちが少数派の障害者のことを考慮せずに、多数派の非障害者が生活できればよいというバリアのある社会をつくり上げたことに問題が存在する。したがって、バリアフリーの正当性は慈悲に相当するものではなく、社会の義務に相当する[2]」という考え方も存在する。

1975 年の「障害者の権利宣言」以降の障害者問題の国連決議は、いずれも満場一致で採択されている［中野 1997:3］（1・4 節後述）。このことからも、バリアフリーが障害者の権利であるというロジックは、途上国においても倫理的に理解されているであろう。しかしながらこのロジックでは、経済的負担をする側の事業者は、功利主義の考え方から反論するであろう。また、本書の対象地

---

2) 東京大学 READ（総合社会科学としての社会・経済における障害の研究）公開コンファレンス（2012 年 3 月 17 日）における質疑応答に対する、東京大学大学院経済学研究科の川島聡特任研究員（当時）の回答。

第1章　権利としてのバリアフリー

域となるベトナムにおいて、このロジックは理解されたとしても、バリアフリー化の関係当事者の立場となった事業者が現実的に受け入れることは容易ではない。このロジックが倫理的に理解されることと、現実的に受け入れられることは別個の問題であり、ロジックに固執するだけでは机上の空論に陥りかねない。

　受け入れられる方法とは、功利主義の考え方にも納得させうる方法であることである。つまり、バリアフリー化の経済的負担を少なくし、経済負担を上回る利益を導くことが必要となる。しかしながら、バリアフリーは経済負担が少なくないことは自明であり、ベトナムにおいてバリアフリー化の必要性を議論するならば、社会に実益のある政策を導く必要がある。そして、この社会にとっての実益がバリアフリーの正当性といえるであろう。

　次節では、先進国がバリアフリーを受け入れた経緯を、北欧と米国のバリアフリー化の事例からみていく。

1・2　福祉先進国のバリアフリー化

　多くの人々が生活する空間のなかで、バリアフリーは当然必要なものとされ、バリアフリーでないことが不自然に感じられる環境になりつつある。このような環境に身を置くわれわれは、バリアフリーがなぜ必要かを意識せずに生活している。しかし先進国であっても、当初からバリアフリーが当然であったわけではなく、長年の対立を経た結果、勝ち得たものである。先進国におけるバリアフリー化の経緯を振り返り、社会における人々の意識がどのように変化したかをみる。

1・2・1　北欧

　北欧におけるバリアフリーの概念は、知的障害児に対する権利擁護の言葉となったノーマライゼーション（Normalization、ノーマリゼーション[3]）に影響を受けたと考えられる。この概念は、「いわゆるノーマルな人にすることを目的としているのではなく、その障害を共に受容することであり、彼らにノーマルな

---

3) 日本では厚生労働省（当時は厚生省）が「ノーマライゼーション」という表記を使用している。筆者が参考文献に用いた花村［1998:82］は、バンク＝ミケルセンのデンマーク語の発音に忠実に「ノーマリゼーション」を使用しているが、筆者は、日本で一般に使われている「ノーマライゼーション」を用いる。

生活条件を提供すること」［河東田 2009:21］というものである。つまり、障害のある人をノーマルにするとは、身体的障害を取り除くことではなく、障害のある人にとってのよい社会環境を整える、ということである。

　このノーマライゼーション概念の発端[4] は、1943 年より 3 年間議論された、1946 年のスウェーデンにおける障害者雇用検討委員会の報告書による。しかしながら当時のスウェーデンの社会風潮は、同委員会が提出した提案を受け入れる環境ではなかった［河東田 2009:31］。

　デンマークでは 1951 年から 1952 年にかけて「知的障害者親の会」が発足し、1953 年には社会大臣宛に福祉サービスに関する要望書が提出された［花村 1998:79-81］。1954 年に社会大臣直属の「知的障害者に関する福祉政策委員会」（「親の会」代表 2 人、医師 7 人、役人 6 人）が設置され、福祉サービス見直しの検討が開始された。とりまとめ役のバンク＝ミケルセン（Niels Erik Bank-Mikkelsen）が 1958 年に報告書を提出し、法案として議会に上程され、ノーマライゼーションの考え方を盛り込んだ新しい法律が 1959 年に制定された［花村 1998:81］。この法律が制定されるまでに 5 年を要した。このことに関して、医療中心の既存のシステムに厳しい批判が出されており、多数の専門家集団と人道主義的な素朴な疑問を提起する少数素人集団の鋭い対立があった［河東田 2009:41］。また、法律の施行により職を失うことを恐れた現場の人、知的障害者を一般の教育に加えることを危惧した教育関係者、国会議員からの反対もあった［花村 1998:81］。

　1946 年のスウェーデンにおける障害者雇用検討委員会の報告書、1959 年のデンマークにおける新しい法律はともに、ノーマライゼーションについて言及していながらも、母語で書かれていたため、長い間北欧以外で知られることはなかった。1969 年、米国の精神遅滞に関する大統領委員会報告書『精神遅滞者の入所施設を変革するために』［Kugel *et al.* 1969］が公表された。この報告書は、世界各国の知的障害者福祉の関係者から寄せられた論文で構成されていた。同報告書の第 2 部に掲載されていたのが、スウェーデンのベンクト・ニィリエ（Bengt Nirje）の「ノーマライゼーションの原理とその人間的処遇とのかかわり合い」［Nirje 1969］であった［河東田 2009:55］。この英訳により、ノーマライゼー

---

4)　スウェーデンにおける高福祉の文化の淵源は、河東田の印象では、小学校から教育される博愛主義にあるということである。

第 1 章　権利としてのバリアフリー

ションの考えが北欧から世界に発信された。

　その後ニィリエとバンク＝ミケルセンの活躍があり、ノーマライゼーションの考えは世界に定着した。国際知的障害者育成会連盟を代表し、FUB（スウェーデン全国知的障害者協会）が 1967 年に主催したシンポジウムにおいて、ニィリエやバンク＝ミケルセンたちが活発に議論を交わした。ここでの重要な見解は、1968 年のエルサレムでの会議において「知的障害者の一般的・特別な権利の宣言」へと発展し、1971 年の「国連知的障害者権利宣言」、1975 年の「国連障害者権利宣言」の土台ともなっている［ニィリエ 2000:8-9］。また、ノーマライゼーション原理が国際障害者年（1981 年）の「完全参加と平等」や国際障害者年「障害者に関する世界行動計画」（1982 年）の統一標語やスローガンに受け継がれていることはよく知られている［河東田 2009:42］。

　以上から、北欧におけるノーマライゼーションの理念は、国連や米国にまで影響を及ぼしていることがわかる。当初は、多数の専門家集団と、人道主義的な素朴な疑問を提起する少数素人集団との対立から発したものであった。北欧のノーマライゼーション原理をみてわかることは、バリアフリーについて明確に述べてはいないことである。しかしながら、ノーマルな生活を送るための環境づくりをめざすことがノーマライゼーションの理念ならば、バリアフリーの概念と同様の目的であると筆者は考えている。また、「デザインの分野では、60 年代後半、スウェーデンにおいて、障害者のための生活用品のデザインを主に手がけるデザインオフィスやフリーのインダストリアルデザイナー達が登場する」、「70 年代を通して明らかに世界をリードしていた」［川原 2009:111］とある。さらに河東田博によると、1981 年国際障害者年の 5 つの目的の 1 つでバリアフリーに言及されていたことから、北欧の公共交通機関はすでにバリアフリー化に着手していたと考えられる[5]。これらから、ノーマライゼーションが文化として北欧に根づいた結果、バリアフリーはとくに意識されずとも、ノーマライゼーションに包摂された形で発展したと考えられる。

1・2・2　米国

　米国の障害者関連法では、1990 年に施行された ADA 法（障害を持つアメリカ

　5）2017 年 11 月、河東田へのインタビュー。

44

国民法）が広く知られている。1981 年から日本の障害者リーダーたちが米国で研修してきた[6] こともあり、米国の福祉は日本の模範のイメージが強く、障害者の間でも「米国では障害者でも○○ということができる」という文言を、筆者もよく耳にした。しかしこの米国においても、1990 年の同法施行までの道のりはけっして平坦ではなく、いくつかの対立があった。

(1) ANSI（米国国家規格協会）──トップダウン型のバリアフリー化の動き

　米国におけるバリアフリーの始まりはいつであろうか。第一次世界大戦の帰還兵を対象として 1918 年に導入された、最初の職業リハビリテーション施策があげられるかもしれない。また、第 33 代大統領のトルーマンが障害者の「完全雇用法」に署名したことから、第二次世界大戦直後とすることもできるだろう。しかしながら筆者は、これらのことは障害者が文化的な生活するための社会保障にはなっていたが、バリアフリーの概念を有するまでには至っていなかったと考えている。このことを示すものとして、以下の事例が存在する。

　米国政府リハビリ担当機関の報告書［National Commission on Architectural Barriers to Rehabilitation of the Handicapped 1967］によると、オクラホマ市の障害者であるヒューゴ・デフナー（Hugo Deffner）は、地域社会における自由な移動を妨げる不要な障壁に反対して単独で活動を行っていた。1957 年にこの活動は、「障害をもつアメリカ人賞」に選ばれた。しかし、授賞式の場である連邦政府建物の舞台はバリアフリーでなかったため、デフナーは 2 人の海兵隊員に担がれて登壇することになる。この一件からちょうど 1 年後、「障害のある人の雇用に関する大統領委員会の臨時グループ[7]」は米国退役軍人会の協力を得て、障害者が公共建築物に入るために必要とされる施設に関するガイドラインの案を作成した。この障害のある人の雇用に関する大統領委員会と米国肢体不自由児協会により共同で作成したガイドラインこそ、米国において初めてのバリアフリーの建築基準法となる、1961 年の ANSI A117.1 である。労働省はただちにガイドラインのスポンサーとなり、国家雇用代理局にコピーを発送する。このことが、建築物の障害を除去しようとする国家規模の運動を推進する始ま

---

6) 1981 年の国際障害者年に始まった、日本国内の一企業が障害者リーダーを育成するため米国に派遣する「愛の輪」事業である。https://www.ainowa.jp/jigyou/haken/index.html（2015 年 1 月 5 日閲覧）
7) この時期の大統領はアイゼンハワーである。

第1章　権利としてのバリアフリー

りとなる［National Commission on Architectural Barriers to Rehabilitation of the Handicapped 1967:5］。

　また、同基準書の前文には、「1959年5月、ASA[8] は、障害のある人の雇用のための大統領委員会の要請に基づき、本問題に対して積極的に関心があるグループの総会議を招集した。本会議において、研究の開始を勧告し、結果として本提案は建設基準委員会により認可された」と書かれていることから、元はデフナーの一件が関係していると考えられる。

　同基準書は12ページ程度のものだが、前文や目次などを除くと実質的な内容は6ページであり、身体的な障害を有する人が生活するためのツール（車椅子やスロープなど）の定義や寸法を示し、どのようなツールがよいのかを具体的に示している。この時点では、バリアフリーを点としてとらえており、移動というバリアフリーの動線という考えまでには至っていない。また同基準書によると条文の遵守は任意であり、法的な拘束力を有するものではなかったが、州法や地方当局の規則が同基準書の条文の遵守を義務づける形で、間接的に拘束力を有していた。同基準書は1971年に変更がないまま再承認されたが、1980年に大改正され、その後は数年ごとに改正されている。

　チャールズ・ゴールドマン（Charles D. Goldman）[9] によると、バリアフリーに関し、連邦法は州が主導となる背景をいくつかの局面で展開している［Goldman1982:467-470］。議会はANSIのアクセシビリティについて研究を行い、任意規定であれば効果がないことから、強制力をもたせることを定めた。1965年に議会は「障害者のリハビリテーションに対する建築物の障害物の全国委員会」を発足させ、1968年には建築物障害除去法（Architectural Barrier Act）を採択することにより、政府部門に関連する勧告を法制化する[10]。しかしながら、同法には施行規則がなかった［Scotch 2001:31］。建築物障害除去法に基づく司法訴訟の数は多くはなく、行政的に行われているにすぎなかったといえる［Goldman 1982:467］。

8）米国規格協会、American Standards Association の略。1961年に ANSI となる。http://www.ansi.org/about_ansi/introduction/history.aspx?menuid=1（2013年11月27日閲覧）.
9）米国建設・輸送障害問題解決協議委員会の顧問。引用元の論文は、ゴールドマン個人の見解として発表されている。
10）同法において、委員会が勧告した基本的基準が要求されている。しかしながら、同法には施行規則がなかったため実行されなかった。

46

1・2　福祉先進国のバリアフリー化

　以上が、ANSI を軸としたバリアフリー化の法制化の経緯である。この経緯
はトップダウン型といえる。

(2)　障害者の自立生活運動 ──ボトムアップ型のバリアフリー化の動き
　ANSI のように政府からのバリアフリー化の流れがある一方で、米国社会に
おける障害者にも変化が生まれていた。1960 年代以降の米国社会においては、
黒人の公民権運動やフェミニズム運動などの社会運動が起こっており、このよ
うな流れのなか、障害者の自立生活運動も起きていた。
　1973 年、当時のニクソン大統領が経費を理由に、修正リハビリテーショ
ン法案に対して最初の拒否権行使を行ったことに対し、障害者はワシントン DC
で示威行動を初めて行った。同法案の内容は、修正リハビリテーション法に実
効性をもたせるために、連邦政府内部での障害者雇用、建築物障害除去、連邦
政府助成制度の補助金を受ける業者の障害者雇用を 504 条として加えるもので
あった［Scotch 2001:52］。しかしニクソンは 504 条の内容に対して拒否をしたの
ではなかったため、経費などを妥協した結果、3 回目は支持をし、1973 年 9 月
に法律となった。その後、保健教育福祉省長官がリハビリテーション法 504 条
の施行規則の公表を渋ったことに対し、障害者は 1976 年に示威行動を行って
いる。施行規則は次のカーター政権に先送りされ、そのさいに新たな保健教育
福祉省長官も施行規則を認めなかったため、障害者は 1977 年 3 月にワシント
ン DC と全国 10 か所の保健教育福祉省地方事務所において示威行動を起こし
た。やがて米国中の注目を浴びるなか、保健教育福祉省長官は 1977 年 4 月 28
日に署名を行った［Berkowitz 1984:214-21、Scotch 2001:111-115、Shapiro 1993:64-70］。
　このような経緯で勝ち得たリハビリテーション法であったが、1980 年のレー
ガン政権発足当時の規制緩和の影響を受け、504 条施行規則を見直すというゆ
り戻しが起きた。このことに対し、全米障害者評議会（NCD）の 1986 年報告書
『自立に向けて』（*Toward Independence*）［National Council on the Handicapped 1986］には、
障害者の社会参加を妨げているのは差別であり、障害者のために包括的機会均
等法を制定する必要があると述べられている。こうして障害者評議委員会によ
り作成され、1988 年に提出された法案が、1990 年 5 月に議会を通過し、同年
7 月に当時のブッシュ大統領により署名され、ADA 法となる。障害者が米国国
民と同様のサービスを利用できないことは、障害を理由にした事業者側の差別

47

第 1 章　権利としてのバリアフリー

的処遇と扱われるようになった。1960 年代に公民権運動により黒人が権利を
獲得したときと同様に、ADA 法は障害者の権利を認めたものである。リハビ
リテーション法 504 条の対象は、連邦政府助成制度を受ける事業者と限定的で
あったことに対し、ADA 法の対象は公共性のある民間業者まで及んでいるた
め、包括的な差別禁止法である。

　以上が、米国のバリアフリー化の大まかな流れである。米国のバリアフリー
化は ANSI から始まったため、当初はトップダウン型であったようにもみえる。
しかしながら、1968 年に議会が建築物障害除去法を採択していながらも、施
行規則を制定しなかったことから、バリアフリーの概念は社会に深化するまで
には至っていなかったことがわかる。この一方で、リハビリテーション法 504
条施行規則に対する障害者の示威行動[11]と、その行動を支持する社会の動き
はボトムアップ型といえる。

　1970 年代に障害者の行動がこのように活発になった背景には、若年期に障
害を負った青少年の増加という社会現象が存在する。医療技術の進歩は、以前
なら生存しえなかったさまざまな医学的障害や損傷を負った人を延命させ、行
動的な障害者の数を増加させた。身体的障害は障害ではなくなり、偏見や建築
物の物理的障壁がバリアとなっていた。さらに、交通事故の被害者やベトナム
戦争の傷痍軍人など中途障害者は、かつて健常者であったころの明確な記憶を
もっており、他人に依存する自己の姿をイメージすることができなかった。こ
のような障害者たちは社会参加が可能になり、社会的自立を求めて団体活動に
積極的に加わった［Scotch 2001:34-35］。ほかには、ノーマライゼーションの思想
の普及（ニィリエが発表した論文［Nirje 1969］）、高齢人口の増大（障害を理解でき
る人の増加）、ベトナム戦争による傷痍軍人の増加（ベトナム戦争に対する反戦運動）
が障害者運動を加速させたことも要因としてあげられる［Scotch 2001:6-7］。

　さらに 1990 年 3 月、ADAPT（公共交通へのアクセスを求める米国障害者グループ）
を中心とする障害者たちが、連邦議事堂を占拠するという事件も起きた［Shapiro
1993:131-141］。しかし、ADA 法[12]はリハビリテーション法 504 条の施行規則の

　11）示威行動のリーダーの 1 人、ジュディ・ヒューマン（Judith Heumann）は、「バリアフリーの
　　効果的な実現のためには「要求」が必要である」と語っている（2012 年 5 月 25 日に東京で
　　催された国際セミナー「アメリカから日本へ、そして今、アジアの国々へ」での質疑応答）。
　12）ADA 法第 2 案である。1988 年の最初の草案は、議会を通過しなかった［Shapiro 1993:113-
　　114］。

ときとは異なり、法案提出から制定まで2年しかかかっていないため、その間に社会における人々の障害者への認識が大きく変化していたといえる。リハビリテーション法504条によるコストはそれほど大きいものではなかったこと、反対することによるイメージダウンによるコスト、障害者が顧客として社会参加をしていたことなど、また、障害者に理解を示した「隠れ軍隊」(hidden army)[13] の存在があげられる [Shapiro 1993:117-121]。

この504条施行規則からADA法をめぐる障害者と政府との対立を、米国における障害者権利運動ととらえることができる。障害者と事業者側との間に対立構造が生まれたさい、当初の政府と市民社会は事業者側を支持していた。しかしながら、政府に対する障害者の実力行使によって生まれた2者の対立構造に対して、市民社会は障害者に対する支持を選択する形となった。このことは、ADA法の実現でもみられることである。

以上が、ADA法に至るまでのバリアフリー化の2つの異なる経緯である。米国のバリアフリーの法制化には、ANSIまでのトップダウン型の動きと、リハビリテーション法504条からADA法までのボトムアップ型の公民権を求める社会運動という、2つの流れが存在する。ADA法に至るさいに優勢だったのは、トップダウン型とボトムアップ型のどちらの動きであろうか。1973年の修正リハビリテーション法は行政主導であったため、トップダウン型の改革に障害者が賛同したと考えることもできるかもしれない。たしかに、修正リハビリテーション法に同条項を書き加えたのは、障害者に理解を示したスタッフであった [Scotch 2001:49]。しかしながら、この内容の重大性をいち早く認識したのは障害者である [Shapiro 1993:64-65]。そのためトップダウン型とボトムアップ型の転換点は、1973年の修正リハビリテーション法施行規則と考えられる。そしてこの1973年修正リハビリテーション法は、504条の施行規則をめぐる障害者の活動から勝ち取ったものであり、最終的には米国のバリアフリー化ではボトムアップ型の流れが優勢であったといえる。このボトムアップ型のバリアフリー化には、偏見に基づく差別反対と平等の2つの因子が作用したと考えられる。

筆者個人の体験になるが、1990年代に日本国内の障害者リーダーが米国の

---

13) この隠れ軍隊には、当時のジョージ・H・W・ブッシュ（父ブッシュ）大統領も含まれている。

第1章 権利としてのバリアフリー

バリアフリーの状況を語ったときに、「米国では、建物がバリアフリーでなければ差別と考えている」という表現を何度か口にしていた。「建物がバリアフリーでなければ障害者は利用できないので、このことは障害者を締め出すことであり、これが米国の差別の考え方である」というのが、当時の日本人の一般的な感覚だったのではないだろうか。しかしながら杉野昭博によると、米国における公民権による差別とは、人種や性別による差別と障害を同列に扱うため、インペアメントから遭遇するディスアビリティを勘案せず、「世間の偏見的な態度」のことを意味するのだという［杉野 2007:159-210］。

　日本人の感覚では、人種差別から障害者問題を関連づけて考えることは容易ではない。しかしながら、ADA 法の背景に、差別が障害者の社会参加を妨げているととらえる文化が存在する[14] 以上、密接な関係があると考えざるをえない。また、障害者の運動のプラカードにはキング牧師の名演説 "I Have a Dream"（私には夢がある）が書かれ、デモや座り込みでは "We Shall Overcome"（われわれは勝つ）や "We Shall Not be Moved"（われわれはてこでも動かない）といった公民権運動の愛唱歌が歌われていることからも、障害者の行動は公民権運動から強く影響を受けていたと考えられる［Barnartt & Scotch 2001:21-23］。このことから、米国の障害者たちの認識として、障害者に対する偏見がなくなればディスアビリティ（物理的障壁）は消滅すると考えられていたといえる。この点は、日本の内閣府があげた 4 つの障壁の 1 つ、「意識面での障壁」と共通している。

1・3　アジアのバリアフリー化の動き ── 国連とその影響

　北欧と米国のバリアフリー意識には、バリアフリーの概念が国内で確立する以前に、市民社会からバリアフリーを求める動きがあったことがわかる。この核となる動きは、北欧はノーマライゼーションであり、米国は差別排除という意識の形成である。このような動きが起きていたころ、アジアの多くの国々ではまだ経済発展も始まっていなかった。植民地時代の旧宗主国から独立して、国家としての自立をやっと始めたころといえる。このようなアジアにバリアフリーがどのようにもたらされたのかをみていく。

　　14）杉野［2007:197-202］によると、ADA 法は成立したが、米国における障害者差別に関する
　　　司法裁判は障害当事者にとって厳しいものとなっている。

1・3・1　国連障害者生活環境専門家会議

　1972 年（昭和 47 年）に臨時機関連絡会議は、障害のある人の社会参加を阻害する物理的・社会的な障壁を除去するための行動が必要であると提言した（平成 12 年版『障害者白書』）。その結果、1974 年 6 月にニューヨークにおいて、国連障害者生活環境専門家会議により発行された『バリアフリー・デザイン』という報告書により、バリアフリーが世界に向けて発信された。同報告書における具体的な数値が、世界標準（グローバルスタンダード）の基礎となっている。同報告書には 23 人の参加者の名前があげられており、日本からの参加者である ILO（国際労働機関）職員の丹羽勇は、同会議の議長を務めた[15]。このような会議が開かれた経緯については、同報告書のなかで明確にはふれられていないが、国連の全体的な動きとして世界人権宣言（1966 年）から精神薄弱者の権利宣言（1971 年）への流れがあり、1972 年の臨時機関連絡会議へと発展したのだと筆者は考えている。

　同報告書では物理的障壁ばかりでなく、社会的障壁にも言及している［日比野 1999:208］。また第Ⅷ章「結論および勧告」76h において、「人権の概念が本会議中を通してずっと強調され、障害者もすべての市民に与えられている資源の恩恵をこうむる基本的権利を持っているという事実について同意を得られた」に続き、「しかし、発展途上国においては、経済的な制約もあり、文化的、社会的な差異があるために、これらの権利の実践を阻む諸問題があることを、本会議の参加者は認識した」とある［日比野 1999:226-227］。このようにして、途上国におけるバリアフリーの進展が難しいことを認めると同時に、途上国がバリアフリーに取り組むことへの猶予となった。

1・3・2　国連と障害者年

　国連は 1975 年 12 月 9 日[16]に「障害者の権利宣言」を採択し、障害者の基本的人権と障害者問題に関する指針を示した。国際社会においても、知的障害者から障害者全般へと権利の対象が拡大されている背景には、ニィリエたちの

　15）丹羽から長瀬修への私信によると、「（議長に選出されたことは）たまたま日本の大学で建築工学を専攻していたので、国連の事務局からこの会議の議長に頼まれたのではないか」と述べている。
　16）国際障害者年を記念して、1981 年 11 月 28 日に国際障害者年推進本部が同日を「障害者の日」に決定した。

第1章　権利としてのバリアフリー

活躍にともなう北欧文化の影響があると考えられる。しかしながら、その後も
これらの宣言に関する各国の理解不足、国際行動の必要性が指摘されていた。
当初は同宣言のテーマは「完全参加」であったが、1979 年決議 34/154 において、
国際障害者年のテーマを「完全参加と平等」に拡大した［中野 1997:34-35］。

　「国際障害者年」の終了後、取り組みを継続させるため、1982 年に「障害者
に関する世界行動計画」が採択され、障害の予防、リハビリテーション、機会
均等化が取り組むべき 3 大目標とされ、この計画実施のための「国連障害者
の十年」が宣言された［中野 1997:3］。中野善達によると、「障害者の権利宣言」
以降の障害者問題の決議はいずれも満場一致で採択されている［中野 1997:3］。
中野が指摘するように、これらの決議は加盟各国に対し、障害者問題に取り組
むさいの国際的な枠組みを提示し、誠実に対応することを示す倫理的な準拠枠
となっているだけで、強制力や拘束力をもつものではない。そのため賛成に躊
躇しない状況ではあるが、各国が障害者問題に対し倫理的には理解していると
いえる。

　この「国連障害者の十年」を経て、1993 年 12 月 20 日に国連総会で「障害
者の機会均等化に関する基準規則」(The Standard Rules on Equalization of Opportunities
for Persons with Disabilities) が採択された。このなかで障害者の社会参加を阻む社
会の障壁について言及があり、この障壁を取り除く責任は政府にあると述べら
れている。国際的な場における、障害の医学モデルから社会モデルへの転換点
ともいえる。規則 5 においては「政府は社会の全ての領域での機会均等化の過
程でアクセシビリティの総合的な重要性を認識すべきである」(長瀬修 訳)［United
Nation Enable］と定められた。

1・3・3　アジア太平洋障害者の十年

　「国連障害者の十年」を延長しようという世界レベルの行動がなかったため、
アジア太平洋地境では 1992 年の「国連障害者の十年」終了後、地域の障害者
組織である障害者インターナショナル（DPI）アジア太平洋ブロックの働きか
けによって日本政府と中国政府がイニシアティブをとり[17]、障害関係の問題に
取り組む宣言を行った［長瀬 2010:105］。したがって国連本部ではなく、地域委

17）1992 年末に開催された DPI セミナーにおいて、「地域の十年」の提案が行われた。中国は
ホスト国であった。

52

員会の1つであるESCAP（国連アジア太平洋経済社会委員会）にて採決が行われた。欧米でこのような動きがなかった理由として、「国連障害者の十年」に対する評価が低く、この10年間の行動に対して国連という名目が使われるならば、行動自体がないほうがよいという主張があったためである。またアジア太平洋地域では障害者問題に関して、国連は政府以上の存在とみなされているが、欧米には国連信仰が少ないため、国連が提唱する事業ということで注目度が高まる現象がないからである［長瀬1997: 8］。この10年の行動計画は、びわこミレニアム・フレームワークによる第2次アジア太平洋障害者の十年（2003～2012年）、インチョン戦略による第3次アジア太平洋障害者の十年（2013～2022年）へと継続されている。

　この現象から、国連の障害者事業に対する欧米とアジアの反応の違いとして考えられることは、1・2節の北欧と米国の動きから鑑みて、福祉先進地域では自国の障害者事業が国連よりも先行していたか、あるいは国連の事業計画がなくとも自国で行動できる文化が整っていたということではないだろうか。その一方で、1990年代のアジアはまさにバリアフリーの概念が社会に浸透し始めた時期であり、国連の事業計画は影響力が強かったと考えられる。

1・3・4　障害のある人の権利に関する条約（2006年）

　障害のある人の権利に関する条約（以下、障害者権利条約）[18]は、2001年11月10日にメキシコのヴィセンテ・フォックス大統領（当時）の演説により始まり、国連の場で2006年12月13日に採択された。2007年3月30日に署名がオープンされ、批准国が20か国に達した2008年5月3日に条約として発効した。本書に関連する条文として明確なものは、第9条の「アクセシビリティ」と第20条「個人の移動性」の2つであると考えられる。

1・4　小括

　本章では、バリアフリーに対する北欧、米国、アジアの動きを俯瞰した。バ

18）川島聡と長瀬修の仮訳による［川島、長瀬2008］。政府の訳文では「障害者の権利に関する条約」としている。http://www.mofa.go.jp/mofaj/gaiko/jinken/index_shogaisha.html（2018年5月22日閲覧）。

第 1 章　権利としてのバリアフリー

表 1-1　国連権利条約に対する東アジア内の批准国

国名	権利条約への署名	権利条約の批准
フィリピン	2007 年 9 月 25 日	2008 年 4 月 15 日
タイ	2007 年 3 月 30 日	2008 年 7 月 29 日
中国	2007 年 3 月 30 日	2008 年 8 月 1 日
韓国	2007 年 3 月 30 日	2008 年 12 月 1 日
ラオス	2008 年 1 月 15 日	2009 年 9 月 25 日
マレーシア	2008 年 4 月 8 日	2010 年 7 月 19 日
インドネシア	2007 年 3 月 30 日	2011 年 11 月 30 日
カンボジア	2007 年 10 月 1 日	2012 年 12 月 20 日
シンガポール	2012 年 11 月 30 日	2013 年 7 月 18 日
日本 [19]	2007 年 9 月 28 日	2014 年 1 月 20 日
ベトナム	2007 年 10 月 22 日	2014 年 11 月 28 日
北朝鮮	2013 年 7 月 3 日	
ミャンマー		2011 年 12 月 7 日

Disabled World の資料［2014］より筆者作成。権利条約に早く批准した国の順になっているが、ミャンマーは署名していないため最後にしている。

リアフリーに関する議論は 1・2 節と 1・3 節からもわかるように、1960 年代以降に北欧と米国でなされたものであり、ほかの学術分野からみると比較的新しい。福祉先進国（以下、先進国）であっても、当初からバリアフリーが社会において認められていたわけではない。北欧と米国のバリアフリー化の経緯を振り返ると、以下のことがいえるのではないだろうか。

　バリアフリー化のアクターを政府、事業者、障害者ととらえた場合、障害者の生活圏を舞台に、障害者から事業者に対しバリアフリー化の要求が発生する。この要求に対し、事業者は障害者を社会のうちの少数と考え、費用対効果を理由にバリアフリー化を拒否する。そして障害者と生活圏を共有する地域社会は当初、この対立を目にして、事業者側を支持するか、あるいは無関心な傍観者となっているにすぎなかった（図 1-1 左）。やがて対立は 1 地域から社会全体に広がり、社会の人々がバリアフリーに共感するように変化して、障害者側を支持するようになる。社会は傍観者からバリアフリー化に影響を与える観客となり、政府が法整備を行う（図 1-1 右）。この社会の意識の変化をもたらした要因は、北欧はノーマライゼーションであり、米国は自立生活運動といえる [20]。こ

　19) 日本の批准が遅れたのは、国内法の調整が理由であった。障害者差別解消法が 2013 年 6
　　月 19 日に成立し、翌 2014 年 1 月 20 日に批准した。なお、当初は差別「禁止」法という名
　　称が予定されていたが、言葉の持つ強さから差別「解消」法となっている。ちなみに米国は
　　まだ批准していない。
　20) 日本の場合は高齢社会により、バリアフリーの問題が他人事ではなくなったことによる。

54

1・4 小括

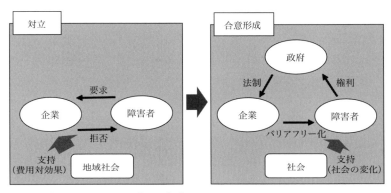

図1-1 対立モデルからバリアフリー化の三角形へ

のように、現在の先進国においては、障害者と事業者の対立を経て、バリアフリーは障害者、事業者を包摂した社会全体の問題としてとらえられるようになり、バリアフリーに対する合意形成がなされている。最終的にバリアフリーが社会の問題へと変化する過程において、バリアフリーの概念は社会全体に深化し、社会の人々にとってバリアフリーは当然のものとなる。このような環境を、バリアフリー社会とよぶこともできよう。そしてこの3者の関係を、バリアフリー化の三角形と定義する。

　北欧のノーマライゼーションの経緯を、ノーマライゼーション社会の形態として敷衍したならば、ノーマライゼーションに対して法整備を行う政府、法を遵守してノーマライゼーションを推進する事業者、ノーマライゼーションを利用する障害者の3者をアクターとして設定できる。そして各アクターの役割により、ノーマライゼーション社会の関係が形成される。さらにこの3者の関係に対し、地域社会は当初、傍観者として見ているにすぎなかったが、やがて影響を与える観客になることで、ノーマライゼーション社会に変化したと考えられる。北欧の高福祉も当初からのものではなく、障害者と事業者（施設）の対立構造が存在し、この対立構造に対し、社会が障害者側に立ってノーマライゼーションを支持したことにより、政府がノーマライゼーションを法制化する形に発展した。そして、社会においてノーマライゼーションは当然のものとなっている。

　東アジアの福祉途上国（以下、途上国）の事例を考えると、バリアフリーに対する動きは1990年代以降といえる。バリアフリーに関連する法律制定が行

われる以前の途上国をみると、バリアフリーは事業者と障害者の2者間の関係であり、社会は傍観者にすぎなかった。この当時のバリアフリーは、事業者側からの慈善的なサービスという扱いであったため、多くの場合は経済的理由からバリアフリー化がなされていなかった。さらに社会もバリアフリーではない社会構造を、経済的理由から当然のものとして受け入れていた。そして政府と障害者も同様に、このことを受け入れていた。途上国のバリアフリー化の過渡期はこのような社会形態であり、バリアフリーは社会全体の問題にはまだ至っていなかった。しかしながら、国家はびわこミレニアム・フレームワーク（2002年）あるいは障害者権利条約（2006年）などの外的要因により、バリアフリー化の影響を受けることになる。その結果、政府がバリアフリー化を主導する形で、バリアフリー化の関係を形成するに至る。

　このバリアフリー化の関係は、政府が法整備を行い、事業者にバリアフリーを強制することから始まる。事業者は法を遵守しなければならないため、バリアフリーに対する不作為は政府と事業者の対立構造となる。また、この不作為により、事業者と障害者との間にも対立構造が生まれる。この場合、バリアフリーの必要性をめぐり、社会は影響力ある観客として、事業者の経済的負担を考えて、事業者側を支持する選択肢（バリアフリー化に反対）をとりうる。あるいは、社会は無関心な傍観者でいるかもしれない。ここには、自国の経済力から事業者を支持する社会が存在する。このような社会においてはまだ、バリアフリーは当然のものと考えるには至っていない。

　先進国と比較して、途上国のバリアフリーが遅れている理由を考えたならば、バリアフリー化に対する、このような社会の関与の程度ではないだろうか。先進国の場合は、障害者、事業者を包摂した社会全体の問題としてとらえられ、合意形成に至っている。しかしながら途上国の場合、バリアフリー化は障害者、事業者、政府の間の障害者問題であり、対立構造が存在しても社会の関与は低い。このようにバリアフリー化に対するアクターの関係と社会の立ち位置を描きだすことで、その国のバリアフリーの形態がみえてくるであろう。ベトナムのバリアフリー化の動きをとらえるためには、このような視点から、ベトナムのバリアフリーにおける3者の役割と社会の人々の関係を描きだすことが、第1の課題である。

　第2の課題は、障害者の権利としてのバリアフリーと、ベトナム文化との関

係を描くことである。欧米では、バリアフリーは障害者の権利であると認識されている。しかしながら本章で述べたように、障害者の権利やバリアフリーに対する概念の始まりは、北欧と米国では異なっている。北欧では知的障害者の人権という考えがノーマライゼーションと徐々に結びつき、バリアフリーは人権のなかに包括されている。欧州の人権を考える高福祉の文化の背景には、二度の世界大戦の戦場となり、家族や知り合いに傷病兵や障害を負った者が多く現れ、障害者の存在が身近になったことが理由の1つとしてあげられる。米国においては、雇用対策としての建築物のバリアフリーの概念と、市民社会における差別を偏見ととらえ、これに反対する社会風潮の2つの流れが別々にあり、これらが統合されて障害者の権利と結びついた形である。この背景には、障害者リーダーの存在があげられる。さらに、ベトナム戦争からの帰還兵に、障害を負った者が少なくなかったことも理由としてあげられる。これらから考えられることは、北欧の場合はバリアフリーを人権ととらえ、米国の場合はバリアフリーが供給されない社会を差別ととらえたということである。そして、北欧におけるバリアフリーは人間が生まれながらに有している基本的人権ととらえることができ、米国のそれは文化的な生活を営むための公民権ととらえることもできる。このように、バリアフリーの背景となる文化の影響が大きいため、東アジアを北欧あるいは米国と比較して論ずるのは難しいことがわかる。

　ベトナムの社会状況はベトナム戦争時の傷病兵が多く生活しているので、人権の北欧型よりも、雇用対策から始まった米国型の考えのほうが受け入れやすいようにも考えられる。しかしながら、先進国のバリアフリー化の事例をモデルとしてベトナムに輸入するよりも、近隣のアジア諸国の事例からベトナムの文化に合わせたバリアフリー社会を構築するほうが適合しやすい場合もある。福祉意識が発展している国家のモデルは、障害者に特化した政策を行えるが、経済発展を優先したい国家においては、障害者だけが権利として恩恵を受ける障害者政策は受け入れられがたいからである。したがって、少数派である障害者のための政策が社会全体の利益になるものであるか、あるいは社会政策が障害者も包摂する必要がある。第2の課題では、ベトナムの社会と文化の状況も把握する過程において、このような方策を考えることも念頭に置いている。

　次章では、2つの課題を念頭に置きながら、バリアフリーに対するベトナムにおける3者（政府、事業者、障害者）の関係を個別にみていく。

第 2 章

ベトナムとバリアフリー

　前章において、福祉先進国ではバリアフリーは権利の 1 つであり、政府と社会の関係で成り立つことを論じた。しかし途上国の場合、権利であると社会で理解されたとしても、経済優先の政策がとられがちであり、権利ということでバリアフリーを推し進めていくことは現実的ではない。そこで途上国の地域文化を理解したうえで、政策に融合させうるバリアフリー化を考える必要がある。

　本章では、ベトナムの文化社会を理解するために、最初にバリアフリー環境の利用主体である障害者の概況をみる。次にバリアフリーに対するベトナム政府の対応を、バリアフリー関連の法律[1] からみていく。そして、事業者によるバリアフリーのハードとソフトについて、事業者へのインタビューと筆者のフィールドワークからみていく。最後に障害者の生活状況に関するインタビューを通じて、筆者のフィールドワークとのすり合わせを行う。

　ベトナム政府の法整備について論じる前に、障害者関係に関わるベトナム固有の組織と機関について明確にする。

(1) 労働・傷病兵・社会福祉省[2]（Bộ Lao động - Thương binh và Xã hội、英訳 Ministry of Labour - Invalids and Social Affairs、MOLISA[3]）

　1945 年 8 月後半に起こった独立を求める武装蜂起が同月 28 日に完了したことにより（八月革命）、同年 9 月 2 日にベトナム民主共和国が樹立した。同年 9 月 21 日には 13 の政府組織のなかに、労働省と社会救済省が設置された。これら 2 つの省庁が MOLISA の前身となる。

　　1) 特段の断りがないかぎり、ベトナムの法律や組織などの名称は、日本での呼称を用いる。
　　2) ベトナム国内の報道においては、Bộ LĐTBXH あるいは BLĐTBXH とベトナム語の略語で表記されることが多い。
　　3)「モリザ」と発音する。

59

第2章　ベトナムとバリアフリー

　1946年3月2日、抗戦連合政府の2つの省が統合され、社会省となる。その後、北ベトナム政府は社会省を解体し、1946年11月3日に再び労働省と社会救済省になる［Trương Hữu Quỳnh 2011:17-21］。

　1947年に傷病・退役兵省が設立された後、1975年に社会救済省と統合され、傷病兵・社会省となる。1987年2月16日法令（782/HĐNN）により、労働省と傷病兵・社会省が統合され、現在のMOLISAに至る。ベトナムの障害者関連政策全般を扱う政府機関であり、各省にMOLISAの下位組織として、労働・傷病兵・社会福祉局（Department of Labor, Invalids and Social Affairs, DOLISA）が存在している[4]。

（2）国家障害者調整委員会（英訳 National Coordinating Council for Disabilities、NCCD）
　2001年1月22日にMOLISAの2001年55号決定（55/2001/QĐ-BLĐTBXH）により、MOLISA（6人）、建設省（1人）、体操体育委員会（1人）、厚生省（1人）、交通運輸省（1人）、通信文化省（1人）、教育・訓練省（1人）、ベトナム盲人会（1人）の専門家が選ばれ、障害者の権益を守るMOLISAの専門下位組織として成立した［NCCD］。具体的な活動として、MOLISAが障害者関係の法整備をおもに担当するのに対し、NCCDは障害者の政策面をおもに担当する。

　同組織は2002年7月5日にMOLISAの729号決定（729/2002/QĐ-LĐTBXH）により、司法省、財務省、政府高官組織員会、税務局、ベトナムテレビ放送局、2つの障害者団体[5]の各専門家が加わり、20人の会員となる。さらに2011年7月6日、MOLISAの820号決定（820/2011/QĐ-LĐTBXH）により、23人の会員による組織となった。

　なお、首相決定（1717/QĐ-TTg）により2015年10月6日、NCCDの任務をベトナムの障害者に関する国家委員会（Ủy ban Quốc gia về Người khuyết tật Việt Nam, NCD）が引き継ぐ形となった。NCDは、MOLISAの大臣と副大臣が主席、副主席を務め、各省庁の副大臣が委員となって、障害者に関する各省庁間の問題を調整する。NCCDがMOLISAの決定による下位組織であったのに対し、NCDは首相の決定であることから国家組織であることがわかる。この背景に

　4）MOLISAが中央省庁であるのに対して、DOLISAは地方各自治体の労働・傷病兵・社会福祉局である。
　5）vì tương lai tươi sáng Hà Nội（ハノイ輝ける未来のための会）と Câu lạc bộ người điếc Hà Nội（ハノイろう者クラブ）である。

は、障害者権利条約に批准したことも関係している。

（3）障害者のためのベトナム支援（Viet-Nam Assistance for the Handicapped、VNAH）
　米国在住の越僑が起ち上げた非営利非政府団体であり、1991 年に成立した
［VNAH］。設立者による基金のほか、米国国際開発庁（The United States Agency for
International Development、USAID）からの支援や篤志家の寄付金により運営されて
いる。くわしい活動内容は 2・5 節で述べる。

2・1　障害者の概況

　序章の表 0-1 に示すように、ベトナム国民における障害者の割合は他国と比
較して高い。この理由として、現在も続いているといわれる枯葉剤の後遺症、
ベトナム戦争の傷病兵など、他国には存在しないベトナム固有の障害事由が
あげられる。2010 年より本格的にベトナムの調査を始めた筆者が最初に目に
したベトナムにおける障害者の割合の数値は、2009 年にベトナム国家統計局
（General Statistics Office of Vietnam、GSO）が発表した 7.8% であった。

　しかしながら、ベトナムの研究者や障害者団体の関係者にインタビューをし
てきたところ、調査機関や研究者により、いくつかの異なる数値が公表されて
いるようである。ダナン市人民委員会 DOLISA の副局長、グエン・フン・ヒエッ
プ（Nguyễn Hùng Hiệp）は、NGO の調査によるとダナン市は約 20% という割合
であったと答えた [6]。ベトナムにおいて障害者に関わる彼以外の研究者や当事
者たちは全員、ベトナム国民の約 15% が障害者と回答している [7]。また文献に
もいくつかの数値がみられる。マイケル・パーマー（Michael Palmer）の博士論
文［2010:9］は、2001 〜 2002 年の厚生省の 3.2%、2005 年の MOLISA の 6.6%、
2006 年の GSO の 15.3% [8] を引用している。また WHO［2012:276］は 2002 〜
2004 年のデータとして 5.8%、ESCAP［2010:50］は 2006 年のデータとして 6.4%
としている。外務省は 2009 年 4 月の報告において 520 万人以上、約 6.63% と

---

6) 2012 年 7 月 17 日、ダナン市人民委員会労働・傷病兵・社会福祉局にて。USAID［2011:15］には、
　VNAH らの調査によるとダナン市内のホアヴァン地区とリエンチウ地区における障害者の割
　合は 19% と 22% であると記述されている。
7) 2006 年の GSO の数値がデータソースとなっていると考えられる［GSO 2006:28］。
8) USAID（2011）は 2006 年の GSO の 13.5% を引用している。

61

発表している[9]［Bộ Ngoại Giao Việt Nam］。一方、グエン・トゥイ・ディェム・フォ
ン（Nguyễn Thụy Điểm Hương）[10]は、15.3％がベトナムで一般的に使われる数値
だと答えている。この数値はパーマーも引用した2006年のGSOの数値と同じ
である。GSOにおける数値が15.3％（2006年）から7.8％（2009年）に急激に
減少した理由について、筆者は障害者の数が減少したからではなく、障害者の
定義の変更によるものと考えている。同様に、ベトナムの障害者の割合に関す
る数値が異なる理由は、調査機関ごとに定義が異なるためであろう。

　序章であげた障害者の割合の国際比較のさいに、『ひと目でわかる障害関連
情報』2012年版（*Disability at a Glance 2012*）は、GSOの2009年のデータ［Tổng
Cục Thống Kê 2009］を出典としている[11]。1つの指標となりうる同データによる
と、2009年4月1日時点におけるベトナムの全人口は8578万9573人である［GSO
2009:6-7］。また視覚、聴覚、運動、記憶の機能に関して「障害がない」、「軽度
の障害」、「中度の障害」、「重度の障害」の4段階の基準[12]で質問をし、「軽度
の障害」以上の3つの段階を障害と呼んだ場合の統計数が発表されている。ベ
トナム国内の5歳以上の国民が有する障害の総件数は1210万件で、全国民に
対する障害の件数の割合は15.5％という数値[13]を示す。この内訳は視覚障害
者が390万件（33％）、聴覚障害者が250万件（20％）、運動機能障害者が290
万件（24％）、記憶障害者が280万件（23％）である。また同データによると、
ベトナムにおける5歳以上の国民のうち、障害者は610万人、割合は7.8％で
あるが、障害の数は1210万件であることから、多数の障害者が複数の障害を
抱えている可能性が考えられる。また、いずれかの機能が「全廃」である障害
者の数は57万4千人であり、5歳以上のベトナム人の0.7％、全障害者の4.7％
である。

　5歳以上のベトナム人における男性の障害者の割合は7.1％、女性の障害者
の割合は8.5％であり、女性の障害者の割合が多い。地域ごとにみると、南東

9）2007年6月の国際連合人権理事会の決議にもとづき、作成された報告書。http://www.
　mofahcm.gov.vn/vi/mofa/nr040807104143/nr040807105001/ns090723074537
10）ホーチミン市人文社会科学大学の社会学の研究者。2010年9月28日、ホーチミン市にお
　いてインタビュー。
11）2016年に統計局は新たな調査を行ったが、この集計結果はまだ公表されていない。
12）ベトナム語では、それぞれ không khó khăn, khó khăn, rất khó khăn, không thể と書かれている。
13）障害者の数と障害の数と2006年のGSOの数値がベトナムの関係者の間で混乱した結果、
　ベトナムにおける障害者の割合として約15％が独り歩きしたものと、筆者は考えている。

部 [14] が 5.9％で最小、北中部 [15] と南中部沿海 [16] がそれぞれ 9.7％で最多である。都市在住者における障害者の割合は 6.5％であり、農村在住者における障害者の割合は 8.4％である。都市と農村における障害者の比率は 6.5％と 8.4％で大差はないように思われるが、2009 年の統計発表 [17] ではベトナムの労働人口 4380 万人（全人口の 51.1％）に対して農村在住者は 3190 万人（73％）であることから、農村に在住する障害者の絶対数は相当な数であると考えられる。

　以上の障害者の数値は、行政機関に登録されている障害者の数である。ただし自己申告に近いため、判定のばらつきも考えられる。また統計に含まれていない 5 歳未満の子供、登録されていない孤児、地方在住の情報弱者で登録自体していない障害者などを含めると、これらの数値はさらに上昇するであろうといわれている。筆者も 2014 年の調査 [18] のさい、成人した先天性の障害者でありながらも、2010 年に障害者の社会保障システムの存在を行政の担当者に教えられてはじめて登録をしたという障害者に会っている。このように、ベトナムには行政も把握できていない潜在的な数値が存在する。統計のばらつきには、このような現象が一要因になっていることが考えられる。

　これに対して、2011 年より施行された障害者法 [19] では第 3 条 2 項において、障害者は特別重度、重度、軽度の 3 段階に区分して、専門家による認定が示されている。これらについては、同法第 II 章「障害の認定」の条文に定められている。同法第 16 条 1 項では、判定評議会は、社（Xã）、坊（Phường）、市鎮（Thị trấn）[20] における人民委員会主席により組織されることが記されている。細則 4 条 3 項では、a）特別重度障害者は日常生活動作ができないか、あるいは労働能力の 8 割以上が低下している状態、b）重度障害者は介助者、一部介助器具により日常生活動作が可能か、労働能力の 6 割から 8 割が低下している状態、c）軽度障害者は日常生活動作が可能か、あるいは労働能力の 6 割以下まで低

14）ホーチミン、バリア＝ブンタウ省、ビンズオン省、ビンフオック省、ドンナイ省、タイニン省。
15）クアンチ省、クアンビン省、ゲアン省、タインホア省、トゥアティエン＝フエ省、ハティン省。
16）ダナン、カインホア省、クアンガイ省、クアンナム省、ビンディン省、フーイエン省。
17）2012 年の統計では、農村人口はベトナム国民の約 68％である［Bộ Kế hoạch và Đầu tư 2013:22］。本書の障害者の割合は 2009 年のデータなので、農村人口も 2009 年を基準とする。
18）東京大学の「アジア研究のフィールドワーク」の授業で、ベトナムにおけるフィールド調査という内容であったが、筆者も参加させてもらい、教育機関のバリアフリーを体験した。
19）同法に関しては後述する。
20）ベトナムの第三級行政区で、日本の区町村レベルに相当する。

63

下している状態とし、医学判定評議会により決定される。地方公共団体は登録者に対し、登録区分に応じた生活補助の支給を行う。

筆者は当初、運動機能の割合による判定方法を知ったさいに、ベトナムに多くみられる複合する障害をどのように判定するのかが疑問であった。重複障害を抱える場合、支援を受けるにあたって障害別に申請するのか、障害程度の重いほうを優先するのかということである。たとえば、視力を失って歩行に障害をもった場合、どちらの障害で判定するのかを考えた。結果として、このような運動機能障害の割合による判定の場合は、障害の程度を考えず身体全体の運動機能により判定するため、複合する障害者の判定に対するばらつきを考慮する必要がない。これらにより統計のばらつきが修正され、ベトナムにおける障害者の統計が統一される方向に進むと考えられる。

また、生活補助の支給に関しては条文が定められているが、車椅子や杖などの介助器具が十分に給付されているわけではない。ベトナムは障害者の数が多すぎて、全員に支給するだけの財政的余裕が国家にないため、現状は貧困者に対し優先的に支給を行っているということである[21]。支給を受けていない者は自己で購入するか、あるいは海外の支援を受ける団体からの寄付に頼る形となっている。

2・2　ベトナムの障害者にとってのバリアフリー

前節では、ベトナムにおいて多くの障害者が生活していながらも、日常補助用具が全員に支給されているわけではないという現状を把握した。ベトナムの障害者の生活状況において、福祉先進国と異なる点として真っ先に考えられるのは経済力である。ベトナムに限らずどの国家においても、障害者の生活を改善するうえで経済力が大きな要素であることは事実である。しかしながら、先進国からの経済支援だけでベトナムの障害者の環境が改善されると考えているのであれば、問題の根本的な解決にはつながらない。ベトナムの障害者が現在おかれている環境を考えると、障害者の社会参加をうながすことで、多数の障

　21) 2012年7月16日、DPハノイのズゥォン・ティ・ヴァン（Dương Thị Văn）会長へのインタビュー。また、ベトナム戦争における傷病兵のインタビューを2013年10月10日に行った（2・5節）。国家の功労者として優遇されているはずの退役軍人であったが、歩行をまったくできないにもかかわらず、筆者のインタビュー前日まで車椅子の支給を受けられていなかった。

害者は社会における庇護の対象から生産者へと変位する機会を得られるのではないか。この環境づくりこそが、ベトナムに必要なことである。そしてこの環境に、バリアフリーが大きく関係してくる。障害を負うことにより、彼らは身体の機能が多かれ少なかれ低下した状態となっている。この低下した身体の機能を補完するのが、バリアフリーの役割である。このため、移動に利用する公共交通機関のバリアフリー化は、障害者の社会参加を妨げる移動問題の解決に大きく貢献する。

ここで問題となるのは、ベトナム政府が障害者政策に対して、どのような方針で取り組んでいるかである。他国よりも障害者の割合が高いとはいえ、障害者が国民全体の一部であることは変わらない。障害者を優先した政策は一部の国民のための政策にすぎず、さらに経済的な採算性も高くない。そのため、経済政策を優先したい途上国においては、このような政策は国民全体からも現実的に受け入れられがたいということである。したがって、障害者のための施策が社会全体の利益となるような政策を考えるか、あるいは障害者を包摂できる社会政策を考える必要がある。

また都市と農村における障害者の比率が6.5%と8.4%という前節のGSOによる数値から、障害者が多く住む農村部のバリアフリー化を優先すべきであるという反論も考えられる。しかしながら、農村部と位置づけられる面積は都市部よりもはるかに広く、障害者の割合が高いとはいえ広い地域に分散して住んでいるため、障害者人口密度は低い。これでは利用者の需要を満たしえないため、事業者が反対理由にあげる採算性が問題となってくる。さらに、この反論のような障害者の移動を重視した政策は、国民全体の少数派である障害者だけを対象とした政策となり、政策としては受け入れがたい。

ここで、都市公共交通機関のバリアフリーの実現性を考えるにあたり、バイク社会による渋滞の現実も念頭におかなければならない。道路の渋滞の緩和を考える前に、まず渋滞を引き起こす現象について考える必要がある[22]。乗り物が道路を占有する面積と、この乗り物の乗客者数の関係を考えたならば、バイク、自動車、バスの順番で、道路を占有する面積が大きくなっていく。しかしながら、後者ほど収容できる乗客の数は多くなるため、バスに乗車する人数を

22) 2013年4月26日、東京大学大学院工学系研究科の家田仁教授へのインタビュー。

第 2 章　ベトナムとバリアフリー

増やすことができたならば、バイクの台数は確実に減らすことができる。これにより、バイクからバスへ利用者が移行すれば、バイクの渋滞が緩和され、公共交通機関のバリアフリー化も現実性が高まる。2010 年の国家統計局によると、ベトナム都市部の住民の 85.1％、農村部では 71.2％がバイクを所有している［2010:359］。

　秋山哲男の提言［秋山 2001:61-62］に対して、筆者は序章において、このようにバイク渋滞がひどいベトナムの都市部に ST サービスをさらに走らせることは難しいと述べた。しかしながら、ダナンのグエン・フン・ヒエップが述べたような、枯葉剤の被害者など多数の障害者が集中して生活するようなエリアが存在する場合は、住民の 5 人に 1 人が障害者という事実と、農村部では渋滞が少ないという点を考慮すると、秋山が提言するような ST サービスを走らせる方法も効率的である。

　このバイク社会が引き起こす大渋滞については、ベトナム政府も経済発展を妨げる問題として認識している。このバイクの渋滞緩和の政策こそが、現在のベトナム政府が現実問題として模索中の政策課題でもある。ベトナム運輸省交通分野重点政策（2011 年）の「交通混雑の緩和」として、当時の運輸大臣ディン・ラー・タン（Đinh La Thăng）は交通渋滞緩和について、「公共交通機関を改善することにより、国民が個人の交通手段を利用する必要がなくなる」と回答し、この方法として「同時に国民みんなで協力しあうことが必要」と述べている［VnExpress 2011］。一方、ホーチミン市人民委員会は、バイクからバスへの利用者の移行政策として、2011 年 6 月に公務員が率先してバス通勤をする「バスに乗る運動」キャンペーンを行ったり［Người Lao Động 2011］、2010 年にミス・

写真 2-1　ジェム・フオンの乗車風景
［VN Express 2012］

ベトナム・ワールドで優勝したジィェム・フオン（Diễm Hương）を起用して
2012 年 9 月に「若者がバスに乗る運動」を行ったりしている［VnExpress 2012］（写
真 2-1）。

　筆者は、この渋滞を緩和するためには段階的に解決することが必要だと考え
ている。都市部の渋滞の原因はバイクの数なのであるから、第 1 段階としてバ
イクの数の削減が必要である（バイクからバスへ利用者の移行）。このためにはバ
イクの利用者が公共交通機関を利用する必要があり、第 2 段階として公共交通
機関を保障しなければならない（バス路線と台数の増加）。その後に第 3 段階と
して、保障された公共交通機関にバリアフリー化されたバスを導入するのであ
る（増加したバスのバリアフリー化）。現在のベトナムは第 1 段階で政策が頓挫し
ているようである。

　このような段階を経て、路線バスの一部にバリアフリーバスを導入すること
により、障害者の社会参加が可能になると考えている。これは障害者を包摂で
きる社会政策となりうる。筆者が考える都市公共交通機関のバリアフリー化は、
障害者の移動問題の解決を図ると同時に、障害者の社会参加の可能性を高め、
障害者と一般住民が社会で共生することである。

2・3　政府からのバリアフリー——法における障害者とバリアフリー

2・3・1　憲法における障害者

　前節において、筆者はベトナムの障害者を社会参加させる政策を論じた。そ
れではベトナムは国家として、障害者に対してどのように向き合っているのだ
ろうか。政府の方針を知る意味で憲法からみていく。

　ベトナム社会主義共和国の憲法の条文において、「障害者」という用語を最
初に使用したのは、1980 年憲法（248/LCT）であると考えられる。それ以前の
1959 年憲法では障害者を用語として直接使用しておらず、第 23 条では「知能
が劣っている人（người mất trí）」[23)]、また第 32 条では

　　労働者と公務員が定年を迎え、老令、病気、労働力を失った時に物質的支

23）差別的なニュアンスがあり、現在のほかの条文では "người mất năng lực hành vi dân sự"（行
　為能力が劣る人）と表記されている。

第 2 章　ベトナムとバリアフリー

援を得る権利を得られる（Người lao động có quyền được giúp đỡ về vật chất khi già yếu, bệnh tật, hoặc mất sức lao động.）

と表現されていた。障害者を意味する語として người tàn tật（残疾人）[24] が初めて用いられたのは 1980 年憲法の第 74 条第 3 文であり、

身寄りのない老令者と障害者は国家と社会により扶助される（Người già và người tàn tật không nơi nương tựa được Nhà nước và xã hội giúp đỡ）

とある。また、1980 年憲法第 59 条の第 3 文[25] には

公民、定年を迎えた公務員、老齢者、病弱あるいは労働力を失った人は社会保障の権利を得られる（Công nhân, viên chức khi về hưu, già yếu, bệnh tật hoặc mất sức lao động được hưởng quyền lợi an sinh xã hội.）

とある。この条文は 1959 年憲法第 32 条から、障害者の項目を独立させたものと考えられる。さらに、1980 年憲法の第 74 条第 1 文には

国家は、戦傷者、革命殉死者とその遺族に対して政策上の特恵措置を行い、戦傷者は身体回復のための良好な条件を享受するものとし、健康状態に適合する雇用を得、安定した生活条件を得るための支援を享受するものとする（Nhà nước thực hiện chính sách ưu đãi đối với thương binh và gia đình liệt sĩ, tạo điều kiện cho thương binh phục hồi chức năng lao động, có việc làm phù hợp với sức khoẻ và có cuộc sống ổn định.）

とあることから、背景にはベトナム戦争による障害者数の急増が影響していると考えられる。

24）中国における障害者を表す用語と同一である。しかしながら、中国で鄧撲方と王春光が相談して決定したのは 1984 年である（第 4 章後述）ことから、偶然の一致と考えられる。
25）ベトナムの憲法においては、条文内の項目ごとの番号がないため、本書では便宜上このように表現する。

2・3　政府からのバリアフリー──法における障害者とバリアフリー

　1992 年に改正された新憲法（68/LCT/HĐNN8）において、障害者という用語
は第 59 条

　　国及び社会は身体障害児が普通の智識と適正な職業訓練を受けられるよう
　　必要な条件を創出するものとする（Nhà nước và xã hội tạo điều kiện cho trẻ em tàn
　　tật được học văn hoá và học nghề phù hợp.）

と 67 条第 3 文

　　老令者、虚弱者及び孤児で支援のない者は国の援助を受けるものとする
　　（Người già, người tàn tật, trẻ mồ côi không nơi nương tựa được Nhà nước và xã hội giúp
　　đỡ.）

で使用されている 26)。1992 年憲法にはさらに、障害者の社会復帰に関する
条文が加えられた。このことから、ベトナム社会に変化があったとみられ
る。1980 年に憲法が改正された社会背景として、南北ベトナムの統一がある
と考えたならば、1992 年の憲法改正の社会背景がドイモイ政策であることは、
1992 年憲法の前文に

　　1986 年以降は、第 6 回共産党全国大会が採択した総合的国家刷新 27) が実
　　施され、初期的ではあるが重要な成果を収めることができた。新しい状
　　況と課題に対応すべく国会は 1980 年憲法の改正を決めた（Từ năm 1986 đến
　　nay, công cuộc đổi mới toàn diện đất nước do Đại hội lần thứ VI của Đảng cộng sản Việt
　　Nam đề xướng đã đạt được những thành tựu bước đầu rất quan trọng. Quốc hội quyết định
　　sửa đổi Hiến pháp năm 1980 để đáp ứng yêu cầu của tình hình và nhiệm vụ mới.）

とあることからもわかる。

　26）新憲法の前文と第 59 条および第 67 条の邦訳は、東京大学東洋文化研究所田中明彦研究室
　　のアジア・太平洋諸国の対外政策データベースの資料の「ベトナム社会主義共和国憲法」に
　　よる。http://www.ioc.u-tokyo.ac.jp/~worldjpn/asiapacific/19920415.O1J.html（2013 年 11 月 19 日閲覧）。
　27）ドイモイ（đổi mới）をここでは「刷新」と訳している。

69

第 2 章　ベトナムとバリアフリー

　ここで、ドイモイと障害者の関係をみる必要がある。なぜならば、1992 年
憲法制定の数か月後、1992 年 9 月 30 日に発布された 1992 年政府組織法（Luật
Tổ chức Chính phủ 1992、1/L-CTN）の第 2 章は政府の責務と権限を定め、第 12 条
において国防、安全、社会秩序の領域における政府の責務と権限に言及してお
り、同 4 項では

　　政治、経済、文化、社会及び家族開発の分野において男女間における平等
　　を保証するための政策と措置を適用し、女性と子供を保護し、その幸福を
　　増進し、保護を要する時に保護者の居ない老令者、身体障害者及び孤児を
　　支援し、女性を差別したり人間としての尊厳を汚損し得る全ての行為を予
　　防・抵抗するための措置を適用する[28]

と、障害者に対する政府の責任を定めているからである。1992 年憲法と同年
の政府組織法で言及した内容は、「障害者に関する法令」（Pháp lệnh về người tàn
tật、06/1998/PL-UBTVQH10）として 1998 年 7 月 30 日に国会常務委員会におい
て承認され、同年 11 月 1 日に発効した。法令は一定期間の準備期間を経た後、
法律として施行される。その意味において、法令は暫定施行法的性格を有して
いる［渡辺 2000:54］。
　そしてベトナムが法律において障害者に言及するのは、憲法と「障害者に
関する法令」にとどまらない。1998 年の教育法（Luật Giáo dục 1998）の第 58 条、
第 72 条 1 項、77 条 1 項にも、障害者への言及がある。また 1994 年 6 月の労
働法典（Bộ Luật Lao Động）では、条文で障害者について言及しているだけでは
なく、第 X 章の第 3 項目において「障害者としての労働」（Lao Động Là Người
Tàn Tật）と条文（125 ～ 128 条）が定められていた。なお、同法は 2012 年 10
月に改正され、「障害者としての労働」（Lao Động Là Người Khuyết Tật）の第 XI 章第
4 項目に条文（176 ～ 178 条）は変更されている。社会における障害者に対する
認識が深まっているように考えられる。
　1992 年憲法は 2001 年に修正が行われた[29]だけで、2013 年に改正されるま

　28）この法律の訳文も、東京大学東洋文化研究所による。
　29）2001 年に憲法の修正のさい、当初の người tàn tật は người khuyết tật に修正されている（51/2001/
　　QH10）。

70

で使われていた。また寺本実［寺本ほか 2012:171］は、「児童保護・養護・教育法（2004 年）、功労者優遇法令（2005 年）、社会保険法（2006 年）、医療保険法（2008 年）、高齢者法（2009 年）、障害者法（2010 年）などが制定されていることから、近年のベトナムにおいて「社会保障」の制度づくりが着実に本格化しつつある」と記している。1992 年憲法以後の社会の変化をみたならば、同年憲法の条文の変化から、ドイモイ政策の 1 つとして障害者政策を始めたようにもみえる。しかしながら、ドイモイが採択された 1986 年の第 6 回共産党全国大会において、社会保障まで言及していたわけではない。

　1992 年憲法以前のベトナム社会の変化の理由を、さらにみる必要がある。白石昌也［白石 2000:15-16］はドイモイ前後の状況について、「ドイモイ以前のベトナムは共産党による一党支配であった。このことは、党が国家の路線、政策の策定から日常的な活動に至るまで、全ての分野において頻繁に介入していた。そして、社会における様々な行動は、生産から流通、消費に至るまで、党・国家によるきわめてタイトな統制、管理の下に置かれてきた」と述べている。また、ドイモイ開始以降のベトナム指導部に関して、「党は国家・社会の管理・運営に関しての基本的指針や方向性を決定することに専念し、その具体化や実践については国家諸機関に委ねるとの姿勢として、明示的な法規に基づく統治の実現を明示している」と記している。このことからわかるのは、ドイモイ以降、党と国家が直接的に管理していたシステムから、委譲された国家諸機関による間接的管理へと移行するとともに、明文化されたルールづくりが必要になった、ということではないだろうか。このような社会システムの構築ができた理由として、ドイモイにより「ベトナム経済が危機を脱し、本格的な発展を展望できる段階に入りつつあるという判断を持ったベトナム共産党が、90 年代の初頭になって提起するに至ったのが、国家機構の整備、その重要な一環としての行政改革である」という事実もあげられる［古田 2000: 180］。この結果、新憲法を含めた社会整備も行われ、社会保障へと広がったと考えられる。

　2013 年憲法では、障害者という文言も使用されている。第 34 条では「公民は社会保障を受ける権利を有する」、第 59 条 2 項では「国家は公民が社会福祉、社会保障の発展を享受する機会を平等に与え、高齢者、障害者、貧困者、困窮者に対する支援する政策を行う」としている。また、第 59 条 1 項の「国家は、国家に貢献した者に対し、栄誉を与え、表彰し、政策的に優遇する」には、傷

第 2 章　ベトナムとバリアフリー

病兵も含まれていると考えられる。注目すべき点は、社会保障の概念がベトナム憲法の条文に初めて現れたことである。そして障害者が社会保障の対象となることが、条文上で明確にされている。

2・3・2　障害者に関連する法律

(1) 障害者権利条約とその影響

障害者権利条約（Công ước Quốc tế về các Quyền của Người Khuyết tật）[30] は国連の場で、2006 年 12 月 13 日に採択された（1・5・5 項参照）。この条約にベトナムは 2007 年 10 月 22 日に署名し、2014 年 11 月 28 日に批准している。7 年近い期間を要したことに関して、ベトナムは批准に向けて、国内法などを慎重に研究、検討していたためだという[31]。同条約に批准したことで、ベトナムも第 9 条の「アクセシビリティ」と第 20 条「個人の移動性」を実践しなければならなくなった。同条約はベトナムに国家レベルと地方レベルで影響を与え、各地でバリアフリー化のために多くの活動がなされている。障害者権利条約から、ベトナム社会においては国際的な影響がみられる（具体例は 2・4 節詳述）。

2002 年に滋賀県で開催された「びわこミレニアム・フレームワーク」（1・3・3 項参照）に、ベトナムも参加国として名前を連ねている。ベトナムが ESCAP に加盟したのは 1976 年［MOLISA 2012］でありながら、国連機関における活動が目立つようになったのは、びわこミレニアム・フレームワーク以降のことである[32]。これは ESCAP の「アジア太平洋障害者の十年」最終年ハイレベル政府間会合であり、同会議の決議で「アジア太平洋障害者の十年（1993 ～ 2002）」をさらに 10 年（2003 ～ 2012）延長することを宣言した。ベトナムにおける最初のバリアフリーの概説書である『交通バリアフリー』（Giao thông Tiếp cận）には、びわこミレニアム・フレームワークについて言及がある［Cao Trọng Hiền et al. 2008:238-239］[33]。ここでいう「アジア太平洋地域における障害者に対する 7 つの優先分野」とは、びわこミレニアム・フレームワークの優先領域 v の「各

30）直訳すると「障害者の各権利に関する国際公約」。
31）アジア経済研究所のプロジェクトのために、2016 年 12 月 20 日、障害研究の専門家であるグエン・ゴック・トアンにインタビューを行った。
32）この理由について MOLISA の担当者にインタビューを行ったが、明確な回答を得られていない。
33）3.5.5 Khuôn khổ hành động thiên niên kỷ Biwako mà Việt Nam tham gia.

種建築物・公共交通機関へのアクセス」を意味していると考えられる。NCCD
の『ベトナムの障害者支援活動に関する 2010 年報告』の序文にも、びわこミ
レニアム・フレームワークへの言及がある［NCCD 2010］。AEI（Access Exchange
International）のニュースレター [34] においては、ベトナム政府が車椅子向けの公
共交通機関を走らせるための準備をしていたことが書かれている［AEI］。

　また、ホーチミンで最初のバリアフリーバスに関して筆者が関係者にインタ
ビューしたさい、導入の動機として最初にあげたのは、2007 年 10 月 22 日に
ベトナムが署名した国連障害者権利条約の影響であった。前述のとおり、同条
約の第 9 条「アクセシビリティ」と第 20 条「個人の移動性」は交通バリアフリー
に関する条文であり、条約に批准した加盟国は条文を遵守する義務 [35] がある。
この時期のベトナムは、1995 年に申請していた WTO（世界貿易機関）への加盟
が 2006 年 11 月 7 日に認められ、国連非常任理事国に 2007 年 10 月 16 日に初
めて選任される [36] など、国際社会の場で積極的に活動していた。このような
積極外交の背景には、共産党としての方針転換があったと考えられる。

　1991 年の第 7 回共産党大会においては、共産党外交から各国との全方位外
交へと方針が修正されている。この段階ではグローバル化に対して慎重論も少
なくなかったが、2001 年の第 9 回大会では「主導的、積極的に、国際統合に
臨む」と主体的参入が明示され、ベトナムの社会主義体制を守りながら、資本
主義的グローバルスタンダードのプラス面にベトナムを合わせていこうとする
姿勢が示されるようになった［中野亜里 2005］。国際社会における信用度の向上
をめざしていたため、国際関係を重視して国内法の整備も行っていたのである。

(2) 障害者に関する法令

　障害者に関する法令（Pháp lệnh về người tàn tật、06/1998/PL-UBTVQH10）の前文
において、「1992 年憲法第 59 条、第 67 条、第 91 条 [37] に基づき、障害者に対
する家庭、社会、国家の責任、障害者の権利と義務について規定する」とう

---

34)『モビリティフォーオール』の著者であるリッカートが会長を務める NGO 団体である。同
　団体が発行するニュースレターから、ハノイのバスのバリアフリー化の指導を行っていたこ
　とがわかる。http://globalride-sf.org/news.html（2013 年 11 月 27 日閲覧）。
35) ベトナムは 2014 年 11 月 28 日に批准している（表 1-1）。
36) 初立候補は 1997 年。
37) 同条は法律制定の権限を示す内容で、障害者の法律事項と直接の関係はない。

第2章　ベトナムとバリアフリー

たっている。第4条と第12条には、収入の少ない障害者への救済について書かれている。第3条、第18条、第24条、第25条では「障害者にとって便利な条件にする」という表現がみられる。この語句はバリアフリーと同義にとらえることができる。しかしこの表現は、ベトナム社会では「好ましい状態にする」から「便宜を図る」まで幅広い意味で一般的に使われる、汎用性の高い語句である。便利の対象となる語を置き換えることにより、バリアフリー以外の条件に対しても使用されている。第26条においては「障害者が便利に利用する」という表現を使用して、アクセシビリティを意味する条文もみられる。1999年7月10日に発効した「障害者に関する法令の施行規則」第3章では各部署の責任に言及し、第16条4項において建設省と交通運輸省の各省は障害者の利用の需要に合わせることを示している。しかしながら、バリアフリーを表す具体的な文言はまだ使用されていない。

(3) 障害者法

　「障害者に関する法令」から法律に格上げされた障害者法（Luật Người Khuyết Tật、51/2010/QH12）は、2010年6月17日に国会で制定され、2011年1月1日より施行されている。法令は一定期間施行された後、法律として発布されるために国会に提出されることになっている。同法第2条1項において、障害者を表す語句をngười khuyết tậtとし、「身体の一部ないしもしくは多くの部分が欠けているか、またはその機能が労働、社会生活、学業に支障をきたすほどに低下している人」と定義した。同法第3条では障害者に対し、障害の程度に応じた特別重度、重度、軽度の3段階の障害区分を設け、同法第44条には特別重度と重度の障害者に毎月の生活補助が与えられることが書かれている。また、同法第2条第8項において、ベトナムにおけるバリアフリーを表す語句としてtiếp cận[38]が採用され、同語句を「社会統合を可能にするため、障害者が公共施設、交通手段、情報技術、文化・体育・旅行および他の適切なサービスを利用できること」と定義している。

　これらの定義に対し、同法第7章「集合住宅、公共施設、交通、情報技術、通信」（第39条〜第43条）においては、バリアフリーの対象物が具体的に規定されて

38）漢字に直すと「接近」で、アクセスを意味する。

74

2・3　政府からのバリアフリー──法における障害者とバリアフリー

いる。新しい建築物のバリアフリーの設計を定め（39 条）、同法施行以前の古い建築物に対しても、政府関係の建築物（第 40 条 1 項 a）、駅、バスターミナル、船着き場（同 b）、病院と診療所（同 c）、学校と職業訓練機関（同 d）、文化施設、体育館、運動競技場（同 d）は、2020 年 1 月 1 日までにバリアフリー化の改造を行うことが定められている。さらに同条 1 項に含まれていない公共の建築物も、2025 年 1 月 1 日までにバリアフリー化することが明文規定されている。また公共交通機関のバリアフリーについて、障害者のための優先席と乗降のための介助機器（第 41 条 1 項）の設置を義務づけることが明文規定されている。

　「障害者法」に対して、2012 年 4 月 10 日に MOLISA の大臣の通知により「障害者法の一部条文を実行するための細則とガイド規定」（28/2012/NĐ-CP）が公布された。2008 年法規規範文書公布法第 16 条において、大臣及び省同格機関の長の通知として「国会の法律及び決議、国会常務委員会の法令及び決議、国家主席令及び国家主席の決定、政府の議定並びに政府首相の決定の細則を規定する」と定められている［遠藤 2008:185］。同規定は国会の決議である「障害者法」の細則を定めたものであり、同年 6 月 1 日より効力を有している。同規定第 13 条において、障害者法の第 40 条 1 項において定められた a 政府関係の建築物、b 駅、バスターミナル、船着き場、c 病院と診療所、d 学校と職業訓練機関、d 文化施設、体育館、運動競技場に関し、2015 年までに最低 50％（細則 13 条 1 項 a）、2017 年までに最低 70％（同 b）、2020 年までに完全（同 c）バリアフリー化するまでの計画と経過に責任を負うことになる。また同条 a 〜 c 以外の集合住宅、インフラ面のバリアフリーも定められている（同 d）。同細則 14 条において、2015 年、2020 年、2025 年と期限ごとの目標を定め、バス、列車などの公共交通機関のバリアフリー化の方法が明文化されている。また同条 1 項 b においては、2015 年までに南北を結ぶ路線の少なくとも 1 旅客車両をバリアフリーにし、2020 年までに各路線の 1 旅客車両をバリアフリーにすることを保障している。

　筆者は 2003 年に、ハノイ駅とホーチミン市 3 区にあるサイゴン駅を初めて訪問した。当時の両駅にはプラットホームが存在しておらず、地上から車両に乗り込む形であった（写真 2-2）。2009 年に再訪したさい、サイゴン駅の入口の段差はすべて解消され、駅舎内にはエスカレーターも設置されるなど、バリアフリー化の改造が行われていた。2017 年 10 月の調査時 [39]、同駅にはかさ上げ

75

第 2 章　ベトナムとバリアフリー

写真 2-2　2003 年 12 月のハノイ駅
プラットホームがなく、地上から直接車両に乗り込むようになっていた。

写真 2-3　サイゴン駅の障害者用発券窓口

写真 2-4　バリアフリー化が進んだハノイ駅（2017 年 11 月）
入口にスロープが設置され、プラットホームはかさ上げされている。

したプラットホームができており、障害者向け切符売場などバリアフリー化がさらに進んでいた（写真 2-3）。また、ハノイ駅では 2016 年にバリアフリー化の工事が行われ、2017 年 11 月の調査では入口にスロープが設置され、プラットホームがかさ上げされていた（写真 2-4）。しかし、車椅子で乗れるだけの乗降口と通路の幅を有している鉄道車両は、ベトナムにはまだ存在していない[40]。

2012 年 8 月 5 日に「障害者を補助する提案認可 2012 〜 2020 年」（1019/QĐ-TTg）が、MOLISA の提案に対し、政府首相の認可を得て決定している。そのな

---

39) 日本貿易振興機構アジア経済研究所の「アジアの障害者アクセシビリティ法制」プロジェクトによる調査。

40) 車椅子で鉄道車両に乗り込めたとしても、車両に車椅子用のスペースがない場合、次に問題となるのは、物品販売のカートが通るとき邪魔になることである。

かでは前述した「障害者法の一部条文を実行するための細則とガイド規定」に
ある段階的目標が示されている。障害者法が施行されてから、バリアフリー化
の目標を実現するための段階として、議決や決定が発効している。ただし、こ
の目標を達成できなかったことに対する罰則などの規定は示されていない。

(4) 障害者を表す用語

　ベトナムにおいて障害者を表す語句が người tàn tật（漢字で「残疾」が相当）か
ら người khuyết tật（漢字「缺疾」が相当）[41]に確定するまで、紆余曲折があった。
1998 年の障害者に関する法令では障害者を người tàn tật と表記していたが、障
害者法（2011 年）や障害者権利条約（2008 年）[42]においては người khuyết tật と
表記している。tàn を khuyết に変更した理由は、法令から法律へ格上げされた
ことではない。1980 年憲法と現行の 1992 年憲法でも当初 người tàn tật が使用
されていたが、2001 年の国会では 1992 年憲法が修正され（51/2001/QH10）、59
条の条文で障害者をさしていた người tàn tật が người khuyết tật へと修正されて
いる。2009 年の MOLISA の総括において người khuyết tật という用語が確認さ
れるまで、定着していなかったといえる。

　2001 年にハノイで開催された RNN[43]キャンペーン 2001 ハノイ会議にお
いて、当時の国家主席チャン・ドゥック・ルオン（Trần Đức Lương）が演説で、
"người tàn tật và người khuyết tật" という呼び方を何度も使用していた［Tuổi trẻ
online 2001］。また、2006 年の教育省大臣の名における規定の 1 つ「障害者に対
する教育統合に関する規定」（23/2006/QĐ-BGD & ĐT）のように、người tàn tật と
người khuyết tật が併記された事例も存在する。これらからも、政府内において
も用語に関して迷いがあったことがわかる。

　2006 年 7 月 14 日に NCCD、USAID、CRS（Catholic Relief Service）により、
「障害者に関する概念と語句の会議」が開催され、各政府機関の関連部署、
MOLISA、教育省、厚生省のほか、障害者団体として「ベトナム障害者と孤児
を助ける会」の各代表たちも参加した。2008 年から始まる障害者法案起草を

41) 漢字に置き換えると、người は「人」に相当する。
42) 同条約の採択は 2006 年であるが、ベトナムが署名したのは 2007 年であり、20 か国の署名
　により条約が発効したのは 2008 年である。
43) RNN と は Regional NGO Network for the Promotion of the Asian and Pacific Decade of Disabled
　Persons（アジア太平洋障害者の十年推進 NGO 会議）の Regional NGO Network の頭文字である。

見越してのことである。ベトナム厚生省からは、người khuyết tật には欠損(khiếm khuyết) 44)、機能不全（giảm khả năng）、全廃（tàn tật）の3段階の意味がともなうという意見が出された。同会議に参加したベトナム人障害者の説明によると、tàn tật には深刻で否定的な意味がともなうため無能力さを感じ、一方、khuyết tật は欠損という意味であることから、一部の機能が欠けていても人間としての可能性を感じられるという理由で khuyết tật を支持した、ということである［MOLISA 2006］。この結論は、2009年7月15日の MOLISA による「障害者に関する法令と関連文書の実施状況の総括」（62/BC-LĐTBXH）の第3部、「障害者に関する法令を改善する建議」のⅡ「法制定内容の提出」、1「対象、範囲」において、すべての法律文書 45) の用語として、障害者を người khuyết tật に統一して使うことを確認している。

2・3・3　バリアフリーの概念

　ベトナムにおいてバリアフリーを直接さす用語は、障害者法第2条8項における tiếp cận （漢越語で「接近」）であり、アクセシブルを翻訳したものと考えられる。それ以前の、1998年に施行された「障害者に関する法令」においては、「障害者が便利に利用する」という表現が用いられている。ベトナムにおけるバリアを表す語としては、trở ngại （漢越語で「障碍」）や rào cản （「障壁」に相当）がありながらも、không có （không có 〜は「〜を有しない」の意味）や vô （vô は漢越語で「無」）を用いた không có trở ngại や vô rào cản とはなっていない。このことは、中国やタイとは異にする（第4章参照）。ベトナム語には「バリア」を表す表現がありながらも、「バリアフリー」を表す表現が見あたらないことから、「障害者に関する法令」施行当時のベトナムにおいて、バリアの概念を表す語（trở ngại や rào cản）と車椅子とが結びついていなかった可能性もある 46)。概念と語句のどちらが先に社会に普及するかであるが、日本のようにバリアフリーとい

44) khiếm と khuyết を漢字表記すると、ともに「欠」となる。
45)「障害者に関する法令」から2つの議決と20の障害者関連法が施行された。
46) 筆者がベトナムにおいてバリアフリーを説明したところ、通訳をしたベトナム人は "không có bậc"（bậc は階段）、"xe lăn vào được"（車椅子が入ることができる）と表現した。また母語者に対して、スロープをさしてベトナム語をたずねたが、しばらく考えて "cầu thang trượt"（滑る階段の意）、"ram dốc"（連なる坂の意）と答えた。しかし、ほかのベトナム人に同じ語を使っても、スロープとして伝わらない。スロープを表現する語が、ベトナムにおいてまだ普及していないことがわかる。

う言葉が普及している例からもわかるように、外来語の場合は一般的に、語句が概念よりも先行して社会に定着している。ベトナムにおいては外来語であるバリアフリーが語句として成立していなかったため、次の世代の用語であるアクセシビリティの翻訳語を使用するに至ったと考えられる。この意味において、1974年の国連障害者生活環境専門家会議の『バリアフリーデザイン』は、ベトナムに影響を与えていなかった。

　それでは、ベトナムにおいて用語と概念が合致したのはいつであろうか。少なくとも、1998年の「障害者に関する法令」においては、概念は存在していても用語は存在していなかったのだから、1998年以降と考えられる。ベトナムのバリアフリーの概念の始まりとも関連するため、バリアフリーの概念が導入された経緯はどのようなものであったかを明確にする。

　書籍『交通バリアフリー』（詳細は次項）の著者の1人であるチュー・マイン・フン（Chu Mạnh Hùng）は、公共交通機関のバリアフリー化が考えられるようになったのは2001年からであると記している［Chu Mạnh Hùng 2006:15-16］。

　建設省は2002年1月17日に一連の技術基準に関し、決定（01/2002/QĐ-BXD）として、「障害者のアクセスを保障するための建設工事規範」「住居と公共施設——障害者のアクセスを保障するための建設工事の基本原則」「道路と舗道——障害者のアクセスを保障するための建設工事の基本原則」「住居——障害者のアクセスを保障するための建設工事要綱」を公布した［NCCD 2002］。同決定の内容は、建物におけるバリアフリーのためのツールに関して、寸法や角度などを非常に細かく設定したものである[47]。

　2002年10月のびわこミレニアム・フレームワークの内容を紹介するベトナム語版パンフレットにおいては、アクセシブルがtiếp cậnと翻訳されている。同パンフレットにおけるtiếp cậnは、情報技術や通信までも含んでいる。2002年の時点において、tiếp cậnは交通や建築だけではなく、情報技術や通信まで範囲が拡大し、2011年の障害者法への基になったと考えられる。

　これらの変化をもたらした1998年と2002年の間の大きな出来事として、2001年12月11〜13日にハノイで開催された、RNNキャンペーン2001ハノ

---

47) 同決定は2014年12月29日の建設省の通知（21/2014/TT-BXD）により、「障害者のアクセスを保障する施設工事に関する国家技術基準」（QCVN10:2014/BXD）に改正されている。DRDはバリアフリーの啓蒙のために、2017年に同基準を図解で示した書籍を制作した（後述）。

79

第 2 章　ベトナムとバリアフリー

イ会議があげられる。同会議に先立ち、2001 年 1 月 22 日に MOLISA の下位組織として障害者の権益を守る NCCD が成立している。NCCD の設立[48]により、ベトナムにおける障害者政策を担当する機関が整い、この過程においてバリアフリーの概念と用語も公式に合致したことが推定できる[49]。

2・3・4　書籍『交通バリアフリー』

政府が行ったバリアフリーの啓蒙活動の 1 つに、概説書『交通バリアフリー』を制作したことがあげられる(写真 2-5)。同書は数人のベトナム人研究者によって書かれた、ベトナム初のバリアフリー概説書(2008 年出版)であり、交通運輸省、交通運輸大学、VNAH が監修している。

同書は AEI の『モビリティフォーオール』を参考に、バリアフリーの概念と障害者の権利に関する内容のほか、道路、鉄道、船、空港、バス、飛行機の各施設をバリアフリーにするための手段であるスロープ、エレベーターの設計の数値など、技術的な内容も盛り込まれている。諸外国の道路や鉄道、船、空港、バス、飛行機のバリアフリーの状況を紹介する写真をふんだんに掲載し、さらにベトナムにおけるバリアフリーではない個所を撮影して諸外国と比較し、問題点を指摘している。ベトナム国内でのバリアフリーバス実験の様子も紹介している（2・4 節に詳述）。

同書は、ベトナム国民に対しバリアフリーとは何であるかを紹介するために書かれた本であり、大学の教科書として使うこともあるという[50]。監修した VNAH の担

写真 2-5　書籍『交通バリアフリー』

---

48) NCCD 設立の経緯について、NCCD の担当者から明確な回答を得られていない。
49) 用語について、MOLISA の行政官僚は個人的見解と前置きをし、tiếp cận のほうが広い意味でとらえられるという印象を示したものの、ベトナムにおけるバリアフリーを示す語が確立していなかったことに関しては明確な回答を得られていない。
50) 2010 年 10 月 2 日、同書の著者の 1 人であるベトナム交通運輸省のチュー・マイン・フンへのインタビュー。

当者は、同書を大量に印刷して無償で国民に配布し、バリアフリーを知識として国民に知らせたいが、それを実現するには予算が不足していると語った。

2・4　事業者が供給するバリアフリー

　前節において、法整備からベトナム政府のバリアフリーに対する動きを述べた。本節では筆者のフィールドワークをもとに、関係者へのインタビューを交えて、ベトナムの都市と公共交通機関のバリアフリー化の状況について述べる。

2・4・1　都市
（1）ハノイ

　2003 年の 12 月、東南アジアのオリンピックともいわれる第 22 回東南アジアスポーツ大会、第 2 回東南アジア障害者スポーツ大会がベトナムで初めて開催された［ジェトロ・アジア経済研究所 2003］。東南アジアの人々は前者をシーゲーム（SEA Games）[51]、後者をパラゲーム（Para Games）[52] と呼ぶ。パラゲームはハノイにおいて開催された（写真 2-6）。全国放送のベトナムテレビ VTV でも、トップニュースでパラゲームを扱っていた。筆者もホアンキエム湖付近で、マレーシアの車椅子の選手団と遭遇した（写真 2-7）。このイベントの影響であると考えられるが、ハノイの空港はホーチミンよりもバリアフリーの配慮が進んでおり、アイルチェア[53] も準備されていた。またハノイの観光地であるホアンキエム湖周辺も、段差解消の整備が行われていた。多くのベトナム人が車椅子を利用する筆者に、「パラゲーム！」と声をかけてきた[54]。2012 年のアンケートの回答により知ったのだが、パラゲームやその報道に接して、障害者が社会参加できることを初めて知ったベトナム人も多くいたようである。2003 年 12 月

51）SEA は Southeast Asia の頭文字であって、海の sea とは無関係である。http://www.seagfoffice. org/（2013 年 9 月 27 日閲覧）。

52）正式名称は Asean para games であり、2 年ごとに選手権が開催される。ASEAN Para game Federation, http://www.aseanparasports.org/aboutus/default.asp?action=aboutus（2013 年 11 月 14 日閲覧）.

53）飛行機内の狭い通路を通るためのコンパクトな車椅子。スカイチェアともいう。機内の通路は狭くてスタンダードな車椅子では通れないため、小型のアイルチェアが航空会社ごとに準備されている。

54）東南アジアの障害者スポーツと筆者はまったく無関係なのだが、ハノイの人々は車椅子に乗っている筆者を選手と誤解していた。

第 2 章　ベトナムとバリアフリー

写真 2-6　ノイバイ空港でのパラゲームの案内板　　写真 2-7　マレーシア代表チームとの遭遇

時点では、ハノイの市内中心部はホーチミンよりもバリアフリーのハードの整備が進んでいた[55]。その後、バリアフリーのハードにひびなどの劣化がみられ始めたが、補修などはされていなかった。

2010 年にはタンロン・ハノイ建都 1000 年記念のイベントが行われ、ベトナム中から大勢の観光客がハノイを訪れていた。観光地を中心にバリアフリーの修復工事が行われ、2007 年当時の歩道のひびなど損傷した箇所は修復され、段差も解消されていた。パラゲームのときよりバリアフリーのハードの整備が進んでいたので、バリアフリーの水準が上昇したと考えられる。

2012 年にはハノイ市民の意見を参考にして、ハノイで開発が進んでいるミーディン地区と多くの住民が居住する地区を中心に調査を行った。従来はバリアフリー化の改造が行われた建築物を調査してきたが、新築のバリアフリー建築物を調査することで、ベトナムのバリアフリーのハードに関する最新技術の水準を知ることができると考えたからである。

ホーチミンと異なり、ミーディン地区はバイクよりも乗用車の割合が多い印象であった。ほとんどの建築物は新築であり、不特定多数の人たちが集まるショッピングセンターなど大型建築物も多い。これらはバリアフリーを意識した建築物であるが、段差が残存しており完全なバリアフリーとはいい難い。また、歩道の段差も完全に解消されているわけではない。バリアフリーの意識は存在しているのだが、ハードの細かいところまでは意識が届いていない。これ

---

55) ホアンキエム湖周辺をさしているため観光バリアフリーとも考えられるが、観光地という点ではホーチミン市の 1 区も同様である。観光バリアフリーであっても、パラゲーム効果が大きいと考える。

82

2・4　事業者が供給するバリアフリー

を改善するためには、施工者側の知識の向上と、障害者側のフィードバックが
必要である。そのためには障害者にも、フィードバックできるだけの知識が求
められる。

　2013 年 10 月、ベトナムのバリアフリーの最新技術を知るために、同年 7 月
に完成した東南アジア最大の商業施設を訪ねた[56]。同施設内はバリアフリーで
あるが、2012 年に訪れた商業施設と同様、歩道部分の段差は解消されていな
かった。ホーチミンの大型商業施設も同様であることから、ベトナムを全体と
してみても、施設外にある歩道部分の段差をバリアフリーにすることの必要性
を認識していないようである。また、歩道部分の損傷も著しい。

　ハノイは首都であることから、国際的なイベントを契機に市の中心部のバリ
アフリー化が進んでいる印象であった。このような状況では、同市の観光名所
を中心にしたバリアフリー化になりがちであり、一般住民はバリアフリーの恩
恵をまだ十分受けていない。住宅地域はインフラ整備によりバリアフリー化が
進んでいるが、アンバランスなバリアフリーの構造が目立ち、事業者のバリア
フリー化の技量が問われる段階である。

(2)　ホーチミン

　筆者が初めてベトナム訪問をした 2003 年は、現在の国際空港が完成する前
であった。飛行機の搭乗にさいし、車椅子での利用について航空会社より事前
に了解を得ていたはずだが、ホーチミンの空港に到着後、飛行機内に迎えにき
たスタッフが持参した車椅子は、アイルチェアではなくスタンダードな車椅子
であった。スタンダードな車椅子では、飛行機の搭乗口から座席までの狭い通
路を移動することができない。したがって筆者は毛布に載せられ、座席から搭
乗口まで機内の床面を引きずられる形となった。地上に出たところ数台の車椅
子が置かれていて、そのうち 1 つはアイルチェアであった。用意されていた車
椅子のなかで、機内の狭い通路を通行できる幅につくられているのはアイル
チェアだけだということを、迎えにきた空港スタッフは理解していなかったよ
うである。

　滞在先のホテルに対してもバリアフリーの確認を事前に行い、車椅子で利用

---

56)「平成 25 年卓越した大学院拠点形成支援補助金」による調査である。

83

第2章　ベトナムとバリアフリー

写真 2-8　ドンコイ通りの点字ブロック（2010年5月）

できるとの回答をもらっていたのだが、ホテル玄関からフロントまでに4段の階段があり、フロントから客室用エレベーターの入口まで、さらに4段の階段が存在した。それでも車椅子の筆者を見つけるや、ドアマンたちは互いに声をかけ合い、車椅子ごともち上げて階段を移動する介助を積極的に行ったため、とくに問題が起きたわけではない。階段をバリアとして認識しないバリアフリーの形態であった。

　市内の建築物では入口に数段の階段があることは一般的であり、入口付近でスロープの設置を見ることはなかった。ホーチミンでいちばんの繁華街である1区の歩道の段差解消はバイク用であり、車椅子用ではない。多くの障害者が生活する環境であるが、2003年のホーチミンにはバリアフリーの概念が感じられなかった。車椅子を人力で介助することはベトナム人の一般的な概念であり、障壁を除去せずに人力で乗り越えようとする形態のバリアフリー[57]であることを認識した。

　2006年にホーチミンの空港を利用したさいは、2003年とは異なり、空港スタッフを含めてバリアフリー化が進んでいた。2007年8月のタンソンニャット国際線空港開港にともないバリアフリー化工事が行われたようで、ハードもソフトも空港は完全なバリアフリーであった。

　2010年に訪問したさい、ホーチミン最大の繁華街であるドンコイ通りの歩道が改修されており、段差の解消、点字ブロックの敷設がなされ、バリアフリー

[57] 筆者はベトナムで調査をして10年になるが、バリアだらけの商業施設に行っても、周囲の人々は車椅子への介助を渋ったりすることはなく、積極的に手を差し伸べようとする。

のハードが整っていた（写真 2-8）。2009 年のバリアフリーバスの運行開始（後述）
や 1 区の整備にみられるように、ホーチミンではバリアフリーの意識の変化が
起きていた。これは 2008 年のセミナーにおいて、ホーチミンの 1 区を地方都
市のバリアフリーモデルにすることが話し合われたことによるものである[58]。

　2012 年には 1 区のとなりの 3 区まで整備が広がり、歩道の点字ブロック
も施されていた。ホーチミンの障害者団体である障害者人材育成センター
（Disability Research & Capacity Development、DRD、2・5 節で詳述する）の話によると、
1 区、3 区と順番を追って、最終的にはホーチミン市全区をバリアフリー化す
る計画とのことだった。しかしながら、2010 年以降に開業した大型商業施設
は入口に段差があった。屋内は障害者用の設備が整っていたのだが、屋外との
接点である入口まで、バリアフリーの意識が十分には行き届いていなかったの
かもしれない。

　2013 年 10 月、繁華街である 1 区のとなりの 3 区に滞在する。歩道は整備さ
れているがバイクが駐車してあり、車椅子で歩道を利用することは不可能に近
い。2012 年の DRD のインタビューにあった 1 区、3 区と順番を追ってのバリ
アフリー化は、まだ 3 区全体にまでは及んでいないようである。

　ホーチミンのバリアフリー化は、同市の繁華街である 1 区をモデル地区とす
ることから始まっている。2012 年には 3 区まで、バリアフリー化や点字ブロッ
クの整備が広がっている。しかしながら 3 区でバリアフリー化された歩道をみ
ると、空港と 1 区を結ぶ幹線道路沿いが中心であった。2013 年に筆者が滞在
した 3 区のエリアでバリアフリー化がそれほど進んでいなかったのは、この幹
線道路から外れていたことが理由だという可能性もある。1 区は商業地区であ
り、一般住民が少ない地域である。そのためホーチミンのバリアフリー化は現
時点において、地元で生活する障害者向けであるとはいえない。

(3) 中部都市

　ダナン、ホイアン、フエの 3 都市はベトナムの中部に位置し、ダナンは中部
最大の都市である。1954 年のジュネーブ協定により分断された、旧南ベトナ
ムの前線地域（北緯 17 度付近）からも近い。ダナンにはベトナム戦争中に米軍

58）2010 年 9 月 28 日、グエン・トゥイ・ディエム・フォンへのインタビュー。グエン・トゥイ・
　ディエム・フォンは、後述する DRD の勉強会で講師も務めていた。

第 2 章　ベトナムとバリアフリー

写真 2-9　ダナン駅のスロープ（2012 年 7 月）
電動車椅子なのに、見知らぬタクシー運転手が後ろから押してくれた。

の基地が建設され、1965 年の米海兵隊のダナン上陸が、以後の米軍直接介入の第一陣となった［柳澤 2008:264］。またビエンホアやダナンにはオレンジ剤[59]の貯蔵施設があったため、汚染のもっともひどい地域であった［タカサキ 2006: 207-208］。このため、ダナンは戦争被害が甚だしく、GSO の統計では障害者がもっとも多く生活する地域で、居住する 5 歳以上の住民の 9.7％が障害者である（2・1 節）。グエン・フン・ヒエップがインタビューで述べたように、NGOの調査によると、同市内には障害者が住民の約 20％を占める地域も存在する。

① ダナン[60]

ベトナムのバリアフリー化都市計画に立候補し、中央政府から指名を受け、2011 年 12 月 2 日にダナン市障害者補助計画（10352/QD-UBND）の承認を受けている。実験を中止したバリアフリーの公共交通（後述）の再開に関しては、ダナンもすでに交通渋滞問題を抱えているため、現在はまだ考慮中ということである。ベトナムの他地域よりも障害者の数が多いことを考えると、いっそうバリアフリーが必要である。

2012 年 7 月 19 〜 22 日、ダナン市内のバリアフリー調査を行った（写真 2-9、2-10）。街並みは舗装されており、ハノイやホーチミンと比較すると交通量は少なく、車椅子の移動に問題はほとんどなかった。このバリアフリー化は、2010 年 7 月 21 日から 25 日まで開催された第 4 回障害者スポーツ・文芸全国大会[61]

59) 日本では枯葉剤と呼んでいるが、本来は 15 種類の化学剤の総称である。識別のためにドラム缶を色分けしているのだが、ベトナムでもっとも大量に使われたのは「ビッグキラー」と呼ばれたオレンジ剤である。
60) 2012 年 7 月 19 日、ダナン市 DOLISA のグエン・フン・ヒエップ副局長へのインタビュー。

2・4　事業者が供給するバリアフリー

写真 2-10　ダナンの名所、ドラゴン橋
歩道は片側にしかついていないため、スロープを使って橋の下を渡る。点字ブロックも施されている。

のためのインフラ整備によるものと考えられる。また同市では 2011 年 4 月 30 日（南部解放記念日）と 5 月 1 日（メーデー）の 2 夜連続で、国際花火大会が開催されている。

② ホイアン

　2011 年 10 月 1〜2 日の調査では、同市の中心部は整備され、車椅子での移動に関して目立ったバリアは存在しなかった。同市の世界遺産の街並みのなかに、国際シンボルマークが表示された店が 2 つ存在した。1 つはベトナム伝統料理のカフェであり、もう 1 つは衣料品店であった。衣料品店ではスロープが入口のほか、屋内にまで設置されていた。カフェと衣料品店に掲げられた大きな国際シンボルマークは、ともに観光バリアフリーの影響と考えられる（写真 2-11）。これまでのハノイとホーチミンの店では、このような国際シンボルマークの掲示を見かけたことがなかった。また、同市では車椅子（手漕ぎ三輪車）で外出している障害者も数人見かけたことから、日常生活におけるバリアが少ないと考えられる（写真 2-12）。ホイアンの世界遺産は日常生活空間と近いエリアにあるため、観光誘致を目的とするバリアフリー化をきっかけに、日常生活空間のバリアフリー化が今後進展していく可能性もある。筆者の数年のベトナム調査で、現地の路上において車椅子で自由に外出する障害者と挨拶を交わしたのは初めてであった。

　　61）同大会の勝者は 2010 年 12 月のアジア大会(広州)への出場資格を得られることと、タンロン・ハノイ建都 1000 年の記念大会であったため、828 人の選手が参加し、規模が通常よりも大きかったようである。

87

第 2 章　ベトナムとバリアフリー

写真 2-11　バリアフリーの国際シンボルマーク
衣料品店のスロープとカフェの看板に表記されていた。

写真 2-12　すれ違いざまに挨拶を交わした障害者

③ フエ

　2011 年 10 月 3 〜 4 日に調査を行った同市も、ホイアンと同様に世界遺産の都市である。王宮跡の建築物はバリアフリーではなかったが、周辺の観光地は整備され、車椅子の移動に問題はなかった。国際シンボルマークの標識がなかったため、バリアフリーを意識したものか否かは不明であるが、整備されている様子から観光バリアフリーの影響は感じられた。

　中部 3 都市のうち、フエとホイアンは古都の観光都市として成り立っているが、ダナンは開発がめざましい地域である。ダナン市政府が計画どおりに政策を積極的に推し進めるならば、改造によるバリアフリー化ではなく新設のバリアフリーとなるので、バリアレス（barrierless）な都市の実現が期待される。

(4) 地方都市

　2012 年 7 月 26 〜 30 日、ベトナムの 3 大都市以外の地方都市を訪問する機

88

2・4　事業者が供給するバリアフリー

写真 2-13　幹線道路沿いのサービスエリア
スロープなどバリアフリーの配慮がなされていて、障害者用トイレもある。

写真 2-14　チャム族の民族博物館
スロープは設置されているが、その先に壁があって行き止まりとなっており、利用できない。

会を得て、ファンティット（Phan Thiết）、ファンラン（Phan Rang）、ダーラット（Đà Lạt）、カッティン（Cát Tiên）の調査を行った。地方都市であっても、サービスエリアのような公共性が高い新しい建築物は、車椅子用のトイレが設置されていた。これは観光バリアフリーと考えられる（写真 2-13）。しかしながら、優先的にバリアフリー化されることが多い観光地であっても、ある歴史博物館はスロープが設置されていたのに、その先には壁があって行き止まりになっていたり、2 階に行くには階段だけであったりと、建物としてのバリアフリーは実用的ではなかった（写真 2-14）。地方都市の場合、観光地にはバリアフリーの概念は普及しているようだが、その実用性を保障することはできない。また観光スポット以外では、バリアフリーの概念が普及するまでには至っていないようである。

89

第 2 章　ベトナムとバリアフリー

2・4・2　バス

　JICA の技術協力の一環として株式会社アルメック VPI の高木通雅が作成し
た調査資料（以下、高木資料）［高木 2013］[62] によると、ベトナムにおける公共
バスは、2009 年のハノイに 66 路線［高木 2013:3］、2013 年のホーチミンに 150
路線［高木 2013:11］あり、ホーチミンのバス路線数はハノイの約 2.3 倍である。

　2004 年より政府関係者、交通運輸局、ベトナムの障害者団体[63] が共同で、
障害者の社会参加を目的としたバス路線のプロジェクトを推進している。ハノ
イ、ホーチミン、ダナンにおけるバリアフリーバスの導入に関し、15 億ドン
（約 700 万円）が投入された［Giao thông vận tải 2008］。実験として実際にバスを運
行したのは、2007 年のホーチミン、2007 年のハノイ、2009 年のダナンであ
る。実験を目的にしているためか、各都市のバスの形態やバリアフリー化の手
段は同一ではない。一般住民も知らないまま突然始まった印象があったバリア
フリーバスのプロジェクトであるが、ESCAP びわこミレニアム・フレームワー
クを遵守するためのものであり、『交通バリアフリー』の著者の 1 人でもある
チュー・マイン・フンも、「ベトナムは国連の一員として国際条約を遵守する
義務がある」とインタビューに答えている[64]。ハノイとホーチミンにおける
路線は、交通参加が多い箇所を実験対象に選んだとのことである。しかしなが
ら、この実験はハノイとダナンにおいて、バリアフリーバスが実用化に至る前
に中止となっている。これらの経緯を確認するために、筆者はインタビューと
フィールドワークを行った。

（1）ハノイ

　ハノイにおいては 2007 年ごろ、歩道の高さに合わせて可動するスロープ式
のバリアフリーバスを使用して、実験を開始した（写真 2-15）。しかしながら、
ハノイの歩道につくられた停留所の高さが均一でなかったことから、車椅子用
の可動式スロープの傾斜などの調整が難しく、実験はまもなく中止されたとの

62）同資料は、ハノイ市とホーチミン市の公共交通管理センターの資料をもとに、JICA（国際
　　協力機構、ジャイカ）の技術協力の一環として実施された関連調査や技術協力プロジェクト
　　の報告書などにより作成されたものである。
63）原文では "Hội Người khuyết tật Việt Nam"（ベトナム障害者団体）とあり、どの団体かは特
　　定されていない。
64）2010 年 10 月 5 日のインタビュー。

2・4　事業者が供給するバリアフリー

写真 2-15　ハノイのスロープ式のバス
［国際協力銀行 2007:36、Nghị Lực Sống 2010］

ことである。また、この実験段階でスロープが破損してしまい、予定していたザーラムバス停留所 - ミーディンターミナル間（34 番路線）の運行を実際に行う前に実験は終了し、その後の進展はない。2011 年に筆者もザーラム - ミーディンの路線の停留所をいくつか見たところ、バリアフリーバスが停車し、スロープを準備して、車椅子が乗り込めるだけのスペースが十分ではなかった。さらに、ベトナムのバスの運転に目を向けると、停留所付近でスピードを落とすだけで完全には停車せず、そのまま発進するため、乗客の乗降を待つだけの時間の余裕がないようである。

　実験は古いバスで行ったのだから、器具の破損はやむをえない。実験だけで終わってしまい、その後の計画がないことについて、DP ハノイ会長のズゥォン・ティ・ヴァン（Dương Thị Văn）は、この実験は無駄に終わったわけではなく、実験が行われたこと自体が重要であり、それだけでも進歩といえると回答している[65]。しかし、バリアフリーバスがあれば障害者にとって便利だとわかっていながらも、同バスの実験を中止し運行しなくなった後は、バリアフリーバスの運行の働きかけを再度要求することはしていないということであった。

　また 2012 年に VNAH をインタビューしたところ、今後も同バスの再実験の予定はなく、ハノイでは高速バス輸送システム BRT（Bus Rapid Transit）の導入を計画しているが、開通予定はまったくわからないとのことであった[66]。このBRT はその後、ハノイで開通する（終章に詳述）。

---

65) 2010 年 10 月 11 日、ズゥォン・ティ・ヴァンへのインタビュー。DP ハノイについては後述する。

91

第 2 章　ベトナムとバリアフリー

（2）ホーチミン

　ホーチミンではリフト付きバスへの改造からバリアフリーバスの導入が始まり、現在に至っている。ワンステップバスを含め、車椅子が乗降可能なバリアフリーのバスの走行が続いている。

　ホーチミンの交通公共事業局[67] はサイゴンバス有限会社に指示し、2007年10月よりベンタイン市場 - ビンタイ市場（1番路線）と国家大学寄宿舎 - ミェンタイターミナル（10番路線）の2路線にバリアフリーバスを3台投入し、2008年5月までに10台まで増加した［Báo Giao Thông 2008］。同バスはベンツ製バスをリフト付きに改造したものであり、低床バス（ノンステップバス）ではない。

　ホーチミンで最初のバリアフリーバスに関しては、関係者の間でも情報が一致していない。筆者が関係者にインタビューしたさい、最初に挙げられた導入の動機は、2007年10月22日にベトナムが署名した国連障害者権利条約の影響という考えであった。2・3節（2）でも述べたように、同条約の第9条「アクセシビリティ」と第20条「個人の移動性」は交通バリアフリーに関する条文であり、条約に批准した加盟国は条約を遵守する義務[68] がある。前述のように、この時期ベトナムは WTO に正式加盟を果たしている［寺本 2011:19］。さらに 2007年10月16日、国連非常任理事国に初めて選任されるなど、国際社会の場で積極的に活動していた。とくに、非常任理事国に選任された日と障害者権利条約に署名した日が1週間も離れていないことから、国連の一員としての自覚が障害者権利条約の署名へと向かわせたとも考えられる。

　なお 2012年7月4日、104番路線に環境にやさしい圧縮天然ガス（CNG）エンジンのバスが8台導入された。このうち2台は、ノンステップのバリアフリーバスである［Người Lạo Động 2012］。

　ホーチミンの1番路線（ベンタイン市場 - チョロンバスターミナル）にバリアフリーバスが走行しているという情報を得て、2009年3月に調査を行う（写真2-16）。

66）2013年8月5日、JICA のファン・レ・ビン（Phan Le Binh）へのインタビュー。ファン・レ・ビンによると、BRT とはバスのための専用路線に高速バスを走らせる交通手段である。鉄道車両の場合、連結する数車輌分の重量の負担が土地にかかるため、土木基礎工事を深く行わなければならず、コストがかかる。しかし、BRT の場合は重量が軽いので、このコスト負担が軽減される。また、駅舎と異なり、バス停留所は移動が容易であるという利点も有している。
67）現在はホーチミン市交通運輸省に名称が変更されている。
68）ベトナムは同条約に署名しているが、批准はまだ行っていない（2012年10月1日現在）。

2・4　事業者が供給するバリアフリー

写真 2-16　バス停留所の看板に表記された国際シンボルマーク（2009年3月）

写真 2-17　障害者職業訓練支援センターの中学3年生と（2009年3月）

　同バスの検証を前に、ホーチミンの一般市民10人に対してプレ調査を行ったところ、回答者のなかにバスの存在を知る人は誰もいなかった[69]。ほぼ全員が「日本と比較してベトナムの福祉は遅れているから、そのようなバスがベトナムで走ることはありえない」と回答した。筆者がバスの存在を教えたところ、「車椅子がバスに乗り終わるまで、ベトナム人がバスの発車を待てるとは思えない」、「ベトナムのバスは停留所で止まらず、乗客が飛び乗れるようにスピードを落とすだけなので、車椅子のままで乗車できるとは思えない」と、バリアフリーバスの普及に否定的な意見だけが寄せられた。さらにホーチミン市3区の障害者職業訓練支援センター[70]に通う中学3年生の生徒たちの意見を聞いたところ、「存在を知っているが、利用したことはない」という回答が寄せられた（写真2-17）。理由は「自分が使いたい路線ではバリアフリーバスを運

69) 実際のところ、同バスの存在を一般住民が知らなかっただけではなく、運行時間を問い合わせるためにバス会社に電話をしたところ、バス会社の職員も知らなかった。
70) 2009年3月19日、共立国際交流奨学財団主催「第9回アジア体験コンテスト」の企画により、ホーチミン市障害者職業訓練支援センターにおいて講演。

第 2 章　ベトナムとバリアフリー

写真 2-18　1 番路線を運行していたベンツ製バス
バイクタクシーの運転手たちに支えてもらいながら、危なっかしくやっと乗車した。

行していない」ということであった。

　ベトナムにバリアフリーバスが存在することは画期的なことである半面、一般市民には知られておらず、当事者である障害者も存在は知っているが利用したことはなかった。1996 年ぐらいに、筆者は東京都内において、国際シンボルマークを表示しているバスで以下のような経験をしたことがある。同バスはワンステップバスであり、リフトやノンステップバスのスロープといったバリアフリーの設備がなく、運転手が乗客に協力をお願いし、運転手と乗客が筆者を車椅子ごと担いで乗せた。ベトナムのバスも同様に、国際シンボルマークはバリアフリーという意味ではなく、「車椅子の乗客を乗せることができます」程度のものであるという可能性も考えられた。

　2009 年 3 月、筆者がホーチミンのバリアフリーバスに乗車を試みたところ、最初の停留所では乗車のための十分なスペースが得られなかったため、移動して広いスペースで乗車することになった（写真 2-18）。車椅子で前向きに乗車しようとすると、乗降用のリフトは小さすぎて車椅子が収まり切らなかったため、車椅子の向きを変えて後ろ向きで乗車することになった。リフトは車椅子の前輪が脱輪しそうで、安全性に不安のある乗降であった。近くにいたバイクタクシーの運転手たちが数人、介助に集まってきた。乗車すると、障害者の乗車料金は無料だと車掌がいうので、介助者分だけを支払った。しかしながら、帰路の車掌は人数分の乗車料金を請求したので、この点からも障害者のバス利用の少なさが感じられた。

　帰路は繁華街のレロイ通りで降車を試みた。この停留所では車椅子用の十分

2・4　事業者が供給するバリアフリー

写真 2-19　2011 年 9 月のバス停留所の看板
国際シンボルマークの表記がなくなっている。

なスペースを確保できたため、正規の停車位置で無事に降車できた。

　このように、1 番路線でバリアフリーバスの運行を確認できた。しかしながら、実際には利用が難しいため、障害者どうしの間でも利用が広がりにくい。これはバリアフリーの伝播が起こりにくい状況である。

　2011 年 9 月にバリアフリーバスの普及の度合を知るために定点調査に向かったところ、1 番路線のバスターミナルの表記が変更され、停留所から国際シンボルマークが除去されていた（写真 2-19）。1 番路線で運行していたベンツ製のバリアフリーバスが、ヒュンダイ製のバスへと車両変更されていた。これにともない、リフトバスもなくなった。同路線はバリアフリー化の流れに逆行しているように考えられた。しかしながらバス車内の優先席部分には、高齢者、妊婦、子供を表す図とともに、車椅子も示す国際シンボルマークが表示されている。

　6 番路線、10 番路線、91 番路線では、ベンツ製のリフト付きバスが継続して運行していた。

　ホーチミン市交通運輸省の公共旅客運送運営管理センター（Trung tâm Quản lý và Điều hành vận tải hành khách công cộng）においてインタビューを行ったところ、2011 年 8 月 26 日に 1 番路線の全車両が更新され、21 台のバスはヒュンダイ製になったということである。これにより、1 番路線からベンツ製バリアフリーバスは姿を消した。バス会社はヒュンダイ製バスの利点として、エコ仕様（CNG エンジン）、小型化、ワンマンカーによる人件費節減をあげていた。

　同バスの車体には降車口中央に手すりが設置され、乗客はこれをつかみながら降車できる（写真 2-20）。停留所では停車せずに徐行するだけのベトナムのバスの場合、このバーは一般乗客にとっては役に立つかもしれない。この反面、このバーは車椅子で乗車するさいのバリアとなっていた。しかしながら車両に

95

第 2 章　ベトナムとバリアフリー

写真 2-20　バスの降車口中央にある手すり
車椅子利用者にとってバリアになっている。

写真 2-21　国際シンボルマークと 1 人掛けの座席

は国際シンボルマークが表示され、バリアフリーであると示している。ホーチミン市公共旅客運送運営管理センターの回答によると、通常の車内には 2 人掛けの座席が設置されているが、同バスには 2 座席分のスペースに 1 人掛け座席が設置してあり、この 1 人掛け座席のとなりに車椅子用のスペースがあるのでバリアフリーなのだという（写真 2-21）。ただし写真のとおり中央の手すりが障害物となり、車椅子を折りたたむことなく乗車することは物理的に不可能である。この車両をバリアフリーバスと呼ぶことには疑問を感じる。

　ビンタイン市場とクチを結ぶ 94 番路線のバリアフリーバスを確認した（写真 2-22）。障害者も乗車可能ということであったが、リフトの設備はなく、乗車口に 1 段のステップと車内に車椅子用のスペースがあるだけであった。同バスの運転手に車椅子での乗車についてインタビューを行ったところ、実際に障害者の利用があるらしく、車椅子の利用者を運転手とほかの乗客がいっしょに

2・4　事業者が供給するバリアフリー

写真 2-22　クチ行きのバス
国際シンボルマークが表示されているが、乗車口には段差があり、車椅子利用者は運転手とほかの乗客が担いで乗せる。車椅子乗車スペースは荷物置き場と兼用している。

担いで乗せるということであった。筆者が1996年ぐらいに東京都で乗車経験した、国際シンボルマーク表示のバスと同様の事例である。

　同運転手の考えによると、バイク運転手のなかには渋滞でも停車せず、バスと歩道の隙間を走ろうとする人もいるから、リフトで車椅子を乗車させる作業は危険に感じるということであった。また当然のことながら、車椅子利用者がつねに乗車しているわけではないので、車内の車椅子用スペースは遠距離客の荷物置きスペースとしても有効に活用しているということであった。

　2012年7月3日には104番路線に、エコ仕様のヒュンダイ製バスが8台導入された[71]。このうち2台はバリアフリーバスである。同路線はホーチミン市ホックモン区のアンスゥオンバスターミナルと、トゥードゥック区のノンラム大学バス始発停留所を結んでいる[72]。このバリアフリーバスはこれまでのリフト仕様と異なり、スライド式のスロープであり、乗車に関して非常に実用的である。ホーチミン市内での試乗の様子はテレビや新聞といったメディアでも報道され、DRDのヴォー・ティ・ホアン・インの写真も出ていた［Thanh Nien Online 2012］。しかしながら同バスの路線は市街地を通らないため、利用に関し

71）2013年10月の調査では、この数はさらに増加していた。
72）大学ということで、障害を持つ学生が多いか、あるいは福祉系の教育機関がバリアフリー路線の理由とも考えたのだが、同大学は農林大学であって、障害者と特別な関係があるわけではない。

第 2 章　ベトナムとバリアフリー

て実用的とはいえず、利用者もかなり限定される。

2012 年 8 月にホーチミン市公共旅客運送運営管理センターの副部長、ヴァン・
コン・ディエム（Văn Công Điểm）にインタビューしたところ、今回新たに導入
された 2 台のバリアフリーバスは、オーストラリア在住の越僑がバス会社に投
資し、新たに購入したものだということだった。2013 年 7 月 13 日付の「ドゥ
オンボ」によると、投資家のオン・フエ・スゥオン（Ôn Huê Xương）は 2002 年
以降何度か帰国して、ベトナムの発展と比較して遅れているバスを目にし、環
境問題と障害者・高齢者・子供にとって一助とする目的で投資したとのことで
ある［Đường Bộ 2013］。

同バスが 104 番路線に投入された経緯は、「ホーチミンには 15 のバス会社が
あり、それぞれの運行路線はバス会社ごとに事前に決定される。したがって、
バリアフリーバスを導入した会社が、自社に割り当てられた路線のなかでバリ
アフリーバスを運行させるエリアを独自に決定することができ、購入するバリ
アフリーバスの型式もこの会社の一存で決まる」とのことである[73]。この決定
に関しては、ホーチミン市公共旅客運送運営管理センターの管理の範疇にない
ということであった。バリアフリーバスの価格が一般のバスの 1.5 倍以上とい
うこともあり、全車両のバリアフリー化は難しいが、2020 年までに 20% の車
両をバリアフリーバスにすることを目標にしている[74]。また同センターは障害
者の利用について、地方公共団体に対し無料チケットを 1 万枚配布したが、各
路線における障害者の利用状況までは把握していないという。さらに、ホー
チミン全体でバリアフリーバスは 41 台まで増加し、104 番路線の新しいバリ
アフリーバス 2 台以外に、ビンタイ - ノンラム大学（6 番路線）、ミェンタイ -
トゥドゥック農産市場（91 番路線）、クチターミナル - ビンタイ市場（94 番路
線）にもバリアフリーバスが運行している[75]。また 39 番路線と 122 番路線でも、
新たなバリアフリーバスが走行しているということである。

2013 年 10 月 19 日、筆者はアンスゥォンバスターミナルからノンラム大学
まで乗車し、104 番路線の調査を行った[76]。平日の同路線は 1 日あたり 109 本

73）2012 年 7 月 25 日、ヴァン・コン・ディエムへのインタビュー。
74）2020 年に言及した具体的な数値目標は、障害者法の細則を見越しての回答であると考えら
　れる。
75）クチ行きのバスも含まれていることから、スロープやリフト付きのバスだけではなく、車
　椅子で乗降可能なバスをさしていると思われる。

98

2・4　事業者が供給するバリアフリー

写真 2-23　104 番路線のバリアフリーバス
ノンステップバスで、運転手が電動スロープを操作する。

写真 2-24　104 番路線の一般のバス

の運行があり、所要時間は片道 75 分である[77]。しかしながら、バリアフリーバスの運行は時刻表にはっきり記されているわけではなく[78]、アンスゥオンのバスターミナルの職員に聞いても同バスの運行は不定期であるという。けっきょく筆者の場合、2 時間待っていたところ、たて続けに 2 台のバリアフリーバスが到着した。

　同バスは運転手が電動でスロープを操作する方式[79]であり、かつて 1 番路線を走行していたベンツ製リフトバスよりも安全性が高い（写真 2-23）。同バスは 1 台が 1 日 3 往復する[80]。またバリアフリー仕様ではない同形式のバスは、現在の 1 番路線のように中央にバーが存在する（写真 2-24）。

　同バスの乗り心地は快適であり、ホーチミンの開発地域を走っているので、その付近で車椅子を使っている住民には便利な存在であるといえる。しかしながら、同路線付近に障害者関係の施設があるわけでもなく、明確なタイムスケジュールも設定されておらず[81]、104 番路線を運行するほかのバスと差別化されていない。このため、同バスがバリアフリーであることの優位性をとくに意

76)「平成 25 年卓越した大学院拠点形成支援補助金」による調査である。
77) ホーチミン市公共旅客運送運営管理センターのホームページの時刻表より。http://www.buyttphcm.com.vn/Images/EXCEL_FILE/104_2013-10-01.xls（2013 年 11 月 24 日閲覧）。
78) 94 番路線の時刻表には、バリアフリーバスの時間が表記されている。http://www.buyttphcm.com.vn/Images/EXCEL_FILE/94_2013-09-20.xls（2013 年 11 月 24 日閲覧）。
79) 日本や台湾のノンステップバスは、スロープを手動で折りたたむ形式である。
80) 2013 年 10 月 19 日、同バスの車掌へのインタビュー。
81) 同バスの調査のさい、筆者はバリアフリーバスの到着を 2 時間待った。

99

第 2 章　ベトナムとバリアフリー

識しているようには考えられず、実用性は疑わしい。

(3) 特別編：韓国ソウル

　1番路線のヒュンダイ製バスをバリアフリーバスと主張するホーチミン市公共旅客運送運営管理センターの説明に疑問が感じられたため、2012年に韓国のソウル市を訪問し、ヒュンダイ製バスを直接調査した。

　ホーチミンの1番路線を走るCNGバスは、降車口の中央に手すりが設置されている。その影響で94番路線のように、介助者が車椅子を担ぎ上げて乗車することもできず、車椅子での乗車は物理的に不可能であるにもかかわらず、国際シンボルマークが表示されている。このような型式のバスを、輸出元である韓国においてもバリアフリーバスと認め、ソウルを運行させているか否かが調査の目的であった。

　ソウルにおいては2010年7月末の段階で、ソウル市で運行されているバス7600余台のうち、18.9％にあたる1437台が低床バスで、また2013年までに全国の市内バスの50％を低床バスに変更する計画があった［黄 2011:9］。同バスの調査のポイントとしてあげられるのは、

① ソウルにおいて、ホーチミンと同型式のバスが走行しているか

② 同型式のバスには国際シンボルマークが表示されているか

③ 国際シンボルマークが表示されているバス（いわゆるソウルのバリアフリーバス）はどのような型式か

である。調査の結果は以下のとおりである。

① 同型式のバスがソウル市内を走っている（写真 2-25）

② 同型式のバスには国際シンボルマークが表示されていない

③ 国際シンボルマークが表示されているバスは、新しい型式のバス（2012年7月にホーチミン104番路線に導入されたバリアフリーバス）である（写真 2-26）

　これらにより、ホーチミンの1番路線を運行しているバスは、ソウルにおいてバリアフリーバスとして認められていないことが明らかになった。さらに、韓国でもバスのバリアフリー化のため、1番路線を走っているCNGエンジンのバスは、次第に104番路線で運行するCNGエンジンのノンステップバスへ更新されているようである。

　次に、この国際シンボルマークの表示をしたのは輸入後のベトナムであるの

2・4 事業者が供給するバリアフリー

写真 2-25　ソウルのバス　　　　　　　　　　　　写真 2-26　ソウルのノンステップバス
ホーチミンと同形式のバスで、国際シンボルマークは表示
されていない。

写真 2-27　ベトナムと韓国の国
際シンボルマーク

か、あるいは輸出前の韓国であるのかが焦点となる。国際シンボルマークの表記を観察したところ、ベトナムと韓国では表記の仕方が若干異なる。ベトナムのものは日本同様に手を前方に出す形である（写真 2-27 左）。一方、韓国のものは手が後方にある（写真 2-27 右）。ホーチミンの 1 番路線のバスに表示されている国際シンボルマークは手が前方にあり、ベトナム仕様のものである。したがって、同バスに国際シンボルマークを表記したのはベトナムであると推定される。

　ベトナムへ輸出する前に、韓国側でベトナム仕様の国際シンボルマークを張りつけたという可能性も考えられる。しかしながら上記のように、ホーチミンの 104 番路線のバリアフリーバスにはソウルと同じ国際シンボルマークが表記されているため、韓国側が輸出相手国向けに国際シンボルマークの仕様を変更して輸出する可能性は低いと考えられる。

101

第 2 章　ベトナムとバリアフリー

 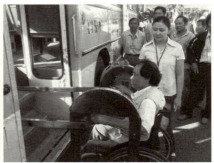

写真 2-28　ダナンのリフト式バス
［Việt Báo 2009、VGP News 2010］

(4)　ダナン

　ダナンでの実験はハノイとホーチミンの両都市の実験結果を受け、自国製のバスをホーチミンと同様のリフト式へと改造し、2009 年にダナン - ホイアン間で開始した。この件はインターネットの記事で確認している（写真 2-28）。2011 年のダナンでの調査を前に、ダナン在住の一般住民に「バリアフリーバスを見かけたことがあるか」とメールで問い合わせた。しかし新聞報道がありながらも、5 人全員[82]が「見たことがない」という回答であった。2010 年のホーチミンの調査のさい、10 人の一般住民の全員が知らなくても、バリアフリーバスが実際に運行していた事例があったので、2011 年にダナンにおいても確認調査を行った。新聞報道によると、同バスはダナン - ホイアンを運行していた路線であったため、ホイアンのバスターミナルを見たのだが、バリアフリーバス向けの施設跡のようなものは存在しなかった。

　ダナンのバス会社に路線と運行時間を電話で問い合わせたところ、ダナンのバリアフリーバスはもう運行していないということであった[83]。

　この件について、2011 年にダナンの障害者団体にインタビューを行った[84]（写真 2-29）。障害者の利用がなかったため、バリアフリーバスの実験は 1 か月程度で終了したということである。ダナンの障害者団体は、障害者たちの利用が進まなかった理由として、古いバスの改造であったためリフトの安全性が確

---

82) 5 人のうち 2 人は、障害者雇用を行っている会社の職員である。
83) 2011 年 7 月。バス会社からは「ベトナムに合わないから」ということ以外、明確な回答を得られていない。
84) 2011 年 7 月、ダナン市障害者連合会オフィスにて。

102

2・4　事業者が供給するバリアフリー

写真 2-29　ダナンの障害者団体でのインタビュー

保されていなかったこと、バスにエアコンがなかったことをあげた。また、車椅子で乗車できる停留所が路線中 2 か所だけだったこと、1 日に 2 本しか運行していなかったこと、乗車拒否があったことなどもあげている。

　2012 年に DOLISA 側にインタビュー[85]を行ったところ、バリアフリーバスは障害者専用に近い状態で、一般乗客の利用がほとんどなかったことを理由としてあげている。同バスの実験は、ルーズ・ルーズの結果となっている。

2・4・3　地下鉄

　2012 年 8 月 27 日にホーチミンで、ベンタイン市場付近の空き地に本格的に着工した地下鉄 1 号線であるが、2007 年 4 月 6 日のホーチミン市人民委員会の 1453 号決定において、ベトナム国内最初の地下鉄として工事が認可されていた。地下鉄担当者はメディアのインタビューに対し、同地下鉄駅に障害者向けのエレベーターやトイレなどバリアフリー施設を設置することを、2008 年 2 月 15 日の『タインニェン』(Thanh Niên) 紙の記事において発表した［Thanh Niên Online 2008］。同担当者のバリアフリー施設への言及は、ホーチミンで実地調査を数度行っていた筆者にとって、ベトナムにバリアフリーの意識が突然芽生えたような違和感をおぼえた。

　2012 年 8 月 18 日、ホーチミンにおける地下鉄と都市におけるバリアフリー意識のギャップを確認するために、ホーチミン市人民委員会鉄道管理局において、2007 年の 1453 号決定の時点でのベトナムにはバリアフリーの意識がすで

---

85)　既出のグエン・フン・ヒエップ。2012 年 7 月。

103

第 2 章　ベトナムとバリアフリー

写真 2-30　メトロサイゴンのモデル
正面外装と内装の車椅子エリア（2015 年 4 月）。

写真 2-31　建設中のメトロハノイ 2A 線の高架（左側、2017 年 11 月）

に存在していたか否かについてインタビューを行った[86]。このインタビューは、地下鉄へ支援を行うさいのキャッチアップ型バリアフリーの可能性についての確認も目的としている。新聞報道記事でバリアフリーに言及した 2008 年当時の担当者はすでに異動していたため、現在の担当者であるドゥォン・ヒュウ・ホア（Đường Hữu Hòa）副部長に会った。ドゥォン・ヒュウ・ホアは当時のことに関しては知らないが、ベトナムには近年までの戦争により障害者が多く生活しているため、障害者のことを考えて地下鉄にバリアフリーの施設を設置するということであった。

　ホーチミンでは当時を知る人と会うことができなかったため、同地下鉄事業を円借款事業として支援する、日本国際協力銀行（JBIC）主催のセミナー[87]

86）2012 年 8 月 3 日。このインタビューにより、筆者は地下鉄工事の着工日について事前に知ることになる。

に携わった土橋喜人に当時の話を聞いた[88]。同セミナーにはホーチミンから、交通運輸関係と DOLISA の行政官僚、障害者団体の関係者らが招待されている。土橋によると、JBIC は案件審査の段階でホーチミン市運輸交通局に対し、英文およびベトナム語のガイドラインなどによりバリアフリーに関する情報を提供していた。土橋は同セミナーにおいて、建設当初からバリアフリーを取り込むことで、当初のコストより 1.0％増加するだけですむという世界銀行の報告も伝えている。また 2007 年 7 月にハノイとホーチミンにおいて、政府関係者、実施機関、障害者団体、有識者、資金提供者などを対象に、交通セクターのユニバーサルデザインのセミナーを実施した。このセミナーには日本のユニバーサルデザインの有識者（障害者も含む）が派遣されている[89]。

　これらの流れをみると、JBIC が精力的に活動をして、ベトナムにバリアフリーの知識を伝えたようにもみえる。JBIC によりベトナムにバリアフリーの概念が広がったのであれば、以下のような一連の流れも考えられる。2007 年 4 月に地下鉄建設が決定され、同年 7 月のセミナーにおいてバリアフリーの概念がもたらされ、同年 10 月の障害者権利条約に署名を行い、2008 年 12 月に新聞インタビューにて発表された、という流れである。しかしながら土橋によると、たしかにセミナーではバリアフリーに関する説明を行ったが、ベトナムには障害者に配慮する国内法令[90]がすでに存在しており、バリアフリーに対して早い時期から積極的であったということであった。そして日本側は、この法令に従って障害者にも配慮した設計をしたにすぎなかった。さらに、ベトナムのバリアフリーは障害者権利条約よりも、米国の障害者法である ADA 法と米国の AEI が制作した『モビリティフォーオール』から強い影響を受けていると感じたようである[91]。JBIC 開催の同セミナーには VNAH も参加していた

87) 第 22 回 NGO-JBIC 定期協議会（2007 年 9 月 13 日、国際協力銀行本店にて）。議事録（p1
　〜 p12）は http://www.jica.go.jp/partner/ngo_meeting/ngo_jbic/2007/pdf_22/gijiroku.pdf（2013 年 11
　月 14 日閲覧）。
88) 2012 年 8 月 26 日。セミナー開催当時、土橋は JBIC 開発セクター部社会開発班調査役であった。
89) 本章の写真 2-1 は、そのときに撮影された。
90) 土橋は法律名までは記憶していなかったが、「障害者に関する法令」のことであると考えられる。
91) この件については AEI のニュースレター（2008 年 1 月号）でも、バリアフリーの地下鉄に
　関して、日本の支援を受けているという記事があり、情報提供者として VNAH のブイ・ヴァン・
　トアンと土橋の名前が掲載されている。http://globalride-sf.org/newsletters/0801.pdf（2013 年 11
　月 27 日閲覧）。

ので、2004年の浜松における第10回高齢者・障害者のモビリティと交通に関する国際会議（TRANSED 2004）からの直接的な影響が、ADA法までさかのぼったものと考えられる。このことから、ベトナムはかなり早い時期からバリアフリーの概念を有していたことがわかる。

この一方で、2003年からホーチミンのバリアフリーの状況を調査して来た筆者には、ホーチミンにおいてバリアフリーの概念が普及していたとは考えづらい。これらから、2007年の地下鉄建設決定のさい、バリアフリーの概念は政府関係者と障害者の一部の間で共有されていただけであり、当時のベトナム社会にはバリアフリー概念はまだ普及していなかったと考えられる。

2012年8月、ホーチミンの地下鉄1号線の着工式が行われた。当初は2016年の完成を予定していたが、2018年の時点では2020年の開通をめどに工事が進んでいる。ベトナム初の地下鉄が開通したさいには、日本からの技術移転によるキャッチアップ式のバリアフリーが実現するであろう（写真2-30、2-31）。

2・5　障害者へのインタビュー

前節までに、バリアフリーに対する政府と事業者の対応状況を俯瞰した。これらに対し、バリアフリーの需要側であるベトナムの障害者はどのように考えているだろうか。本章の最後に、ハノイとホーチミンにおけるベトナムの障害者団体へのインタビューを通じて得られた、ベトナムの障害者の考えを述べる。バリアフリー化に関して、ベトナムのバリアフリー当事者の考えとして「日本と比較して遅れている」、「ベトナムの経済条件は日本と異なる」という考えは想定できる。そこで、両市の団体ともバリアフリーバスの実験に関与しているので、そのときのことを中心に質問した。

2・5・1　DPハノイにおけるインタビュー[92]

DPハノイ（DP-Hanoi）は2006年1月16日、ハノイ人民委員会主席の決定（266/QĐ-UB）により成立した、ハノイを中心に活動する障害者団体である[93]（写真2-32、2-33）。ハノイ全29地区のうち24地区に同団体の支部が設立されている。

92）2011年10月6日、2012年7月16日、ハノイ市において、ズゥォン・ティ・ヴァン会長へのインタビュー。

2・5　障害者へのインタビュー

写真 2-32　DP ハノイのインタビュー（2011 年）

写真 2-33　DP ハノイにて（2016 年）
会員が増加し、規模が大きくなっている。

　各地区に 2000 〜 2500 人の障害者がいて、いちばん多いザーラム（Gia Lâm）区では 5000 人以上が生活している。ハノイには枯葉剤被災による障害者が多くいることもあり、市全体では約 9 万人の障害者が生活している。同団体の発足当初は 750 人であった会員数は、2012 年には約 6000 人に増加している[94]。同団体の活動資金は、ハノイ市政府からの援助のほか、会費と寄付で賄われている[95]。またハノイにおいて他国の団体と共同でプロジェクトを行うさいは、協力先より資金提供を受けている。同団体は障害者の自立を目標としており、おもな活動内容はハノイで生活する障害者が社会参加できるように、会員の職業訓練や情報交換をすることである。一方で政府に対し、障害者団体としての要望書の提出も行っている。

　ハノイのバリアフリーバスの実験走行の実現は、DP ハノイと NCCD の共同提案によるものであった。ズゥオン・ティ・ヴァンは、当時設立された NCCD に交通運輸局から職員が参加していたことが、バリアフリーバスの政

93）Hanoi Disabled People Association（Hôi Người Khuyết Tật Thành Phố Hà Nội: ハノイ障害者団体）。ハノイの大学出身の障害者が集まる「ブライト・フューチャー」というグループが母体となっている。ズゥオン・ティ・ヴァンは建設省の官僚として、建設省が発行するバリアフリー基準書の作成に携わっている。しかし、ズゥオン・ティ・ヴァンが後に DP ハノイの代表に就き、建築物のバリアフリーの問題を扱ったこととは無関係である（2016 年 12 月、ファン・ビック・ディエップへのインタビュー）。

94）急速な増加の理由の 1 つとして、ハノイ市近隣の村がハノイ市と合併していることもあげられる。

95）ハノイ市 DOLISA に団体登録した障害者団体であるため、政府に協力してセミナーや研修を実施している。事務所の家賃や人件費の一部についても、政府から支援を受けている（2016 年、ヒューマンケア協会国際支援担当の降幡博亮へのインタビュー）。

第 2 章　ベトナムとバリアフリー

策の推進を早めたと考えている。DP ハノイはハノイの障害者の状況を把握するなど、行政と共同で障害者政策を進めている。

　ズゥオン・ティ・ヴァンに聞いたところ、障害者団体として政府にバリアフリーバスの要望を出しているが、ベトナムには経済事情もあり日本のように発展することは難しく、実現に時間がかかることはやむをえないということであった。実際、現在のベトナムの住民の生活スタイルを考えると、公共交通機関を利用する習慣は定着しておらず、バイクなど個人的な交通手段の利用が優勢である（第 4 章アンケート参照）。このことは、障害者も同様であり、ハノイ市の障害者が利用するおもな交通手段はセオム（バイクタクシー）[96]であろうということである。

2・5・2　DRD におけるインタビュー[97]

　DRD[98]は民間の障害団体であり、2005 年 12 月 3 日にホーチミンを拠点に 4 人の会員が起ち上げた。障害者が平等な機会を得られるように能力向上を促進し、障害者が健常者のように社会参加できる環境をつくり出すための活動をしている。さらには、バリアフリーの建築物など、障害理解を広めるための啓蒙活動を行っており、近年では地方都市においても活動している。2018 年 3 月現在は 13 人の会員（障害者 9 人、非障害者 4 人）により、障害者が自立できるように障害者への職業訓練、介助者の指導を行っている（写真 2-34）。降幡博亮[99]によると、海外の団体との共同プロジェクトが多いため、海外から資金提供を受けることはあるが、障害者団体としてホーチミン市 DOLISA からの資金提供を受けていないという[100]。本来、DRD は障害を持つ青少年に対する教育と能

96）バイクタクシーの料金は 1km あたり 5000 〜 6000 ドン（2018 年 3 月のレートで換算して、日本円で 20 〜 30 円）。タクシーは初乗り 1 万ドン（約 50 円）であり、バイクタクシーの 2 〜 3 倍の料金である。市内のバスは 6000 ドン（約 30 円）だが、障害者本人は無料である。

97）2016 年 12 月、アジア経済研究所「アジアの障害者アクセシビリティ法制」プロジェクトによる調査。

98）同団体のベトナム語名は Trung Tâm Khuyết Tật và Phát Triển、日本語名は障害者人材育成センターである。

99）降幡へのインタビュー。

100）降幡によると、DOLISA 参加の団体として登録するためには、まず市の「障害者協会」（ハノイであれば DP ハノイ）の会員に登録する必要がある。その後、DOLISA の指導のもと、「障害者協会」を通して市の人民委員会に登録申請し、認可を得て、その「障害者協会」から認可団体としての印をもらうというプロセスを経る。ただし、ホーチミン市には障害者協会自体が存在していない。

2・5　障害者へのインタビュー

写真 2-34　DRD でのインタビュー

力開発を目的として設立されており、教育と関連する団体なので、教育局である VUSTA（ベトナム科学技術連盟）に団体登録されている。このため、VUSTA の各種助成金を申請することが可能であり、障害関連案件では（ベトナム政府を経由して）USAID からの支援を受けているとのことである。なお、DRD の活動自体は、市の人民委員会、教育局、DOLISA、交通局に広く認知されており、バスのバリアフリー化にはその影響が如実に表れている。また、DRD の代表が VFD の副議長の 1 人に選ばれるなど、DOLISA を通さずともホーチミンを代表する障害者団体として、影響力を有している。

　2010 年にホーチミンのバリアフリーについて、ヴォー・ティ・ホアン・イン（Võ Thị Hoàng Yến）会長にインタビューしたところ[101]、政府はバリアフリーのための法律は作成したが、この法律は形式的なもので実効性がないと話した。

　2011 年にグエン・タイン・トゥン（Nguyễn Thanh Tùng）幹事に、1 番路線のバスの車両変更についてインタビューすると[102]、日本のような新しいバリアフリーバスがまもなく導入されるからそれを待っていると答えた。この後、2011 年 10 月にグエン・タイン・トゥンから、DRD がイメージしていたものとは違うバスであったとメールが筆者に届いた。DRD が要望したバスがホーチミンに導入されるのはさらに 9 か月後であり、2012 年 7 月 3 日に 104 番路線に

---

101) 2010 年 9 月 30 日、ホーチミン市において。ヴォー・ティ・ホアン・インは DRD の創設者である。人間開発の修士号を持ち、ホーチミン市オープン大学において応用行動分析と障害者社会事業の講師を務めている。ベトナム語の北部標準語の発音ではヴォー・ティ・ホアン・イェンであるが、本人の希望で南部発音のヴォー・ティ・ホアン・インと表記する。

102) 2011 年 9 月 30 日と 2012 年 8 月 2 日、ホーチミン市において。グエン・タイン・トゥンは下肢に障害がある。ホーチミン市人文社会科学大学英文科を卒業し、DRD において障害者を対象にした英語教室の講師のボランティアをしていた。のちに、DRD において職員となる。

第 2 章　ベトナムとバリアフリー

ノンステップバスが走るまで待たなければならなかった（第 2・4 節）。DRD が
同バスを長年要求していたこともあり、2012 年の 7 月 3 日に運行したさいに、
DRD の会員がそろって試乗を行った。

　2012 年 8 月、グエン・タイン・トゥンにインタビューしたさい、同バスは
バリアフリーではあるが、実用性を欠くとのことだった。障害者どうしの間で
は、同バスが運行する 104 番路線は郊外であり、同バスを利用するためにはタ
クシーを使ってバス停留所まで行かなければならないと揶揄されていた。しか
しながら、同バスが運行したことについて、実用的ではない路線であっても
DRD が長年かけて要求した成果なので満足しているということであった。そ
して、ベトナムは社会システム上、他国のように政府に対し抗議活動ができる
わけではないので、現状ではこのような形で要求を続け、バリアフリーのバス
がベトナム全土に広がるように、さらに長い時間を待つ必要があると話した。

　ハノイとホーチミンの両障害者団体とのインタビューを通じてわかるのは、
現在のベトナムの障害者団体は政府に対してバリアフリー化の要望を行ってい
るものの、ベトナムの経済条件からこの実現は容易ではないことに甘んじて、
実現まで長い時間を要しても待つということである。そこで、障害者の団体で
はないが、政府に積極的にバリアフリー化の働きかけを行っている VNAH に
対してもインタビューを行った。

2・5・3　VNAH におけるインタビュー

　ベトナム国内でバリアフリー化を実際に先導しているのは VNAH であると
考えられる。VNAH は、米国在住の越僑カー・ヴァン・チャン（Ca Van Tran）
により 1991 年に設立された非政府非営利団体である。設立当初は、ベトナム
戦争の傷病兵に義足や車椅子を支給して直接支援することを目的にしていた
が、障害者全体の社会参加をめざし、職業訓練を含めて活動の幅を広げていく
ようになった［Reader's digest 1997］。20 人の職員のうち、6 人が障害を有している。
VNAH は障害者団体ではないが、ベトナムの障害者関係の政策に影響力を有
する非政府系組織であるため、ブイ・ヴァン・トアン（Bùi Văn Toàn）VNAH 本
部長にインタビューを行った[103]（写真 2-35）。

　　103）2012 年 7 月 16 日、ハノイ市において。トアン本部長はホーチミン市出身だが、VNAH の
　　　　拡大にともない現在はハノイ市に住んでいる。

2・5　障害者へのインタビュー

写真 2-35　VNAH でのインタビュー

　VNAH は当初の介助器具と職業訓練だけでは障害者の社会参加につながらないことから、現在はベトナム政府に対しバリアフリー化の提案を行い、バリアフリーの有効性を説く活動を行っている。政府側はバリアフリー化の経済負担が大きいため、政策としての実現は難しいと考えていた。そこで、VNAH はシンポジウムを開催し、社会をバリアフリー化にすることが障害者の社会参加につながり、国家の障害者支援の軽減につながることを政府に対して強調した。さらに近年、外国企業がベトナムに進出していることから、バリアフリーによるベトナムのイメージアップも説いた。

　1998 年から 2004 年にかけて建築物のバリアフリー基準、2004 年から 2008 年にかけて公共交通機関のバリアフリー基準の作成支援を行った。また、2007 年にベトナム政府が署名した障害者権利条約に対してどのように行動するか、2008 年からの条約草案作成が始まったベトナム国内の障害者法作成のための支援も同様に行った。

　VNAH は、2004 年に浜松で開催された TRANSED2004 に政府関係者と参加した。この国際会議で、米国の NGO 団体 AEI の『モビリティフォーオール』の影響を直接受けた。同書には、交通弱者が日常生活を営むうえで交通機関のバリアフリーが必要であることが書かれている。

　政府関係者に対するバリアフリーの啓蒙活動の次の段階として、VNAH は大学関係者など指導する側がバリアフリーを理解することをめざした。ベトナムの大学のカリキュラム向けに『交通バリアフリー』の出版を 2004 年に提案し、世界のバリアフリーの写真を提供した。しかしながら、その後出版まで 4 年を要し、ベトナム国内初のバリアフリー概説書として同書が出版されたのは

第 2 章　ベトナムとバリアフリー

2008 年のことである。ブイ・ヴァン・トアンによると、計画してから実現するまでに時間がかかりすぎるとのことだった。

　ベトナムのバリアフリーについて、VNAH としての意見をブイ・ヴァン・トアンに求めたところ、ベトナム政府はバリアフリーにとり組んでいるが、他国と比較してまだまだ遅れているということだった。これを改善するためには、障害者が社会参加できるよう政府が教育や雇用の政策を積極的に推進し、『交通バリアフリー』の出版のときのように実現まで時間がかかりすぎてはならないということだった。さらに、「ベトナムのバリアフリー社会の実現のためには、政府が積極的に行うことを期待するだけでは不十分である。社会は、障害者がバリアフリーを必要とする状況に対する理解に努める必要がある。そして、障害者自身も積極的な社会参加を行い、社会の不備を人々に訴えられるようになる必要がある」とブイ・ヴァン・トアンは話した。

　ブイ・ヴァン・トアンの考えは、筆者と共通している。VNAH は、障害者団体の DP ハノイや DRD と比較して、行政と障害者の両者の橋梁的役割を備えているようである。

2・5・4　VFD におけるインタビュー

　ベトナムにおいてはいくつかの障害者団体がそれぞれの地域で活動を行っている。2010 年 10 月 14 日の 1179/QĐ-BNV 決定により、2011 年 3 月に VFD [104] が成立している。ベトナムの関係者の話では、障害者による障害者のための NGO 組織であるため、今後ベトナム政府に対して障害者の意見を代表する組織となるであろうということであった。

　そこで、異なる障害のある者たちがどのように会を運営しているのかを、VFD 会長のディン・テー・ラップ（Đinh Thế Lập）[105] にインタビューした [106]（写真 2-36）。同団体設立の構想は 2005 年よりあり、ディン・テー・ラップが MOLISA に在職中から考えていたものだった。しかしながら、設立の準備に時

104）Vietnam Federation on Disability（ベトナム障害者連合会）。ベトナム語名は Liên hiệp hội về người khuyết tật Việt Nam である。
105）ディン・テー・ラップはもともと MOLISA の職員であり、定年退職するまで NCCD で障害者に関係する仕事をしていた。ディン・テー・ラップ自身は障害者ではないが、各障害を有する人たちの調整役となっている。
106）2013 年 10 月 11 日、ハノイの VFD オフィスにおいて。「平成 25 年卓越した大学院拠点形成支援補助金」による調査である。

2・5　障害者へのインタビュー

写真 2-36　VFD でのインタビュー

間がかかったという。

　同団体は、ハノイの 7 障害者団体と地方[107] の 17 障害者団体の代表から組織され、年に 2 度（4 月 18 日のベトナム障害者の日、12 月 3 日の国際障害者の日）、ハノイの事務所において会合を開くということだった。活動資金は各団体の活動により調達し、政府や外国の団体から直接の資金提供があるわけではないので、他国の NGO 団体と共同でプロジェクトを行うことで運営している。また同団体の職員には給料が支払われていない。

　ベトナムにおいて、障害者が社会参加できる社会環境を構築できるようにサポートすることを目的としている。具体的には、同団体は障害者政策を行うには市民の理解が必要と考えている。市民が障害者に対して抱いている同情や慈悲といった考えを改め、障害者も社会貢献できることを理解してもらえるように啓蒙活動を行っている。また、そのような市民の理解に応えられるように、障害者に対する職業訓練も行っている。

　同団体は、障害者の社会参加のためには社会の理解が必要と考えている。このことは、筆者の考える社会における心のバリアフリーと共通する。

2・5・5　傷病兵のインタビュー

　VAVA（ベトナム枯葉剤被害者協会）の紹介で、ハノイ（2 人）[108] とホーチミン（1 人）[109] の傷病兵に対しインタビューを行った（写真 2-37、2-38）。本インタビュー

---
[107] ホーチミン市も地方という扱いである。
[108] 2013 年 10 月 10 日、ハノイ市において。
[109] 2013 年 10 月 18 日、ホーチミン市において。

第 2 章　ベトナムとバリアフリー

写真 2-37　ハノイの傷病兵へのインタビュー

写真 2-38　ホーチミンの傷病兵へのインタビュー

の目的は、憲法などで国家から優遇されている傷病兵が地域でどのように生活しているのかを知ることであった。このため、都市部に在住しており、移動に支障のある傷痍軍人を紹介してもらった。

　ハノイの 2 人はラオスに出兵しており、1975 年に退役してから事務など一般職に就いていたが、1990 年代後半から 2000 年にかけて徐々に枯葉剤の後遺障害が発症したということである。2 人ともハノイ市内ではあるが、郊外のトゥ・リェム（Từ Liêm）区とホアイ・ドゥック（Hoài Đức）区に在住している。自宅の周囲は舗装されておらず、バリアフリー環境はけっしてよいものではなかった。

　ホーチミンの 1 人はタン・ソン・ニャット国際空港近くのタン・ビン（Tan Binh）区にある退役軍人たちが住むエリアに在住している。自宅はバリアフリーではなかったが、周辺は舗装されており、車椅子があれば自由に移動できそうである。2008 年の退役まで、少佐として軍に所属しており、それまで普通に生活していたという。退役と同時に、枯葉剤の後遺障害が発症し、入退院を繰

2・5　障害者へのインタビュー

り返しているということである。

　3 人に共通していることは、傷病兵ということで手当てや見舞金[110] などの優遇を受けていることであった。しかしながら、日常生活上、外出は気分転換のために家族により連れ出してもらう散歩程度であり、病院に行く以外に遠出することはないということである。その理由は、自身の身体が外出に不便であるということであった。日常生活におけるバリアの状況を知ることを目的としたインタビューであったが、日常的に外出をしない 3 人は、バリアの原因を医学モデルで考えていたため、社会環境がつくり出すバリアを除去するという認識を有していなかった。本インタビューからわかったのは、1975 年に終結したベトナム戦争の枯葉剤による身体的な障害の発症は数十年を経過した現在でも継続しており、バリアフリーを必要とする人たちが増え続けていることであった。

2・5・6　一般の障害者

　筆者はハノイにおいて、大学教育を終えた 2 人の全盲の女性にインタビューをした[111] （写真 2-39）。彼女たちは年齢が 10 歳以上離れていたが、2 人とも家族や友人のサポートを受けながら通学し、ベトナムを代表する国立大学を卒業している。彼女たちは現在、日常の移動手段としてセオム（バイクタクシー）を利用している[112]。セオムの利点は、渋滞時でも自動車の脇を抜けられるということ以外にも、視覚障害者にとっては自身の目的地まで到達できるということで、実質的にドア・トゥ・ドアのサービスが受けられることである。

　運動障害の女性 1 人にもインタビューを行った[113]。両膝に障害を有し、一人で歩行をできない彼女に対し、彼女の父親は毎日、自宅マンションの 4 階と地上の間を背負い、職場と自宅の間をバイクで送迎していたという。

　ホーチミンでインタビューした男性は大学生であった[114] （写真 2-40）。車椅子を利用している彼は、通学のさい 2 台のバイクタクシーを使い、本人が 1 台目のバイクの後部座席に乗り、2 台目のバイクの後部座席に車椅子を積んでも

110）テトと 7 月 27 日の戦争傷病者・烈士記念日に受け取る。
111）2012 年 7 月 16 日。
112）ベトナムでは、自動車やバイクの配車アプリである Grab が普及している。
113）2011 年 10 月 7 日。
114）2010 年 9 月 30 日。

第 2 章　ベトナムとバリアフリー

写真 2-39　ハノイの障害者へのインタビュー

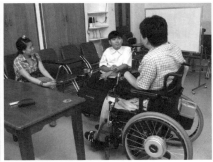
写真 2-40　ホーチミンの障害者へのインタビュー

らっていたという。

　さらに、ダナンにおいて 2008 年から障害者雇用を実践している会社の協力を得て、同社に勤務する 20 代男性障害者 2 人にインタビュー[115]を行った（写真 2-41）。ヴォ・ニュ・タン（Võ Như Thắng）が社長を務めるこの会社は、電子機器の設計図面をパソコンでつくり上げる仕事を日本の会社より請け負っている。ヴォ・ニュ・タンは日本に留学していたとき、阪神大震災の被害者救援活動に日越友好協会とともにボランティアとして参加し、その体験からベトナム帰国後も障害者のボランティア活動を行っている。その後、業務能力のある障害者の雇用を始め、BREC[116]という国家労働雇用者協会から表彰を受けている。

　ヴォ・ニュ・タンの会社の 1 人目の男性は、小学生のときの事故で両手首から先を切断し失っている。1 年間休学した後、小学校に復学して、そのまま健常者と同じ環境で学んだ。両手の障害のため、パソコンの細かい操作に支障をきたすことはあるが、日常生活に支障はないということで、技術高専を卒業後、ダナン市職業センターの紹介で就職した。しかしながら、技術高専で学んだ技術を活かせないということで、ヴォ・ニュ・タンの会社に転職した。彼は自分でバイクを運転できないため、技術高専への通学や通勤のため移動するさいはいつも友人のバイクに同乗していた。

　ヴォ・ニュ・タンの会社の 2 人目の男性は、枯葉剤の影響で生まれつき耳が

115）2012 年 7 月 20 日。
116）The Blue Ribbon Employer Council（青リボン雇用者評議会）。VNAH、ベトナム商工会議所、ベトナムアメリカ貿易所、NCCD からなる。

2・5　障害者へのインタビュー

写真 2-41　ダナンの障害者へのインタビュー　　写真 2-42　ファンランでのインタビュー

不自由だった。彼の出身地であるクアンナム（Quảng Nam）省は、いまだに枯葉剤の影響が消えないという。小学校を卒業した後、ビンズォン（Bình Dương）省の障害者センターで 8 年間生活しながら、手話を覚えたという。その後、ダナン市の職業訓練校で技術を身につけた。会社では筆談により、ほかの社員とコミュニケーションをとっているとのことだった。しかしながら、この筆談による意思の疎通が仕事上のいちばんの問題ということであり、通訳をしてくれた彼の同僚は、彼のベトナム語文法の曖昧さと理解力不足は、小学校しか終えていないことによるものと考えていた。彼の場合、ダナン市障害者援助会でグラフィックの技術を学び、ダナン市職業センターの紹介を経て、ヴォ・ニュ・タンの会社で仕事をしている。彼はバイクの運転はできるが、ろうあゆえの情報弱者であるため、彼の母親が職業や障害者に有利な情報の収集を行っているということであった。

　また、都市部に生活する彼らとは対照的な、地方都市ファンランのチャム族の村において、障害のある女性へのインタビューを行った[117]（写真 2-42）。正確にいうならば、彼女は学校に行かなかったことにより、母語であるチャム族の言語以外に、ベトナム語を習得していないため、彼女の弟にインタビューをして、彼女についての質問を答えてもらう形となった。1979 年生まれの彼女は先天的に歩行ができず、3 つの大病院に診せたが障害の原因は不明であった。最終的に治療不能と診断され、壁伝いに歩く練習のための歩行補助具を与えら

117）2012 年 7 月 28 日にインタビュー。

れた。この歩行補助具はステンレス製で、最初のころは何とか歩行訓練を続けたが身体にかかる負担が大きく、結果的に歩行をあきらめる選択をしたという。父親は彼女の医療費のために、牛20頭を売ったということである。彼女には弟のほか、姉が2人、妹が1人おり、現在はこの姉妹が彼女の面倒をみている。しかし、姉妹が小さいころはそれぞれが学校に行く必要があり、彼女を介助できる人がいなかったため、彼女は学校に通えなかったとのことである。

2・6 小括

『交通バリアフリー』の推薦文に、「多くの国々」と比べてベトナムのバリアフリー化は30年以上も遅れた、とある。この「多くの国々」には、日本や欧米などの先進国ばかりではなく、中国やタイも含まれている［Cao Trọng Hiển *et al.* 2008:7］。遅れた大きな要因の1つは、ベトナム戦争とその戦後処理という国情であり、またベトナム戦争によりベトナム固有の障害者が多く生活していることも影響している。

本章では、これら多くの障害者に対するベトナム政府の動きを知るために、1992年の憲法制定、2007年に署名した国連障害者権利条約、1998年の障害者に関する法令、2011年の障害者法から、バリアフリーを示す語句とこの背景を探った。1974年の国連障害者生活環境専門家会議の影響はみられなかったものの、2002年以降ベトナムはバリアフリーに対して活発な活動を行っている。この約25年の間ベトナム政府には、バリアフリー化への動きを含めた各種法律制度の整備、用語の確定、障害者権利条約へ批准のための準備など、大きな変化がみられる。

以上のように、ベトナムの法整備の経緯を論じたが、ベトナムにおけるバリアフリー化は社会主義システムにおける、政府主導のトップダウン型バリアフリーであるといえる。2003年からベトナムをみている筆者の目にも、バリアフリーは障害者に要望されたものではなく、政府が国際社会の一員として歩み始めたことにともなっているように映る。しかしながら、政府はバリアフリーの法律を制定することにより、事業者に対しバリアフリーを供給することを指示してはいるが、社会においてバリアフリーが普及するまでには至っていない。利用者の意見をとり入れずに路線を決定したという点で、2012年に導入され

たノンステップバスもこの一例にあたる。

　筆者がフィールド調査を行ったかぎりにおいて、事業者の新しい建築物のバリアフリーは法を遵守しているようである。このことから、政府と事業者の間に対立構造は存在していないといえる。しかしながら、バリアフリー動線の視点からみたならば、最新の大型商業施設はバリアフリーでありながらも、施設前の歩道の段差を解消するなどの配慮がなされておらず、事業者はバリアフリーに対する理解がまだ不十分である。これは建築許可を出す側である政府側も理解が足りないのかもしれない。あるいは事業者側が許可を得た後、設計に手を加えている可能性もある。

　障害者は政府、事業者との3者の関係に参与してはいるが、社会システム上、現状を達観しているようにもみえる。この状況では、障害者からのフィードバックを得られる機会も少ないので、事業者がバリアフリー事業の目標を達成することは、政府が法整備を行うことよりもさらに難しいであろう。

　同じ国でありながら、ハノイとホーチミンとの間でバリアフリーの発展の仕方に差異がある理由として、両都市の社会環境を指摘する声が聞かれた。社会主義国家の首都であるハノイと、一度は資本主義経済を経験した旧サイゴンであるホーチミンとの間に、文化的な違いが存在しないとはいえない。しかしながらハノイの場合、バリアフリー化に向けての努力と、バリアフリー技術の実力との格差が失敗をもたらしているように考えられた。さらに、この失敗の原因をベトナムの経済力不足のせいにし、根本的な原因を放置したまま改善せずに、次のステップとしてBRTのように新しい技術に進もうとしているように感じられた。一方、ホーチミンの場合、ノンステップバスが運行し、バリアフリー化の次のステップに進んだようにみえるが、ノンステップバスは輸入品であり、また路線も計画的に決めたのではない。現段階では自国の技術が向上しているわけではないので、今後のバリアフリーの進展は不透明である。

　支援する側も新しい技術の支援を行うさいに、ベトナムの現状を理解したうえで、必要に応じた支援を行う時期ではないだろうか。筆者がインタビューをしたさいに、ダナン市人民委員会DOLISAのグエン・フン・ヒエップはバリアフリー調査の日本視察から帰国したばかりであり、日本におけるバリアフリーのハードの先端技術に驚いていたようであった。ダナンは現在、都市開発が急速に行われているが、日本から学ぶことばかりではなく、ハノイとホーチ

第 2 章　ベトナムとバリアフリー

ミンの事例から、両都市の失敗例と成功例を分析することも必要であると、筆者は考える。

　ハノイの政府関係者は、日本同様の経済力と技術があれば、ベトナムも 5 年以内にバリアフリー化が可能であると話したように、各インタビューを通じて、行政関係者（政府）からは障害者のためにバリアフリーにしようとしている熱意が伝わってくる。だが、事業者がつくり出すバリアフリー化の結果が、形としてみえてこない。また、障害者は政府に対してお願いはするが、強い要求はせずに、「ベトナムは貧しいから」と待ち続けるだけである。「貧しさを分かち合う社会主義」の精神は、現在もこのような場でかいま見られる［古田 1996:3］。現状は、政府が事業者に任せる完全とはいえないバリアフリーを、障害者が無理して利用する形である。現在の停滞を打開するためには、社会全体にわたる理解と協力が必要となるであろう。

　そこで次章では、バリアフリーと障害者の社会参加に対し、一般市民はどのように感じているのかについて、アンケート調査をもとに分析する。

第3章

ベトナムの市民にとってのバリアフリー

　前章において、ベトナムのバリアフリーに関する3者の関係をみてきた。この3者の関係に影響を与えるのが、市民の存在である。社会における事業者と障害者の対立構造に対して、多数派である市民はバリアフリーに対する直接の当事者ではないが、市民がどちらの側を支持するかでバリアフリー社会の形は決定される。そこで本章では、影響力を有する市民のバリアフリーに対する意識を導き出す。具体的には、障害者の社会参加に対し、ベトナムの市民はどのような理解と考えを持っているかを知ることが目的である。

　また、筆者が考える公共交通機関のバリアフリー化を論じるにあたり、市民が形成しているバイク社会への言及を避けることはできない。現状のバイク社会においてバリアフリーバスを走らせることには、いくつかの問題点があるからである。このため、前半においてベトナムの公共交通の問題点を明らかにして、後半において筆者が行ったアンケート調査より、ベトナムの市民の意識調査の分析を行う。

3・1　ベトナム2大都市の公共交通の現状と問題点

　現在のベトナム社会では、バイク移動の利便性が慢性的渋滞を引き起こしている。このバイクの渋滞は、公共交通機関の運行を難しくしているだけではない。渋滞待ちを嫌い、交通規則を無視する運転手も多い。一般市民でさえ横断歩道を安心して渡ることが難しい道路において、障害者の外出は容易ではない。そして、歩道に乗り上げて走行するバイクによる都市インフラの早期の損傷、バイクの排気による環境問題などが、社会問題となっている（写真3-1）。

　高木資料［高木2013］によると、2010年のハノイの人口654万人に対し、自

写真3-1　歩道を走るバイクと、点字ブロック上に駐車してあるバイク（2015年3月）

動車の台数は35万台、バイクは403万8千台である。同年のハノイのバスの台数が1046台なので、ハノイの全車両4,389,046台のうち、自動車が占める割合は約8％、バイクの割合は約92％、バスの割合は0.02％でほぼゼロである。公共交通機関がいかに少ないかがわかる。それでいながらも、バスを利用する市民の数は年間のべ4億2180万人なので、1日あたりに換算すると115万人程度である。同様に同年のホーチミンは、723万6千人の人口に対し、自動車は44万2千台、バイクは444万5千台である。バスの2988台を含めたホーチミンの全車両数は4,889,988台であり、自動車が占める割合は約9％、バイクの割合は約90.9％、バスの割合は0.06％でハノイと大差がない。バスを利用する市民の数は年間のべ3億6480万人なので、1日あたりに換算すると113万人程度である。バスの台数は少ないが、路線を1日に数往復しているため、車両の台数の割合から単純に比較することは難しい。しかしながら、両都市におけるバスの利用者数をみると、渋滞解消に向けて、公共交通のあり方は一考に値する。

3・2　市民の意識調査──アンケートの集計結果から

　市民の意識を知る方法として、ハノイとホーチミンでアンケート調査を試みた。調査票（巻末付録）は、筆者が質問項目を準備し、日本に留学していた日本研究のベトナム人（ハノイ出身）に翻訳を依頼した。2011年9月にハノイ在住の住民とホーチミン在住の住民に対して調査票を配布し、回収した。ハノ

イでは、筆者の友人が Google フォームを用いて選択式の調査票に作成し直し、アンケートに回答させる方式にした。回答者は友人の交友範囲内であるため、インターネットの匿名性を利用した無責任な回答が含まれている可能性は低い。ホーチミンでは人文社会科学大学と会社において、調査票を配布した。さらに、第 1 回の調査での回答者の年齢層と職業に対する偏りを補正するために、ハノイで 2012 年 7 月に第 2 回の調査票を配布した。第 2 回のハノイの調査では、第 1 回のインターネットによる回答方式と同じ内容をプリントアウトした調査票を配布した。最終的にハノイの住民 134 人、ホーチミンの住民 144 人から調査票を回収できた。

　調査票は、(1) 回答者像、(2) 回答者の日常生活、(3) 回答者の主たる交通手段と公共交通機関に対する見方、(4) 回答者と障害者、(5) 障害者の社会参加と公共交通、の 5 つの視点から段階的に質問を行っている。これは、障害者が利用できるバスの要否を問うだけの質問では、「必要」と倫理的な回答になることを避けるためである。とくに障害者の社会参加のさいにバイクの渋滞緩和という課題が存在するため、(3) において一般市民の公共交通機関に対する意見を問い、(5) において一般市民の障害者の社会参加に対する意見を問う。

　なお、本調査を実施するにあたり、車椅子に乗っている筆者を回答者が直接目にすることは、回答に影響を与えると考えた。そのため調査票の配布と回収のさい、筆者は回答者と会っていない。

(1) 回答者の傾向
① 年齢層 [1]

　集計のさいに 20 代を前半と後半に分けたのは、これにより 10 代と 20 代前半は学生、20 代後半以降は社会人の可能性が高まると考えたからである。したがって、ハノイの回答者のうち 4 割弱、ホーチミンでは回答者の約半数が学生の可能性が高い。さらに全体でみると、ハノイの回答者の約 8 割が 30 歳未満で、ホーチミンの回答者の約 75％が 30 歳未満であるため、回答者は今後のベトナムを担っていく若い世代であると考えられる。

---

[1] 筆者の交友関係からアンケート調査を行ったため、回答者の平均年齢が比較的若い結果となっている。

第3章　ベトナムの市民にとってのバリアフリー

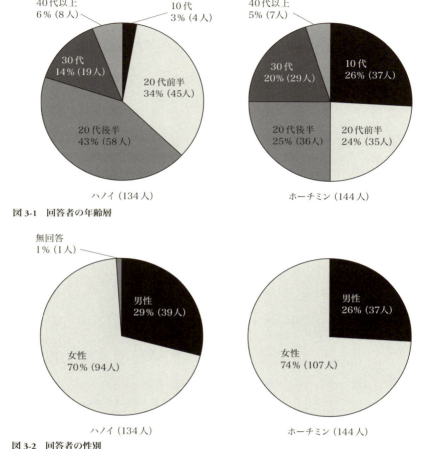

図 3-1　回答者の年齢層

図 3-2　回答者の性別

② 性別

　両市において、男女比は 3：7 という偏った結果になった。知人を介してアンケート配布を行ったため、母集団における男女比は不明であるが、ホーチミンでは大学で調査票の配布を行ったことから、母集団にこれほどの男女比の偏りが存在していたとは考えられない。この偏りは調査内容によるものなのか、あるいは回答する手間によるものなのかは不明であるが、両市とも同じ男女比になったことは興味深い。

3・2　市民の意識調査——アンケートの集計結果から

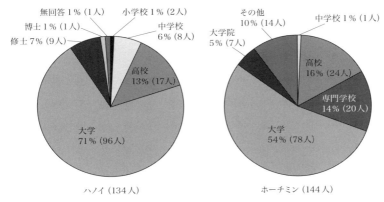

図 3-3　回答者の学歴

③ 学歴

　ベトナムの大学進学率[2]は約31％（2003〜2004年）、約40％（2004〜2005年）、約36％（2005〜2006年）、約50％（2006〜2007年）、約47％（2007〜2008年）、約42％（2008〜2009年）であることから、21世紀以降のベトナムにおける大学進学率は約40％とみられる。ハノイとホーチミンはベトナムの2大都市であり、ベトナムを代表する高等教育機関があるだけでなく、就職機会も多いことから、地方都市から上京した学生が卒業後もそのまま住み続ける事例が多い。このため、高学歴者が他都市よりも多く住んでいると考えられる。また、ホーチミンの場合は大学で調査票を配布したため、在学中の学生も回答者に多く含まれる（次項目「職業」参照）。これらの回答者のなかには、回答時は大学在学中であるため最終学歴を高校とする者も多くいた。これが、学歴の大学の項目でハノイとホーチミンに隔たりがみられる理由であると考えられる。

④ 職業

　回答者の職業に偏りがみられた。ハノイでは会社員と教員・公務員を合わせると、ホワイトカラーの職業従事者が回答者の6割を超えた[3]。一方、ホーチミンでは大学で調査票を配布した影響が明確に表れ、回答者のおよそ4割が学生である。また会社員と教員・公務員で回答者の4割以上を占める。この4割

---

2) Giáo dục Việt nam 1945-2010［Hội Thống Kê Việt Nam 2011］より、高校卒業試験合格者数と大学進学者数から筆者が算出。
3) 伝統的にハノイはホーチミンよりも公務員志向が強い傾向があるという。東京大学総合文化研究科の古田元夫教授（当時）へのインタビュー（2014年3月）。

125

第 3 章　ベトナムの市民にとってのバリアフリー

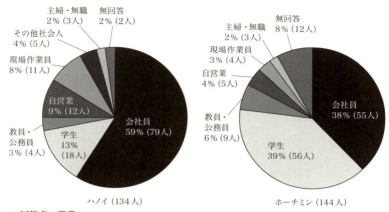

図 3-4　回答者の職業

の学生の回答者のほとんどが大学生であるため、彼らが卒業する数年後には、職業従事者の割合はハノイと同様になることが想定される。

　①〜④ から、両市の平均的な回答者像として 20 代大学卒の女性会社員を想定したうえで、両都市の住民の意識を考察したい。

(2) 日常生活——外出について
① 外出回数
　ベトナムの交通事情を知るために、ベトナム人は日常どのくらい外出するかを考察する質問である。
　集計結果について述べる前に、設問を通じて知ったベトナムの生活習慣についてふれておく。筆者が作成した質問の内容は、外出の交通手段をたずねる前に、「(1 週間の) 外出回数」を問うものであった。しかし、ハノイでの調査のさいに Google フォームの選択肢用に作成された調査票は、1 週間ではなく、「1 日あたり」に変更されていた。このとき、元にした調査票はすでにベトナム語であったことから、日本語からベトナム語への翻訳の間違いではない。一般的に日本では、朝、通勤や通学のために家から出ると、夜まで家に帰らない。用事がある場合は、その帰路においてすませる。このため、筆者は 1 週間単位の外出回数を問う形で調査票を作成したのだが、ベトナムでは外出の目的地と家の距離は近く、1 週間に何度ではなく、1 日に複数回、外出しているようである。このことは、人々が住んでいる地域内で生活を営んでいることを示し、日本と

126

3・2　市民の意識調査——アンケートの集計結果から

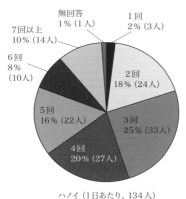
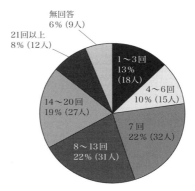

図 3-5　回答者の外出回数

は異なり、地域密着型の生活習慣であるといえる。障害者の社会参加には地域社会の理解が不可欠であるため、この点は留意すべきである。ベトナムの生活習慣に合わせると、多少は大まかになるが、ホーチミンの回答者の外出回数を7で割ることで、ハノイの回答と比較できる「ほぼ1日あたり」の外出回数になると考えられる。本回答には以上のような前提条件がある。

ホーチミンの回答者で1日1回以下の外出は「1～3回」(13％)、「4～6回」(10％)、「7回」(22％) の合計45％と考えられる。2回と考えられるのが「8～13回」(22％)、「14～20回」(19％) の合計41％、3回以上と考えられるのが「21回以上」(8％) となる。外出回数が多いということは、同様に家に戻る回数も多く、数回往復していることを意味する。これは移動手段として手軽なバイクの影響が大きいと考えられる。後の項目で外出目的をたずねているが、各目的のたびに外出と帰宅をくり返すものと考えられる。

同様の視点で考えたならば、ハノイの回答者の1日あたりの外出回数はかなり多いことがわかる。これはハノイの場合、回答者に社会人が多いことから、通勤以外の日常生活の雑事もあると考えられる[4]。一方、ホーチミンは回答者の約4割が学生であるため、放課後の私用の外出はハノイの回答者と比較してそれほど多くないという結果になったと考えられる。

---

[4]　ベトナムにおいて、保護者が児童を小学校の正門までバイクで送迎する光景は日本の文化とは異なり、圧倒される。

127

第 3 章　ベトナムの市民にとってのバリアフリー

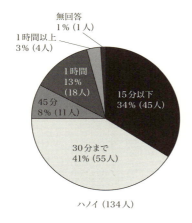
ハノイ (134人)

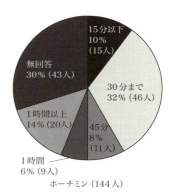
ホーチミン (144人)

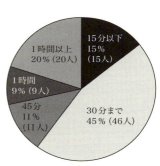
ホーチミン (無回答を除外、101人)

図 3-6　1 回の外出時間

② 1 回の外出時間

　ホーチミンの回答者の 43 人は無回答であった。これは筆者の設問が不適切で、「(1週間の) 外出の回数」と「外出 1 回あたりの時間」の 2 つの項目を 1 つの質問にまとめてしまった結果である。あるいは日常考えないような細かい質問で、答えにくかったのかもしれない。いずれの場合であっても、43 人の無回答者数は全体の 30％を占め、影響が大きいので、有効回答 101 件の集計から割合を算出した。

　これは両都市の 1 回の外出の所要時間から行動範囲を考察することを意図した質問である。ハノイにおいて、回答者の 34％が「15 分以下」である。(2)①より、ハノイでは外出の回数が多いことがわかったが、本質問により近距離にひんぱんに外出することがわかる。両都市とも「30 分まで」の回答者が最

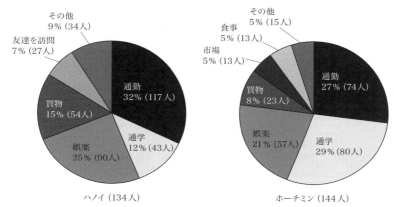

図 3-7　外出目的

多である。さらに「15 分以下」の外出の回答者の割合も加えると、1 回の外出時間の 30 分以下はハノイの回答者の 75％、ホーチミンの回答者の約 60％である。何度も外出するが、1 回の外出時間は都市部の渋滞時間も含めて 30 分以内という近距離と考えることができる。

③ 外出目的（複数回答可）

　外出の目的からベトナム人の生活習慣を考察する質問である。通勤・通学を主目的と想定したうえで、これら以外の外出は何であるかを探るものである。ホーチミンは質問が記述式であったため、細かい回答が多くみられた。一方、ハノイの質問は選択肢式であったため、細かい回答は「その他」に集約されたと考えられる。

　ベトナムの生活習慣では、大学生の場合は「通学」から塾や予備校などのダブルスクール、「通勤」からアルバイトの可能性も考慮する必要がある。

　ホーチミンでは記述式の質問であったため、回答のなかに「買い物」、「市場」が同時に存在する事例が少なくなかった。日本人の感覚では「市場に行く」(đi chợ) は「買い物に行く」(đi mua) 行為のなかに含まれると考えられるため、ベトナム人に両者の違いをたずねた。ベトナム人の感覚でも、日本人と同様に考える可能性はたしかにあるが、「市場に行く」は生鮮食品を買うことを意味し、「買い物に行く」とはおもに日用品を買うことというイメージであるため、両者は別の概念ということである。このことは、食品に関する生活習慣の日本との差異も考えられる。日本では一般に、生鮮食品を買うさいには買い置きをし、

129

第 3 章　ベトナムの市民にとってのバリアフリー

冷蔵庫で保管する。そのためひんぱんに食料品を買いに行くことはしない。一方、ベトナムでは新鮮な食品を市場で日々購入する習慣があるため、冷蔵庫がそれほど普及していないようにも考えられる [5]。このことは、熱帯地方でありながら、冷房機を有しない家庭 [6] が少なくないことにも共通するかもしれない。冷房機なしで熱帯の生活を過ごすことは、日本人の感覚では考えられないことだが、家電製品が高価であるという理由以外に、生活習慣の違いを反映しているという可能性 [7] も考えられる。

　筆者はハノイの 25％、ホーチミンで 21％を占める「娯楽」の回答に着目している。ベトナムの生活習慣では、目的もなく、気晴らしのために市内をバイクで走ることが少なくない。2012 年当時のベトナムの道路交通法ではバイク 1 台に大人 2 人まで乗車可能だが [8]、家族で 1 台のバイクに乗って外出する姿は日常の光景としてみられる。このような生活習慣は、日本の散歩の感覚に近いものであると考えられる。バイクから公共交通に移行するための方策を導き出すにあたり、このような生活習慣を考慮する必要がある。

(3) 交通手段について

　このパートが筆者のアンケート調査の核心部分となる。2・2 節「ベトナムの障害者にとってのバリアフリー」でも述べたが、都市部の渋滞は、ベトナムの特徴であるバイク社会によって引き起こされている。このバイクの数を減らすためには、バイク利用者たちが公共交通機関を利用するように仕向けなくてはならない（第 1 段階）。そのために、その利用者の移動を保障するだけの公共交通機関の確保が必要となる（第 2 段階）。さらに、この公共交通機関をバリアフリー化にすることで、障害者の社会参加が可能になる（第 3 段階）。現状において、ベトナム政府にとって第 1 段階と第 2 段階が政策課題である。第 1 段階と第 2 段階は相互依存の関係にあるため、政策により第 2 段階まで実現できた

---

5) 2010 年の統計によると、冷蔵庫の所有の割合は、都市部で 68.2％、農村部で 29.8％である［GSO 2010:359］。

6) 2010 年の統計によると、都市部で 22.1％、農村部で 1.8％である ［GSO 2010:359］。

7) 筆者のホーチミン市の友人たちは、「30 度に満たない気温では涼しく感じる」という。

8) 道路交通法（23/2008/QH12）第 30 条において、運転手は 1 人の同乗者を後部シートに載せることができるとしている。例外として、急病人、護送される犯罪者、14 歳以下の子供の場合、2 人載せることが認められている。なお、同法が 2008 年に改正されて、バイク運転中のヘルメット着用も義務づけられた。

3・2 市民の意識調査──アンケートの集計結果から

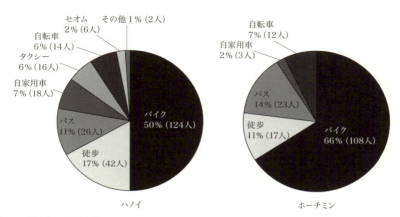

図 3-8 利用する交通手段

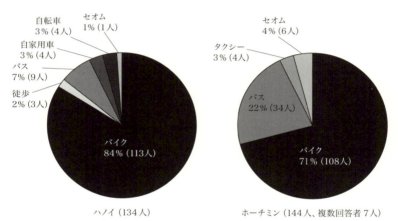

図 3-9 ひんぱんに利用する交通手段
セオムはバイクタクシーのことである（2・5・1 項参照）。

ならば、第 3 段階への移行には本アンケートに協力してくれたような地域住民の力が必要となると筆者は考えている。

① 交通手段（複数回答可）

　交通バリアフリーの前提となる公共交通機関の利用状況を把握する質問である。ハノイにおける回答者の 11％、ホーチミンの回答者の 14％がバスを利用している。一般に想像されているとおりに、両都市においてバイクの利用者数が圧倒的に多い。交通バリアフリーを実現するためには、公共交通機関の充実を図り、バイクの利用者が次第にバスを利用できる環境をつくり上げていく必

第3章　ベトナムの市民にとってのバリアフリー

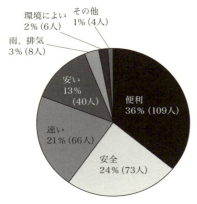

ハノイ (113人、複数回答)

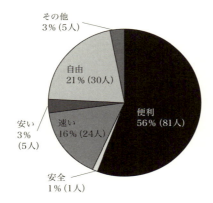

ホーチミンのバイク利用者 (108人、複数回答)

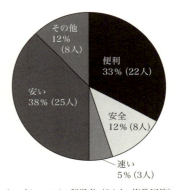

ホーチミンのバス利用者 (34人、複数回答)

図 3-10　バイクを利用する理由

要がある。なお、(3) ①の質問は複数回答であったため、1人の回答者が複数の交通手段を利用していることが想定された。この点をさらに明確にするため、(3) ②において、ベトナム人が日常生活でいちばんよく使う交通手段を明らかにする。同時に、(3) ⑤において公共交通機関の利用の度合いを導く。

(3) ②の回答の割合では、ハノイでは回答者の84％、ホーチミンでは回答者の72％がバイクをいちばんの交通手段としている。ホーチミンの回答者の22％は、いちばん利用する交通手段としてバスを選択している。一方で、ハノイの回答者は7％しかバスを選んでいない。ホーチミンでバスを利用する人が多い理由の1つとして、ホーチミンの回答者の4割は学生であったことが考え

132

られる[9]。一方、ハノイの回答者は社会人が多いため、個人的な交通手段を所有していることも考えられる。ただし、バス事業関係者やホーチミン市発展研究院のインタビュー[10]によると、ホーチミンでは交通渋滞の緩和のためバスの利用をうながすキャンペーン[11]を行っており、その影響もあると考えられる。

② バイクを選んだ理由（複数回答可）

　ベトナム人がいちばん使う交通手段をバイクと想定したうえで、バイクを交通手段として利用する理由を探る。バイクの利便性を明らかにし、今後のバリアフリー化された公共交通機関への利用を高めていくためには何が必要かを考察する。(3) ②の質問に対し、バイクを選んだ回答者は 121 人（84％）である。複数回答であり、121 人の理由は「便利」（50％）、「早い」（32％）であった。

　(3) ②の質問に対し、バスを選んだハノイの回答者は 134 人のうちの 7 人である。こちらも複数回答であるため、「便利」（2 人）、「早い」（2 人）、「安い」（7 人）、「安全」（3 人）、「雨、排気」（5 人）、「環境によい」（0 人）、「その他」（1 人）という結果となった。バスを選んだ回答者の全員が「安い」を理由としてあげている。また、「雨、排気」（5 人）の回答は、バス利用の特性として考えられる「環境によい」（0 人）という回答と対比できる。バイク利用者の個人にとって「雨、排気」（5 人）はマイナス要因であるが、社会にとって「環境によい」ことはバス利用者のプラス要因にはなりえていないのである。ホーチミンの 1 番路線におけるベンツのバリアフリーバスからヒュンダイのバスへの車種変更の理由の1 つは環境への配慮であったが、ベトナム市民の環境に対する意識はまだ低いようである。バス利用を勧めるさいに環境面での利点を訴えることは必要ではあるが、現時点で「環境によい」が 0 人であることから、ハノイ市民にはあまり影響しないと考えられる。

　ホーチミンの回答者でバイクを選んだ人は 108 人（71％）であった。「自由」（21％）の意味は、バスの時間に拘束されない時間的自由、どのような目的地でも行くことができる場所的自由、バスが通れない路地でも行くことができる空間的自由である。

---

9) 学生にとってバイクは高価なものであるため、地方出身の一般大学生が自分のバイクを所有することは容易ではないという経済的事情も背景として考えられる。
10) 2011 年 10 月 1 日にホーチミン市発展研究院にてインタビュー。
11) 公務員が率先してバスに乗るキャンペーン、バスチケットの半券を応募することで景品が当選するキャンペーンなど。

第 3 章　ベトナムの市民にとってのバリアフリー

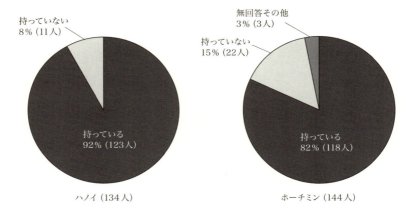

図3-11　バイクの所有

同市においてバスを選んだ回答者は 34 人であるが、複数回答であったため 6 人はバイクも選んでいる。

③ バイクの所有

(3) ② の質問の目的は、いちばんの外出手段を知ることであった。ベトナムにおける最大の交通手段としてバイクが想定されたので、バイクの所有率を明らかにする。これにより、バイクの所有に対する公共交通手段の利用が考察できる。

ハノイの回答者の 9 割以上、ホーチミンの回答者の 8 割以上がバイクを所有している。ハノイは回答者の 92％がバイクを所有しているが、このなかでバイク以外を主たる移動手段として利用している割合は 7％ (12 人) であり、自動車 (4 人)、バス (6 人)、自転車 (1 人)、徒歩 (1 人) という結果である。一方、ホーチミンは回答者の 82％がバイクを所有しているが、いちばんの交通手段にバイクを利用する回答者の割合は 72％ である。バイク以外の交通手段であるが、ホーチミンは自由回答方式であるため、複数回答が多々みられた。このため、バイクを有していながらもバイク以外の別の交通手段を利用する点に着目したところ、この割合は 12％ (17 人) であり、タクシー (1 人)、バス (12 人)、バイクタクシー (セオム、4 人) という結果である。

④ バスの利用頻度

交通バリアフリーの前提となるバスについて、バスがどのくらい使われているかを考察する。バスの利用頻度についても、日本人の生活習慣との相違が明

134

3・2 市民の意識調査──アンケートの集計結果から

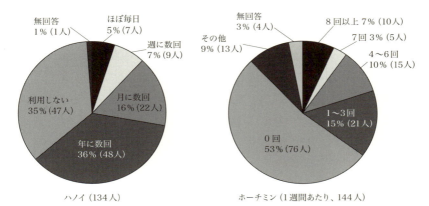

図 3-12 バスの利用頻度

らかになっている。鉄道が未発達なベトナムにおいては、バスは遠距離の主たる移動手段であり、地方出身者が帰省のときに利用するものである。それゆえ、月に数回、年に数回という回答者は遠距離バスの利用者であると考えられ、週に数回の利用者までが、バリアフリー化された公共交通機関の対象者となる。バスの頻度に関するハノイの選択肢をホーチミンの回答の内容に置き換えた場合、ハノイの回答の「ほぼ毎日」(5％) が、ホーチミンの回答者における1週間に「4〜6回」(10％)、「7回」(3％)、「8回以上」(7％) の合計20％に相当する。ハノイの回答の「週に数回」(7％)、「月に数回」(15％) は、ホーチミンの1週間に「1〜3回」(15％) に相当する。ハノイの回答の「使わない」(35％)、「年に数回」(36％) が、ホーチミンの1週間に「0回」(53％) に相当する。このことから、ハノイにおいてバスを通常利用する回答者は5％であるのに対し、ホーチミンの回答者は20％。日常的にはバスを利用しない回答者は、ハノイでは71％、ホーチミンでは53％と考えられる。

この点に関し、高木資料はハノイの5600人 (バス利用者3600人、非利用者2000人) を対象に2011年8月にアンケート調査を行っている。このデータの「利用者の特性」から判断すると、バス利用者の利用頻度が「毎日」(71.1％) である。これらのことから、7割あまりが定期的にバスを利用していることがわかる。

ここで、筆者の調査によるハノイの回答者のなかの「日常的にはバスを利用しない」(71％) と高木資料の利用頻度の「毎日」(71.1％) の間の齟齬があるようにみえる。しかしながら、高木資料のアンケートは「利用者」の特性である

135

ことから、「毎日」(71.1%) の対象者は利用者であり、なおかつこの利用者の特性として「学生を中心とした低所得者層を中心とした利用が多く、割安の定期券利用が大半を占めている」とある［高木 2013:7］。また、「定期券（1 か月）の利用状況」のデータにより、バス利用者の 71.0%が定期券を利用していることがわかる。したがって、高木資料の「毎日」(71.1%) と定期券の利用者は、ほぼ重なっていると考えられる。これに対して、筆者の調査データは一般的なデータであるため、「バスの利用者」に限定して調査を行った場合と異なった結果になる。

⑤ バスを利用する場合

　ホーチミンのアンケートでは、バスを利用する理由を質問した。これは、バイクを利用せずにバスを利用するのはどのような場合であるかを知るものである。選択肢にバイクとバスがある場合、バスを選ぶ理由と考えることもできる。この回答は多岐に分かれたため、回答者の傾向よりバスを利用する事例の理由から考察する。「通学」(12%)、「遠方」(28%)、「帰省」(8%) の合計 48%は、バスとバイクの選択肢があっても迷わずにバスを選択すると考えられる。一方、「やむをえず」(15%)、「雨」(6%) の合計 21%は、本来バイクを利用したいがバイクを選ぶことができない事情である。さらに「やむをえず」の理由の大部分は、バイクが故障した場合であった。

　既述のベトナム人のバス利用目的より、導き出したホーチミンのアンケート結果の項目から「遠方帰省」を除外し、日常のバス路線利用者に対象を絞る。「やむをえず」という回答者は、バイクが故障したという場合がもっとも多いのであるが、「やむをえず」といえどもバスが利用可能ということは、使えるバス路線が存在しているにもかかわらず、バスを選択せずにバイクを利用するという点で注目に値する。この点において、「場所の都合」を選択している回答者は、目的地へ行くのに都合のよいバス路線が存在するためバスを選んだという回答者と対照的である。(3) ②と③のアンケート結果から、バイクを所有にしているにもかかわらず、おもな交通手段としてバスを選択した回答者は、ハノイで3%（6 人）、ホーチミンで8%（12 人）である。また、先進国の回答によくみられる「環境」は 0%である。

　「その他」に含まれる回答のなかには、「くつろげる」、「安全」、「眠れる」などの、バスの快適さが選択理由と考えられるものがあげられている。これらは、バイ

3・2 市民の意識調査——アンケートの集計結果から

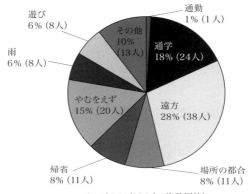

図 3-13　バスを利用する理由　　　　ホーチミン（134人、複数回答）

クという選択肢のない「やむをえず」とは異なり、バスとバイクという2つの選択肢が明確にある条件において、バスを選ぶ理由である。つまり、バスの優位性といえる。ホーチミンはキャンペーンを行い、バスの利用を勧めていた。「雨の場合」を含め、このような利用者にとっての快適さをバスの優位性として強調できることにより、バイクからバスの利用へ喚起させることは可能ではないだろうか。

　また、高木資料におけるハノイのバス利用者の3600人の特性として顕著なのは、おもな利用目的が「通学」（53.2%）と「通勤」（21.0%）だということである。「定期券利用者」が71.0%であることから、これらの項目とは相関関係があると考えられる。利用する理由として「安さ」（44.0%）、「利便性」（43.4%）が高いことは、7割あまりの利用者にとって、通勤や通学に便利なバス路線が設定されているため、安く移動できることが理由であると考えられる。そして高木が指摘するように、快適性や定時制に対する期待感が少ない。

　さらに同データによると、ハノイの非利用者である2000人がバスに求めるサービスは、「定時制」（13.2%）、「料金」（12.5%）、「バス停留所へのアクセス」（12.2%）、「バスの安全性」（12.0%）である。また3600人の利用者のマイナスの評価は、「渋滞」（24.5%）、「バス停留所へのアクセス」（21.0%）、「バス車内の衛生面」（19.6%）、「バスの安全性」（20.9%）である。非利用者が求めるサービスを改善したならば、バスを利用するようになる可能性がある。

　非利用者が求める「定時制」と利用者が嫌がる「渋滞」には、相互依存の関

137

第 3 章　ベトナムの市民にとってのバリアフリー

係がある。渋滞があるがゆえに、定時制を実現できないからである。したがっ
て非利用者はバイクを利用するという、負のスパイラルとなっている。

　バスに対して両者が共通して求めることは、「バス停留所へのアクセス」と
「バスの安全性」である。「バス停留所へのアクセス」には 2 とおりの意味が
考えられる。1 つ目として、既存のバス路線に停留所の数を増やすこと。2 つ
目として、拡大解釈となるが、現在のバスが通っていない路線に（バスを通し
て）停留所を増やすこと。ホーチミン市障害者職業訓練支援センターの生徒た
ちがバスを利用しない理由としてあげたのは、彼らが利用したい路線にバリア
フリーバスが通っていないことであった。また 104 番路線にも同様のことがい
える。広い意味において「バス停留所へのアクセス」が改善されるならば、障
害者の移動の負担を軽減できるため、要求とも合致する。このことは、バス停
留所の数を増やしたり、あるいはバス路線を拡大することで、この問題は解決
できる。

　「バスの安全性」に関しては、高木資料によると、「車内の治安（スリ、窃盗）」「乗
務員の接客態度と安全運転」が問題としてあげられている。これらに関しては、
管理局に苦情が多く寄せられているということである。前者に関してはモラル
の問題[12] であり、後者に関してはバス会社の教育で解決できる。

⑥ 地下鉄

　新しい公共交通機関である地下鉄の認知度を知るための質問である。この調
査は、2012 年 8 月 26 日のホーチミン地下鉄 1 号線の着工がニュースで報道さ
れる以前に行っている[13]。

　ハノイにおいて地下鉄工事の実施が明確になっていないにもかかわらず、回
答者の 63％がハノイに地下鉄が開通することを知っている。さらに「きっと
乗る」(43％)、「たぶん乗る」(50％) を合計すると、93％が利用を考えている。
このことは地下鉄への期待とも考えられる。

　一方、ホーチミンにおける地下鉄工事の認知度は 56％であった。70％が利

12）台湾の交通研究所の馮教授によると、台湾では子供のころからモラルを理解してはいるが、
　　このことに対して実効性を持たせるもっとも効果的な方法は罰金であったと話した（2013 年
　　5 月）。

13）筆者の個人的印象であるが、2013 年の調査中、ホーチミン市の地下鉄建設着工の話題を出
　　しても、知らない一般住民がかなり多かった。2018 年の調査中、日常の会話に、「地下鉄が
　　できたら」と出てくるようになった。地下鉄への期待がうかがえる。

138

3・2　市民の意識調査——アンケートの集計結果から

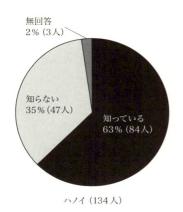
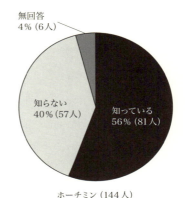

図3-14　地下鉄開通の認知度

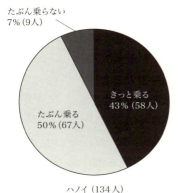
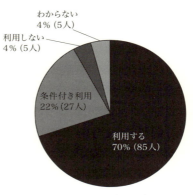

図3-15　地下鉄利用の意向

用すると回答している。これに反し、「条件付き利用」(22％)、「わからない」(4％)は慎重な回答である。ホーチミンの22％の回答者の条件とは、料金、路線の利便性などをみてから乗車するかを決めるというものであった。地下鉄は2020年に開通を予定している。建設現場をみると、郊外では高架型である。筆者が台北の調査をしたさい、高架部分に関しては安全面に対する不安から、反対も少なくなかったという。この台北の調査データをふまえると、開通から安全性を確認するまでの慎重な期間が存在すると考えられる。しかし、安全性が確認された後は、市民の積極的な受け入れ姿勢から、路線の地理的条件を考慮することにより、バイクの利用者がバスと地下鉄の公共交通機関を併用する

第3章　ベトナムの市民にとってのバリアフリー

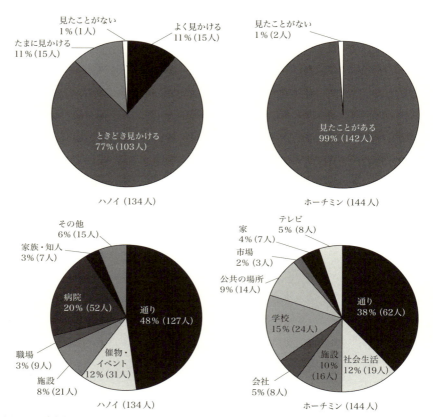

図3-16　障害者を見かける頻度と場所

ようになると期待できる。

(4) 障害者に対する意識——心のバリアフリー　その1
① 障害者の目撃の頻度と場所（場所は複数回答可）

　日常生活において2大都市の住民は、障害者とどのような交流をしているのかを探る。両都市において、「見たことがない」という回答が1％存在する。ホーチミンの回答における「テレビ」(5％)[14]は、本質問の趣旨としている交流に

---

14) ベトナム国内のテレビの全国ネットにおいて、障害者をテーマにしたドキュメンタリー番組が毎週放送されている。この経緯や目的をMOLISAの担当者に質問したが、明確な回答を得られていない。

3・2 市民の意識調査——アンケートの集計結果から

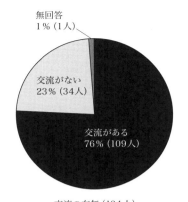

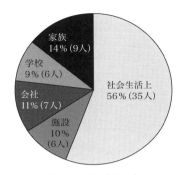

図 3-17　障害者との交流(ホーチミン)

は含まれないが、実際に「テレビ」だけを回答した人数は 2 人だけであるため、集計結果に大きな影響を与えないと考えられる。

「見たことがある」という回答のうち、ハノイにおける「家族・知人」(3%)、「職場」(3%)、ホーチミンにおける「家」(4%)、「学校」(15%)、「会社」(5%)は、身近なところで障害者が生活していることを意味する。また、ハノイにおける「職場」(3%)、ホーチミンにおける「学校」(15%)、「会社」(5%)は、障害者の社会参加を示す数値である。現段階でもこのような社会参加が可能になっているので、今後バリアフリー化が進むことにより、社会参加の数値が上昇するのではないだろうか。ホーチミンで調査票を配布した大学では、障害を持つ学生が 10 人ほど通学している。しかしながら、同大学のバリアフリー化された設備は段差を残す箇所が多く、歩行不能で車椅子を利用している者にとってはまだ厳しい環境といえる。

② 障害者との交流

この質問では、住民と障害者の交流の関係を探った。さらに 2 者の関係が、障害者の社会参加にまで発展しているか否かを探る。

ホーチミンの調査で「ない」と答えた回答者は、無回答者を含めて 24%にすぎない。「ある」の回答のうち、「家族」(14%)、「会社」(11%)、「学校」(9%)と答えた回答者は、日常生活において日々障害者と接していると考えられる。また「会社」(11%)、「学校」(9%) の回答から、(4) ①の調査結果と同様に、ホー

第 3 章　ベトナムの市民にとってのバリアフリー

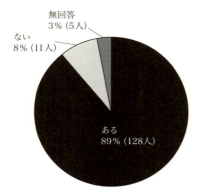
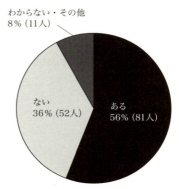

先進国は福祉政策が進んでいる印象があるか　　　ベトナムは福祉政策を行っている印象があるか

図 3-18　障害者政策についての印象

チミンにおける障害者の社会参加の環境が整ってきていると推定できる。
　ハノイの調査では、パラゲームにより障害者を初めて見たという回答もあった。またハノイにおいて、「話をしたことがある」の回答が7割近く得られた。かなり高い数値であるが、これだけでは交流の深さがどの程度なのか探ることができない。この数値から障害者との交流があったと判断することは難しいので、ハノイのこの質問項目を本データから除外した。
③ ベトナムは障害者に対する政策を行っているか
　『交通バリアフリー』の推薦文では、「ベトナムのバリアフリーは30年遅れている」とされているが、ベトナム国民は自国の障害者政策に対してどのような印象を有しているかを問う質問である。先進国の福祉政策を喚起し、ベトナムの福祉政策についてどのような印象を持っているのかを導く。記述形式で理由も書いているので、ベトナムの障害者政策がどれほど社会の人々に認知されているかを導き出すことができる。
　欧米の福祉政策を念頭に、ベトナムは障害者政策を行っている「印象がある」（56％）とした回答者の多くは、障害者雇用と障害者の学校教育を理由にあげた。56％が障害者の雇用と教育を認知していることは、ベトナムの政策が認められているということである。一方で、ベトナムの福祉政策の印象がないと答えた回答者は、欧米と比較して遅れていることを理由としていた。ただし本質問は「印象」をたずねていることに留意する必要がある。アンケートの回答者には

3・2 市民の意識調査——アンケートの集計結果から

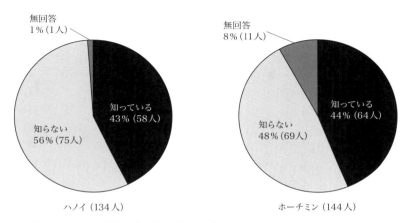

ハノイ（134人）　　　　　　　　　ホーチミン（144人）

図 3-19 "Giao thông tiếp cận"（交通アクセシビリティ）という語句の認知

福祉系の学生が多数いることもあり、現時点における自国の福祉政策に満足していないことの表れであるのかもしれない。

(5) 障害者と交通——心のバリアフリー その2
① "Giao thông tiếp cận"（交通アクセシビリティ）という語句の認知
　「交通バリアフリー」に相当する "Giao thông tiếp cận" という用語が、ベトナムにおいてどのくらい普及しているかを探った。
　法律と議決の条文に「バリアフリー」を意味する tiếp cận が 2002 年から使用されているにもかかわらず、2011 年と 2012 年に筆者が行ったアンケート調査によると、両都市において、無回答も含めると半数以上がこの用語を知らない。この用語は一般社会にまだ浸透していないようである。さらに、「知っている」という回答者のうち数人から、「補助する器具」という回答が得られた。当初、この回答の意味を理解できずにいた。しかし、ホーチミンにおいて「知っている」と答えた回答者のなかに、「車椅子」という回答が3例みられたことから、回答者の認識では tiếp cận の定義を「バスに乗車できること（バリアフリーであること）」とは考えずに、「（家から）バスに接近（アクセス）すること」と考えていることがわかった。つまり、ベトナム人のなかには、「公共交通機関へのアクセシビリティ」の前提条件として車椅子が最初に必要であり、車椅子を利用できる環境があってはじめて公共交通機関にアクセスできるととらえてい

143

第 3 章　ベトナムの市民にとってのバリアフリー

写真 3-2　車椅子の支給を受けた傷病兵の男性
届けられたばかりの車椅子の箱（左上）と組み立て作業（左下）。夫妻は歩行不能になってから初めて、散歩に出かけることができたという。

る人がいるということである。アンケートをとった時点で、ベトナムでは障害者が車椅子を家で利用することを前提としてとらえておらず、特別な移動手段としてとらえていることを示している。この点については、障害者が家のなかで車椅子を利用していることを当然として、遠距離移動するための公共交通機関のバリアフリーを考える日本とは異なる。これは、用語としての tiếp cận の浸透の度合いを示すと同時に、社会環境の相違点を示す興味深いアンケート結果である。この点は、2013 年のインタビュー調査でもわかったことである。対象者は法律上優遇されているはずのベトナム戦争の傷病兵であり、歩行不能でありながらも、自己の車椅子を所有していなかった（写真 3-2）。このような出来事も含めて考えると、車椅子が十分には支給されていない社会環境のため、「（家から）バスに接近（アクセス）する」には、まず家から車椅子に乗って外に出るという段階から考える可能性は十分にある。

② リフト付きバスを知っているか

ベトナムにおいて、車椅子での外出をサポートする公共交通手段の可能性について調べた。筆者のプレ調査において、リフト付きのバスがベトナムにもあることは知られていなかったためである。ハノイにおいては、リフト付きバスは運行していなかったので、リフト付きバスに対する情報の有無以上の質問をしていない。一方、ホーチミンにおいては 4 つの路線で同バスが運行していた

3・2 市民の意識調査——アンケートの集計結果から

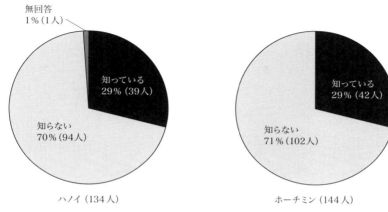

図 3-20 リフト付きバスの認知度

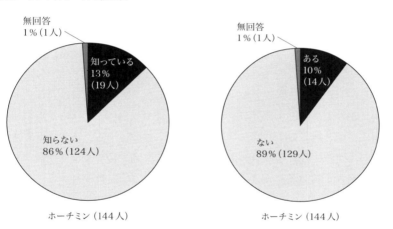

図 3-21 リフト付きバスがホーチミンにあることの認知度　　図 3-22 リフト付きバスのホーチミンでの目撃

ので、同バスがどのくらい知られていたかまでを探る。

　リフトが設置されたバスについて、両市において約 3 割の回答者が情報として知っていることがわかる。しかしながらホーチミンにおいて、リフト付きバスがベトナムで運行していたことを知っている回答者の数は半減する。さらに目撃の有無[15]に対し、回答者の 1 割だけが「見たことがある」と回答している。

　15) 2011 年のアンケート調査の段階で、運行中のバリアフリーバスは 39 台であったが、リフトがつかないワンステップバスも含まれているため、リフト付きバスの数はさらに少ない。

第 3 章　ベトナムの市民にとってのバリアフリー

バリアフリーバスを「知っている」（13%）と「見たことがある」（10%）の2つの回答には大差がない。リフト付きバスが知られていない理由として、障害者の利用が少ないため、目撃する機会がないということが考えられる。さらには、マスメディアの報道も手薄であるのかもしれない。1割という数値は筆者のプレ調査と比較すると多いが、リフト付きバスの普及が実際の利用には結びついていないことを示す数値でもある。

③ 車椅子用のバスは必要か

ベトナム人は車椅子ごと乗れるバスについてどのように考えるかを探る。ほぼ100%の回答者がリフト付きバスを「必要」と選択した。しかしながら、前の質問に対し回答者の7割が「知らない」と回答しているので、想像と現実との整合性がとれていないことは十分に考えられる。

ホーチミン市公共交通管理センターの話では、ノンステップバスを導入できない大きな理由として採算性をあげている。今回の調査では、ノンステップバスの値段の情報を回答者に与えずに質問している。もし購入価格が5割増しであることを告げたら、約100%だった数値がもっと下がることは十分に考えられる。しかしながら、障害者が乗車できるバスを「必要であるか」か「不要であるか」と考えたとき、回答者のほぼ全員が「必要である」と回答したのである。この数値はクチ行きのようなワンステップバスであっても、車椅子のまま乗車できるバスが存在したならば、車椅子の乗車に時間がかかってもほかの乗客が待つことを期待できる数値と考えられる。さらに、「必要」と答えた回答者の

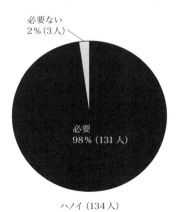
ハノイ（134人）

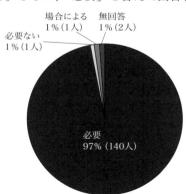
ホーチミン（144人）

図 3-23　車椅子用バスの必要性

多くが、「必要か否か」を問うだけの質問であったにもかかわらず、「障害者にも権利がある」と積極的な理由をあげていた。「障害者の社会参加につながる」という回答からも、障害者の社会参加に対する理解が高いことがうかがえる。

ところで、アンケートの質問項目である「ベトナムの障害者政策について」と「バリアフリーバスについて」では、回答者の記述に"hòa nhập cộng đồng"（社会統合）という用語の使用が多くみられた。この hòa nhập（溶け込む、一体化する）はもともと、知的障害児が普通学級でいっしょに学ぶ統合教育（giáo dục hòa nhập）を示す国連の用語、「インテグレーション」（integration）のベトナム語訳であると考えられる。日本では「インテグレーション」[16] のまま使われることも多いが、ベトナム社会においては hòa nhập としてかなり普及し、1998年の「障害者に関する法令」第16条1項でも

Việc học tập của trẻ em tàn tật được tổ chức, thực hiện bằng các hình thức học hòa nhập trong các trường phổ thông, trường chuyên biệt dành cho người tàn tật, cơ sở nuôi dưỡng người tàn tật và tại gia đình.（障害児の勉学は、各普通学校、障害児のための専門学校、障害者施設、家庭において、インテグレーション方式により実現される）

のように使用されている用語である（下線は筆者による）。この用語は障害者法の前文においても、

Bảo vệ, chăm sóc và tạo điều kiện cho người tàn tật hòa nhập cộng đồng là những hoạt động có ý nghĩa kinh tế, chính trị, xã hội và nhân văn sâu sắc, là truyền thống tốt đẹp của dân tộc ta（障害者が社会統合する環境を守り、配慮し、作ることは、深い経済的、政治的、社会的、人類文化的な意義を有する活動であり、我が民族の美しい伝統である）

のように使用されている（下線は筆者による）。日本では近年、「インクルーシブ社会（共生）」という表現もあり、障害者の社会参加をうながすうえで、hoà

16）最近の教育現場における目標は、インテグレーション（統合）教育からインクルーシブ（包摂）教育へ変化している。

第 3 章　ベトナムの市民にとってのバリアフリー

nhập という考え方は重要な役割を果たすのではないだろうか。

④ 車椅子の乗客が乗車するまでどのくらいの時間を待てるか

　バリアフリーバスを実際に導入したさいに、「車椅子の乗客が乗車するまでどのくらいの時間を待つことができるか」という質問である。車椅子の乗客を載せるために、バスは一時停車しなければならない。筆者の体験に基づくものであるが、車椅子での乗車は介助機器の操作に時間がかかるため、ほかの乗客から疎まれることもある。プレ調査のさいにあった「車椅子の乗客がバスに乗り終えるまで、ベトナム人がバスのなかで待つことができるとは思えない」という回答は、筆者の体験と合致している。この質問により、住民たちの意識を探る。

　バスの介助機器を利用して乗車するのにかかる時間は平均 4 分 53 秒、最長で 9 分 5 秒である［堀田ほか 2005］。したがって、最長時間にトラブルがある場合も考慮し、約 10 分を基準にして考えると、「乗り終わるまで」も入れると回答者の約 5 割が車椅子での乗車を待つことができるとしている。乗車にかかる時間を平均時間の約 5 分とすると、回答者の約 8 割にまで増える。しかしながら、(3) ④「バスの利用頻度」の回答では、ハノイの 71％、ホーチミンの 54％が日常的にはバスを利用していないため、現実を認識できているか否かは不明である。ホーチミンのリフト付きバスを見たことがある回答者 13 人に限定して回答をみると、「乗り終わるまで」が 6 人、「5 ～ 10 分」が 7 人である。この回答者 13 人が、リフト付きバスに同乗していたのか、リフトを使う光景を通りで見ていただけなのかまでは不明であるが、この数値は現実的な回答と考えられる。

　また、待てる時間を「30 分」や「1 時間」と回答したハノイの 3 人を「20分以上」(4％) に含めた。ホーチミンでは「20 分」よりも大きな数値の回答がなかったことと、先行研究の平均約 5 分やトラブルがある場合の平均約 10 分と比較して、乗り降りにかかる時間の「30 分」や「1 時間」を「20 分」と区別することに特別な意味があると考えなかったことによる。また、「車椅子が乗り終わるまで待つ」という回答に対し、およその数字を含め具体的な数値が記述されていたものは待ち時間の項目に分類し、「乗り終わるまで」という回答のみを「車椅子が乗り終わるまで待つ」の項目に分類した。「車椅子が乗り終わるまで待つ」の回答者であるハノイの 12％ (16 人) とホーチミンの 22％ (31

3・2 市民の意識調査——アンケートの集計結果から

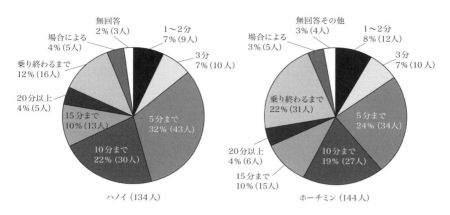

図3-23 車椅子の乗客の乗り降りを待てる時間

人）とハノイの回答者の「20分以上」4％（3人）の回答者は、現状では車椅子の外出には大きな制約があり、車椅子での乗車にも多大な時間がかかり困難なものととらえていると考えられる。

結果として、「車椅子が乗り終えるまでベトナム人が待つことができるとは思えない」というプレ調査の回答は、ハノイ「1～2分」(7%)、「3分」(7%)、「場合による」(4%)、「無回答」(2%)、ホーチミン「1～2分」(8%)、「3分」(7%)、「場合による」(3%)、「無回答」(3%) に相当すると考えられるが、少数（約2割）であった。一方、筆者のベトナムにおける調査の経験上、車椅子での乗車に時間がかかることを「困難な状態にある」ととらえた場合、待つことができないベトナム人は何もしないで待つことはせずに、早く出発できるように手伝うなど、何らかの積極的行動に移すと考えられる。2・3節（3）で掲載したベンタイン市場における写真のように、バイクタクシーの運転手たちの様子からも、筆者が日本国内で体験したような気まずい状況は、回避できるのではないだろうか。

これらの調査結果から導き出せるのは、ベトナムにおける心のバリアフリーが、国民全体に広く及んでいるということである。ベトナムの心のバリアフリーを、序章の方法論で考えたならば、① 障害者に対する「理解」はあり、② 市民が障害者に手助けをしている[17]ことから、「受容」に対する反論はないと考

---

17) ベトナムのタクシー運転手が筆者を抱きかかえて載せることは日常である。運転手が体力的に無理な場合であっても、通行人が手伝いを買って出る。

第 3 章　ベトナムの市民にとってのバリアフリー

えられる。市民の「受容」により、障害者の社会参加が可能となる。ところで、③ 社会の「共有」はどうであろうか。社会に参加している障害者がいるのだから、ゼロではない。しかしながら、社会における「共有」を大きく感じられないのは、バリアフリーのハードが不足していることが理由となっているという点を否定できないであろう。

　ベトナムの心のバリアフリーは、今後のベトナムのバリアフリー化にとって重要な因子として考えられるので、6・3 節において再考する。

3・3　小括

　アンケートを通して、ベトナム市民がバリアフリーをどのように理解しているかを探り、同時にバイクから公共交通機関への移行の可能性も探った。

　先進国においては、第 1 章のとおり、バリアフリー社会を形成するにあたり多数派の社会が大きく影響する。ベトナムのバリアフリーの 3 者に対して、社会の支持は障害者側に向いているように考えられる。しかしながら、社会が障害者側を支持していても、社会システム上、政府、事業者に影響を与えるまでには至っていない。この理由として、「ベトナムは貧しいからしかたがない」という言葉を聞くことになる。

　今回の調査は、20 代後半の女性会社員が平均的な回答者像となっている。アンケートからみえるベトナム人の生活習慣では、通勤や通学以外に「買い物」や「市場」など、1 時間以内の外出をひんぱんに行うようである。つまり、近距離の外出のためにバイクを日常的に使っていると考えられる。さらに、2 割の回答者が娯楽のための外出をしている。ベトナム人にとってはバイクは移動手段であるだけでなく、娯楽のための手段でもある。バスは移動手段の選択肢に含まれているが、回答者のおもな外出手段は圧倒的にバイクである。この理由は、バスが決められた路線しか走らないのに対し、バイクは機動性に富み、自宅から目的地まで待ち時間なく早く到着できることである。これに対しバスを選んだ回答者は、バイクのガソリン代よりも安く、雨や排気などを避けられることを理由にあげている。

　このようなバイク社会ではあるが、バイクが渋滞時に歩道上を走り抜けたり、停留所に一時停止しているバスと歩道の間をすり抜けたりすることは、公共交

通機関のバリアフリー化を阻害する要因の 1 つとなっている。また、ベトナム政府もバイク社会が渋滞の原因だと考えているため、政策としてバイクから公共バスへ利用者を移行させることにより、バイクの台数 [18] を減少でき、渋滞を緩和できると考えている。そこで、国家の政策に障害者を包摂させることを考える。公共バスを利用する市民の数が増加したことにより、新たなバスが必要となる。そして、この増加するバスのなかに、バリアフリーバスも含める。これにより、障害者が社会参加する機会を増すことができると、筆者は考えている。さらに、バイク利用者をバスや地下鉄など公共交通へと移行できる環境を創出することで、交通整備が可能となり、障害者の社会参加の可能性が広がる。しかしながら、これまで政府が行ってきた「バス乗車」のための政策は、市民にとって魅力的には映っていないようである。

　障害者に対するベトナム人の意識であるが、6 割弱の回答者がベトナム政府の障害者政策を実感している。この反面、リフト付きバス自体を知っている回答者が少ないのは、障害者が多いにもかかわらず、移動手段としてのリフト付きバスが利用されていないからである。地下鉄の情報を有している回答者の数も 6 割程度であったことから、ベトナムにおいてはマスメディアの情報がそれほど社会に伝わらないことも考えられる。9 割以上のベトナム人が、障害者の社会参加のためにリフト付きバスが必要だと考えている。日本の内閣府は、「国民誰もが、支援を必要とする方々の自立した日常生活や社会生活を確保することの重要性について理解を深め、自然に支え合うことができるようにする」ことが心のバリアフリーと考えている。筆者の調査中、リフトでバスに乗車するときに助けに集まったセオムの運転手、建物の段差前で手助けに集まったタクシー運転手、アンケートの回答者の考えをみても、ベトナムでは心のバリアフリーが生まれつつある。日本において、心のバリアフリーの本来の意味は、障害者に対して偏見を有さない理解であることから、困っている人を目にしてすぐに助けに集まってくるベトナム人の習慣は、障害者理解が進んでいるといえる。このことと、バリアフリーを理解するために必要となる障害の理解とは別ものであることには留意しなければならない。この点は、家族に障害者がいたり、職場、学校において障害者と交流する機会があったりするということが、

18) 2010 年のベトナム都市部におけるバイク保有率は 85.1% である。

第 3 章　ベトナムの市民にとってのバリアフリー

回答に影響しているのであろう。経済的理由もあり、バリアフリー化がなかな
か進展しないベトナムであるが、今後ハード面が整えば、社会のバリアフリー
化が加速することは十分にありうる。一方で、ベトナムの経済力がさらに上が
ることにより、ベトナム社会はただちにバリアフリー社会へと変容するのかと
いう疑問も生まれる。

　第 2 章と第 3 章でベトナムのバリアフリー化の問題点としてあげられたのは、
経済力、社会主義体制（言論統制）、バイクの渋滞である。これらはベトナムの
特徴ともいえる。そこで次章ではこれらの問題点に関連して、経済力がある福
祉先進国ではなく、東アジアの諸都市のバリアフリー化の事例を考察する。

第 4 章
他都市のバリアフリー

　ベトナムのバリアフリーについて、第2章では政府、事業者、障害者、第3章では社会の観点より論じた。本章では、ベトナムのバリアフリーをさらに進展させるための方策を、ベトナムと共通の特徴を有する東アジアの3都市、社会主義国家である北京（4・1節）、福祉途上地域である東南アジアでバリアフリー化を進めるバンコク（4・2節）、バイク社会で都市交通のバリアフリー化を実現した台北（4・3節）の事例から論ずる。3都市との比較を通じて、ベトナムが今後進展させるバリアフリー化について考察する。

4・1　北京 ── 社会主義とバリアフリー

　中国とベトナムを比較した場合、両国に共通する特徴は社会主義国家という点である。個人の自由よりも社会システムが優先されることが多い社会主義体制において、バリアフリーが進展するか否かは、日本国内のバリアフリー研究者の間でも関心事の1つである。中国は広大な国家であるため、中国全体のバリアフリーを総じて論じることは難しい。そこで、社会システム上、中央政府との関係が強い北京のバリアフリー化について論ずる。

　最初に政府の動きとして、法整備、障害者事業、障害者連合会から、北京のバリアフリー化の経緯を確認する。次に筆者のフィールドワークにより、事業者が供給するバリアフリーの変化を、バリアフリー動線の観点から報告する。そして障害者へのインタビューを通じて筆者の観点とのすり合わせを行い、北京のバリアフリーに対する障害者の意識を明らかにする。小括として、(1) 経済力とバリアフリーの関係、(2) 社会主義とバリアフリーの関係、(3) オリンピック・パラリンピックとバリアフリーの関係、(4) 北京と上海のバリアフリーの

153

第4章　他都市のバリアフリー

差異と原因、を論ずる。

4・1・1　政府からのバリアフリー化

（1）中国における障害者

　中国では障害者を表す語として「残廃人」が使われていた。現在用いられている「残疾人」は、1984年の「中国障害者福利基金」創立のさいに、会長の鄧撲方[1] が廃人という呼び方を好まなかったため、副会長の王魯光たちと2日間話し合って決めた語句である。最終的に、人道的で客観的な言葉から「残疾人」を選んだ［王魯光記念館］。

　2006年12月1日、中国国家統計局は2006年第2回全国障害者サンプル調査主要データ公報として、中国における障害者人口を8296万人、全人口における障害者の比率は6.34％と発表した[2]。1987年の第1回調査における障害者の割合は4.90％（5164万人）であったことから、小林昌之はこの増加の原因について、①総人口の増加、②人口年齢構造の高齢化、③障害基準、認定方法の改定による対象者の拡大、④社会環境因子の影響をあげている［小林 2013:7］[3]。

（2）バリアフリーに関連する法律と障害者事業

　バリアフリーは中国語で「无障碍」（無障碍）と表記される。「障害物がない」という意味であることから、英語のバリアフリーを翻訳したものだと考えられる。またユニバーサルデザインは「通用設計」という。中国におけるバリアフリーに対する取り組みは、「障害者に関する世界行動計画」、「障害者の機会均等化に関する基準規則」、「アジア太平洋地域の障害者の完全参加と平等に関する宣言」など国連の影響が大きい［中国残疾人联合会 2002:786-787］。

　1982年に改正された現行憲法の第45条において、それまでの高齢者、疾病者または労働能力喪失者に対する社会保険、社会救済、医療衛生の提供という

1）鄧小平の息子である。
2）中国障害者連合会のホームページでは、同一の第2次全国サンプル調査の結果でありながら、障害者の数をその後、約6416万人、8502万人と推定している。
　　障害者連合会による解説（2007年11月21日付）
　　　http://www.cdpf.org.cn/sjzx/cjrgk/200711/t20071121_387537.shtml
　　障害者連合会による発表（2012年6月26日付）
　　　http://www.cdpf.org.cn/sjzx/cjrgk/201206/t20120626_387581.shtml
3）2013年7月6日、東京において開催された「障害者の権利条約の実施過程に関する研究会」の資料。

4・1　北京——社会主義とバリアフリー

一般的な社会保障の規定に加え、新たに障害者を対象に、「国家と社会は視覚・聴覚・言語障害その他の身体障害をもつ公民の労働・生活と教育を援助し処置する」と明文規定を設けた。障害者の合法的な権益を保護するという概念が法律上登場し、民法通則や障害者保障法の制定に発展していった［小林 2008:143-147］。

　1984 年 3 月、障害者事業の活動として、肢体不自由者の鄧撲方が会長を務める中国障害者福利基金会が設立された。それ以後、障害者の「平等と社会参加」[4) の環境づくりに取り組み始める。

　1985 年 3 月、中国で初めて「障害者と社会環境」に関する研究会が北京で開催された。研究会の席上、中国障害者福利基金、北京市障害者連合会、北京市建築設計院連合が、「障害者の利用しやすい環境の構築」という提議を行った。具体的には、公共施設入口の階段へのスロープの設置、歩道の段差の解消、公衆トイレの障害者対応、劇場での車椅子エリア、大型公共建築における障害者向けエレベーターと車椅子の配置、繁華街における音感信号機、バス停における点字ブロックなど、10 項目の提案である［中国残疾人联合会 2002:787］。

　1986 年 7 月、第 6 期全人代の提案に基づき、建設部、民生部、中国障害者福利基金会は、北京市建築設計院と北京市市政設計院に対し、国家としてのバリアフリー基準である「障害者が利用する設計規範」の作成を正式に依頼した［中国残疾人联合会 2002:787］。

　1988 年 3 月、中国障害者福利基金と中国盲人聾唖者協会をベースに、政府も加わった中国障害者連合会が成立した。第 1 回全国代表大会で、中国障害者福利基金会の会長でもあった鄧撲方が中国障害者連合会主席に選ばれた。

　障害者事業は 1988 年に制定された「中国障害者事業 5 年工作綱要」(1988 ～ 1992 年) から開始され、その後は国家全体の方針を定める国民経済社会発展計画綱要に合わせて、5 年ごとに国務院が作成している［小林 2010:67］。

　1989 年、北京市建築設計院と北京市市政設計院の両設計院は、中国国外の基準の実地調査、研究、実験、修正を経て、中国最初のバリアフリーに関する法律を完成させる。建設部はこの法律を、「障害者が使用する道路、建築物のバリアフリー規範」(以下、「規範」) という名で公布した［中国残疾人联合会

4)「国連障害者の十年」の行動計画の目標である。

155

第 4 章　他都市のバリアフリー

2002:787]。これにより、国家の関連する部署は、主要な都市、幹線道路、沿海
都市部、観光地において、公共建築のバリアフリー化の工事を行った。この研
究会の提議に対する北京市の反応は素早く、上海、深圳、広州、瀋陽、南京、
天津など地方大都市の政府も具体的な規定を定めた。

　1990 年 12 月 28 日に、中国の障害者の法律である「中国障害者保障法」が
公布される。同法 46 条において、「国家と社会は『規範』を実行し、徐々に
バリアフリー化する」と、バリアフリーに関する条文が設けられた。同法は、
1982 年の国連「障害者に関する世界行動計画」などの要求に応えるものであ
る［小林 2006:92］。

　1995 年、国連の ESCAP（アジア太平洋経済社会委員会）は、バリアフリー化の
パイロットプロジェクトで、バンコク、ニューデリーとともに北京をモデル都
市として選んだ。バリアフリーへの「改造」を目的とするプロジェクトにおい
て、北京市は高層住宅地区の解決にあたった。ESCAP の協力により、豊台区
方庄居住区 (1.476 km²) の 15 か所の公共施設と道路において、1 年あまりにわたっ
て 23 項目のバリアフリー化の改造工事が行われ、10 月に完成した。敷設した
点字ブロックは 7856 m、歩道の段差を 165 か所解消したほか、音の出る信号
機を 2 か所、点字案内を 20 か所に設置し、公衆トイレの改造を 1 か所、高層
住宅のスロープ工事を 18 か所行った。総工費 321.3 万元（約 5200 万円）［北京市
地方志編纂委員会 1997:500］に及ぶこのバリアフリー化により、北京市は ESCAP
から表彰を受けている。

　1999 年、建設部と中国障害者連合会は「バリアフリー化をさらに推進する
通知」を行い、各レベルの建設部に検査を要請した。この検査では、「障害者
が使用する道路、建築物のバリアフリー規範」後のバリアフリー化の広がりを
高く評価している。同時に問題点として、① 政策者と建設者側のバリアフリー
に対する認識不足（少数利用者のためのもので必要性を感じていない）、② バリア
フリーに対する立法者、設計者、検査者の力量不足（バリアフリー化違反建築物
に対して、効率のよい指導ができない）、③ 既存のバリアフリー施設に対する不理
解による破損など（点字ブロック上に駐車したり屋台を並べたりすることが、破損に
つながっている）、④ バリアフリー化の施設改造が部分的であること（一部分の
バリアフリー化で終了している）、⑤ バリアフリー化の改造が系統的ではないこ
と（全体的な配慮が足りず、改造が雑である）をあげた。そして今後の対策として、

156

① バリアフリーの認知度を上げる（バリアフリーは技術力、予算の問題ではない）、② 検査項目の厳格化（進行している大型建築物の完成後、改造による無駄なコストを防ぐ）、③ バリアフリー施設の管理を強化する、④「障害者が使用する道路、建築物のバリアフリー規範」の内容を改正し続ける、⑤ バリアフリーを系統化する（設計者側にバリアフリーに対する認識を向上させ、系統的なバリアフリーを実現させる）、⑥ バリアフリーの必要部品の開発とセット化（部分的な改造ではなく、全体的に改造できるようにする）、⑦ バリアフリーに関する教育と育成（大学レベルの技術者のカリキュラムにバリアフリーに関する内容を導入し、技術者を育成する）をあげた。中国の公式見解によるバリアフリーに対する問題点として、バリアフリー化を推進する側にも問題があることがわかる。

2001 年 8 月 1 日の「規範」は、若干の改正を経て、現在の「都市道路と建築物のバリアフリー規範」に名称を改め、中国のバリアフリーの規範となる。

2004 年 4 月 30 日、北京市は「北京市無障碍施設建設和管理条例」を公布する。この条例により北京市内にバリアフリーが広がり、中国全土のバリアフリーのモデル都市としての評価を受ける。

2006 年、障害者事業第 11 次 5 カ年計画が発表される。

2007 年 3 月 30 日、中国は国連障害者権利条約に署名し、2008 年 8 月 1 日に批准を行っている。これに合わせて、2008 年 4 月第 11 回全国人民代表大会常務委員会において「中国障害者保障法」の改正を行っている。さらに同法の一条文であったバリアフリーの項目を、1 章の量に発展させた。

2008 年 11 月、鄧撲方は中国障害者連合会の会長職を定年で退き、名誉会長となった。会長は張海迪（張海迪）[5] が務めている。

2008 年には、1990 年に制定された中国保障法が改正されている。バリアフリーに関する内容も改正され、同法 53 条に「バリアフリーの建設と改造は、障害者の実際の需要に適合しなければならない」としている。1990 年版と比較して義務化されている[6]。

2008 年 3 月 28 日、国務院は障害者事業を推進させる意見として、「障害者に対し関心を向けることは社会の文明的な進歩の重要な証であり、障害者事業

---

5) 張は作家、医師、翻訳家でもあり、著書の『輪椅上的夢』（車椅子の上の夢）は日本でも翻訳され、出版されている。
6)「しなければならない」（応当：応当）が加えられている。

は中国の特色ある社会主義国家事業の重要な構成要因である」と発表している［国務院公報 2008］。

2009年、障害者事業第12次5カ年計画が発表される。

2012年より海外のバリアフリー法を参考にしつつ、中国の経験を加味した「無障碍環境建設条例」が施行される。

2016年、障害者事業第13次5カ年計画が発表される。

以上が、政府が障害者に向けて行った大きな政策である。社会主義国家らしく、政府が率先して政策を行っていることがわかる。中国では、1953年に視覚障害者、1956年に聴覚障害者の団体が設立されている。しかしながら序章で述べたように、その時期の中国は社会主義社会であり、現在のような社会保障制度は存在せず、賃金を補完する生活保障制度であった［田多 2004:15］。このため、障害者に対する政策は途上国のように、救貧や施設の建設が中心であったと考えられる。

現代のような中国になったのは、社会システムが変化した改革開放政策以降であり、1980年代以降と考えられる。この大きな転換点として考えられるのは、憲法45条にある障害者への社会保障だと筆者は考えている。このように考えると、新憲法に同条文が加えられるような社会の変化が起きた理由は何であったのだろうか。

1つ目の可能性として、ベトナムにおけるドイモイ政策後の憲法改正と同様に、中国にも1978年の改革開放政策以降の社会の変化に対応したことである。ただし、改革開放政策が始まったのは1978年であり、憲法の公布は1982年である。さらに憲法ともなれば、草案など議論に時間がかかると考えられ、4年を下回る短い時間でこの条文をつくることは容易ではない。

2つ目の可能性として、1981年の国際障害者年に連なる国連の動きの影響があったことがあげられる。国連では、世界人権宣言（1966年）、精神薄弱者の権利宣言（1971年）、障害者の権利宣言（1975年）と、人権擁護の取り組みが活発化している。国連の常任理事国である中国も、国連のこのような活動の影響を受けていると考える。

3つ目は、障害者連合会初代会長を務めた鄧撲方の存在である。中国の社会システム上、鄧撲方が鄧小平の長男であるがゆえに、中国の障害者政策に影響を与えたことは、中国社会において広く認識されている。しかしながら、この

4・1　北京——社会主義とバリアフリー

写真 4-1　障害者連合会の建物群と正門
巨大な建物で、1 枚の写真に収まりきらない。

影響力について言及した文献資料は存在していない[7]。これらの動きが重層的に中国社会に影響した結果[8]、第 45 条の条文に加えられたのではないだろうか。

(3) 中国障害者連合会 （中国残疾联合会）

　名称から中国の各障害者団体の連合組織を想像するが、中国における障害者関連の執務を障害者と健常者が共同でとり仕切る組織である。1988 年の設立の経緯から半官半民ではあるが、現在の業務の内容は実質的には政府系組織に近い。このため、政府が行うバリアフリー化を確認する意味で、2012 年 6 月 26 日、中国障害者連合会情報中心（情報センター）の崔慧萍主任、李藜所長、周琴、同会維権部[9]の倪洋に対し、同時にインタビューを行った（写真 4-1）。この背景には、オリンピックの開催地の投票（2001 年 7 月 13 日）を前に、公園の枯れた芝生に緑色のスプレーを吹き付けて、イメージアップを図っていた光景が印象に残っていたことがある。バリアフリーもこのようなイメージアップのためのものであったならば、一過性の出来事にすぎず、北京に定着することはないからである。

　2012 年の障害者連合会のインタビュー[10]によると、当初、中国のバリアフリーは、北京を他都市のモデルとする形で実験をしながら進められたが、次第に実用性を考慮するものへと変化したそうである。バリアフリーに関する法律

---

7) 2013 年 7 月 6 日、筆者の質問に対する小林昌之の回答。
8) 2013 年 7 月 6 日、筆者の 3 つの可能性に対する小林昌之の回答。
9) 「維権」は「権利を守る」の意。
10) 2012 年 6 月 26 日。

159

第4章　他都市のバリアフリー

の内容は当初は努力目標であったが、現在は義務[11]へと変化している。

　インタビューに対応した4人全員が非障害者であったため、この点について聞いたところ、崔は以下のように返答した。

　　理事会の理事9人のうち、障害者は6人であり、障害者の割合は高い。中国には約8500万人の障害者が生活しているので、この人数は小さな国の全人口に相当するであろう[12]。障害者の法整備などはけっして障害者だけの問題ではなく、国内のすべてに関連することがらである。このため各分野の学者や専門家たちとプロジェクトを起ち上げ、共同で研究を行っている。このような重大な任務を担い、これだけの数の障害者をまとめるためには、障害者のなかから優秀な人材を選ぶ必要があり、この点において他国の障害者団体とは形態が異なる組織であることには違いないと思う

この回答は、同連合会の理事は国家のエリート障害者であること、また会の活動が政府主導であることをうかがわせる。

　筆者には、とくに質問したい事項が2つあった。1つ目は、北京においてオリンピック・パラリンピックが与えた影響である。オリンピック・パラリンピックの開催が決定しなければ、バリアフリー化はこれほどまでに進展できたか否かである。2つ目は、2004年にバリアフリーのバスが北京において初めて投入され、地下鉄のバリアフリー化も行われた背景は何であったかということであった。

　北京のバリアフリー化に対し、オリンピック開催が与えた影響については、障害者連合会のインタビュイーは全員同時に即座に否定した。李によると、2004年を契機とした北京の急速なバリアフリー化は、オリンピックをめざしての1つの通過点ではあったが、オリンピックがなくても北京のバリアフリーは現在のようになっていたであろうし、実際にパラリンピック後も進展している。そして、今後もさらに進展していくように研究を行っているということであった。しかしながら、このように進展を続けている北京のバリアフリーの現在の状況に対して、倪は先進国と比較してまだまだ不十分で、満足していない

　11）条例や規範に法律責任や損害賠償の条文も存在する。
　12）奇しくも、2009年4月1日のベトナムの全人口は8578万9573人である。

160

ということであった。

　中国障害者連合会が政府系機関であることは、ベトナムの NCCD も同様である。現在は中国の社会にも、障害者の意見をいう NGO 団体のような組織も生まれつつある。しかしながら、中国の障害者団体を代表するのは中国障害者連合会であるのが現状でもある。障害者連合会はその任務を、政府と障害者の橋梁的役割だと話している。だが、中国の障害者を代表する唯一の公式団体が政府系組織であることは、障害者権利条約を政府がどのように遵守しているかについて、政府が答弁しているようなものであり、障害者の意見を真に反映するとはいいがたい。障害者権利条約遵守の状況を監視する 2012 年 9 月の国連障害者権利委員会においても、中国障害者連合会以外の障害者団体が政策に参与していないことを問題にしている[13]。このため、障害者権利委員会は中国に対して、中国障害者保障法を改正し、障害者の利益を代表する政府系以外の団体が、政府の権利条約実施過程に参与することを勧告している（障害者権利委員会所見 49、50）［CRPD］。このことに関して、中国は 12 か月以内に報告することを求められている（同所見 101）[14]。

4・1・2　北京のバリアフリー ── フィールドワークを通しての検証

　2003 年に観光者として北京を訪問して以来、調査目的で 4 回訪問している。それぞれに大まかな目的があり、2005 年はオリンピック開催決定後の北京の現状を知ること、2007 年はオリンピック開催の数か月前の北京の変化を知ること、2009 年はオリンピックから 1 年後の北京の状況を知ること、2012 年は北京の日常生活におけるバリアフリーを知ることであった。筆者の調査対象は公共交通機関なので、それらを中心に事業者が提供するバリアフリーのメディア報道と実態について検証し、報告を行う。

（1）バス
①　バリアフリーバスの存在の確認（2005 年）
　2004 年 11 月 23 日、北京で最初のバリアフリーバスが 25 台（実質稼動は 20

13) 都市部インフラのバリアフリーの努力については、高評価を得ている。また、シャドーレポートを行う団体は存在している。
14) 1 年以上を経過した 2013 年 11 月 2 日の時点で、中国は報告書を提出していない（公開講座「障害者の権利条約の実施と中国の市民社会」における回答）。

第4章 他都市のバリアフリー

写真 4-2　北京のバリアフリーバス
ベビーチェア用の装備もあるデラックスバス並みの仕様である。2007年に利用したときはなくなっていたため、一般路線に編入後、撤去されたと考えられる。

台）導入され、バリアフリーバス専用路線が開通する［新华网　2004a］。路線は北京駅 - 西直門間（北京駅口、東単、王府井、天安門、中山公園、西単、民族文化宮、復興門（片道のみ）、太平橋、闘才胡同、月壇、阜成門（南）、東公荘、西直門）で、午前 6 時 30 分から午後 8 時 30 分まで 12 分ごとに運行する。

2005 年 7 月 20 日の北京市人民代表大会常任委員会における、北京市交通局委員会の趙文芝主任の発言によると、交通部は北京市の公共交通整備に 60 億元（約 900 億円）の資金を投入することを決定したという。3 年間で乗合バス6497 台を新車に交換し、1000 台のバリアフリーバスを導入する計画で、これは新車両の 17.8％に相当する数である［新浪网 2005］。

開通 1 年後の 2005 年 11 月 23 日には路線の見直しが行われ、民族文化宮から西直門站の部分が、新文化街西口、常椿街路北、槐柏樹街東、宣武医院、牛街、牛街南口、南桜桃園路口西（北）、南菜園と変更されている。

北京駅から北西方向に向かっていた路線が、南西方向に変更されている。当局の発表はバス路線の配置の関係などということで、10 番路線と同じ運行路となっている。開通時は月壇という観光地を通っていたものが、新しい路線は宣武医院を通っていることから、利用客への配慮があったとも考えられる。

2005 年 9 月 16 ～ 21 日、北京駅のバスターミナルに並んでいたバリアフリーバスの確認をする（写真 4-2）。しかしながら、市内の停留所の改造は終わっていなかったため、あえて乗車の試みは行わなかった。同バスの仕様はノンステップバスであり、優先座席、車椅子エリア、チャイルドシートがあり、ほかの路

162

4・1　北京——社会主義とバリアフリー

写真 4-3　専用路線用に購入されたノンステップバスとその電動スロープ

線バスとは明らかに異なる福祉色の強いものであった。運転手によると、20分ごとの発車ということで、利用者もそれなりにいるということである。

② バリアフリーバスの実用性の確認と豊台区方庄居住区の調査（2007 年）

　2007 年 4 月 23 日付の北京青年報［千龙网 2007］に、北京最初のバリアフリーバス路線が廃止されるという報道があった。「バリアフリー専用路線は終始、『いいとは言うが、乗るとは言わない (叫好不叫坐)』ものであった。多くの乗客が同バスを障害者専用と思い、乗車することを遠慮した。選択肢となる路線はほかにいくつもあったため、乗客はつねに少なかった」とあり、市民の間でバリアフリーバスは評価されていたものの、障害者の専用バスというイメージが強すぎたため、あまり利用されていない状態であった。最終的には、運行開始より 2 年半後、専用路線の廃止が決定され、購入した 1000 台のバリアフリーバスは 2007 年 5 月より 10 番線（北京駅 - 南菜園）に編入されている（写真 4-3）。市公共交通の責任者の話では「バリアフリー設備を有する新型バスが普及したことによる専用路線の廃止であって、乗客者数が少なかったためではない」ということである。

　この責任者の発言を確認するため、2007 年 12 月 13 〜 19 日、バリアフリーバスがどのくらい北京を運行しているか検証を行った。報道どおりに、バリアフリーバスの発見は容易であり、バリアフリーバス路線の拡大を確認した。オリンピック開催を前に市内では停留所も整備されていたので、2004 年には行わなかった乗車を試みる。

第4章　他都市のバリアフリー

　バリアフリーバスを利用し、豊台区方庄居住区に向かう。同地区は1995年
にESCAPのバリアフリープロジェクトによりバリアフリーに改造された居住
区である。バリアフリーではない集合住宅が新築されたエリアであったが、バ
リアフリーに改造したことによりESCAPから表彰された。2007年はオリンピッ
ク前ということもあり、北京市全体をバリアフリー化する努力がなされていた
ため、豊台区方庄居住区がバリアフリーのエリアとして目立っていたわけでは
なかった。しかし1995年当時は、住宅街のモデル地区として画期的なエリア
だったそうである[15]。

　バリアフリーバスは後方乗降口部分にあるスロープを車掌が電動操作するこ
とにより、車椅子での乗車が可能となる。また北京のバスでは車掌が常時乗車
しているので、車椅子利用者がシートベルトを装着する介助も行う。これによ
り、乗降時だけではなく、バスの走行中にも車椅子利用者の安全を確保できる。
この点、日本ではワンマンバスであり、運転手が乗車スロープの準備からシー
トベルトの装着までをすべて行うので、ほかの乗客を出発まで待たせるタイム
ロスは大きい。

　このバリアフリーバスを有効活用するためには、バス停留所の改造整備を行
う必要がある。バス停留所のプラットホームに電動スロープを載せることがで
きると、スロープの角度がゆるやかになり、乗車しやすいからである。ただそ
のためには、バス運転手の幅寄せの技量も必要になる。

　北京市内をフィールドワークした結果、段差解消部分が傷んでいるプラット
ホームや、改造されていないバス停留所がまだ多いことがわかった。それでも、
バスは車両、路線ともにバリアフリー化が進み、北京市内におけるバリアフリー
動線を広範囲に描けるように変化している。地下鉄の階段走行車のような大が
かりな機械を使う必要もないため、北京市内の移動にさいして地下鉄よりも小
回りが利く。

③ オリンピック後のバスの変化（2009年）

　2007年の現地調査において、バス停留所のプラットホームは段差が解消さ
れていないところもあり、利用に不安のあるものであった。バス停留所がオリ
ンピック後にどのように変化しているかを知るため、2009年11月13〜19日

　15）2011年8月1日、日本女子大学の佐藤克志教授のインタビュー。当時は建設省からの出向
　　　で、後述のバンコクのプロジェクトにも携わった。

164

4・1　北京――社会主義とバリアフリー

写真 4-4　バリアフリーからユニバーサルデザインに変わったバス停留所
2007年（左）と 2009年（右）。

に訪問した。

　東単駅から建国門駅への通りは、道路の構造自体が変更されている。自転車専用道路の部分を底上げしたアスファルトにする改修により、歩道との段差が解消されている。これにより鉄柵も撤去され、プラットホームとして歩道まで広く使える。プラットホームの段差がなくなったことは、車椅子にとって使いやすい構造である。これはバリアフリー（2007年）からユニバーサルデザイン（2009年）へと変化した事例である（写真 4-4）。

④ バリアフリー化された北京の検証（2012年）

　2012年6月24日～7月4日に北京を訪れたさい、国際シンボルマークが表示されているバスを北京で多く見かけた（写真 4-5）。バリアフリーバスの路線が北京市内で拡大している。地下鉄とバスを利用することにより、障害者の行動範囲をかなり拡張できる。しかしながら、バスに簡単に乗れるようになった反面、乗車の意思表示を明確にしなければ、バスは停留所を通過してしまう。

写真 4-5　北京の国際シンボルマーク入りのバス

165

第 4 章　他都市のバリアフリー

これは北京の文化習慣であって、乗客の障害の有無には関係ないと考えられる。今回、運転手は幅寄せやスロープの電動操作を行わず、筆者はプラットホームではないところから車掌の介助により乗降車をした。このような方法であっても安全性を確保できるならば、ほかの乗客を待たせることがないため、心的負担は軽減する。

(2)　地下鉄
①地下鉄 1 号線と 2 号線
　北京中心部である天安門の前を東西に走る本通りが長安街である。地下鉄 1 号線は長安街に並行して東西に走る路線であり、地下鉄 2 号線は繁華街である天安門や王府井を中心にして中心部を 1 周する、環状の路線である[16]。1 号線の開業は 1969 年 10 月 1 日であり、2 号線は 1984 年である［日本地下鉄協会 2010:68］。2004 年に 13 号線が開通するまでの長い間、北京の地下鉄はこの 2 線だけであった。第 10 次 5 ヵ年計画(2001 ～ 2005 年)の期間中、北京オリンピックに向けて軌道路線の建設が優先的に行われ、「13 号線」は 2003 年 1 月に全線、「八通線」は 2003 年 12 月「1 号線」を東に延長した路線として開通している。
　2004 年 9 月 16 日に 1 号線と 2 号線のバリアフリー化工事を行い、同年 10 月 16 日に完了している。内容は、4 駅における全 10 か所のトイレのバリアフリー化、30 駅における総延長 2 万 m あまりの点字ブロック、4 セットのカメラ付きインターホン、4 台の階段走行機、560 の国際シンボルマーク、3 か所のスロープ、総延長 65 m の手すりの設置である［北京市地方志編纂委員会 2005:246］。
　観光者として筆者が訪れた 2003 年、北京市の地下鉄にはバリアフリーにつながる設備類は何もなかった[17]。北京における公共交通機関のバリアフリーのハード面の急激な変化は 2004 年から始まっており、これは「北京市のバリアフリー施設の建築と管理の条例」（北京市无障碍设施建设和管理条例）の影響であると考えられる。
　2005 年 9 月 16 ～ 21 日の検証の目的は、2004 年の新聞報道にあった北京地

　16）地下鉄 2 号線は、紫禁城を囲む城壁をとり壊して建設を行ったという。
　17）2005 年、高橋儀平にインタビューしたさいのバリアフリーの定義は、「改造されていれば、そこにバリアフリーに対する意識がある」であったが、改造すらされていなかった。

4・1　北京——社会主義とバリアフリー

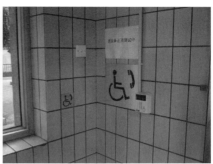

写真 4-6　地下鉄天安門東駅
インターホンの上には「調試中（調整中）」の貼紙があった。

下鉄のバリアフリー化の確認である。報道にあった 4 台の階段走行車が設置されたのは、地下鉄の天安門東（1 号線）、建国門（1 号線と 2 号線の乗換駅で、天安門の東側）、復興門（1 号線と 2 号線の乗換駅で、天安門の西側）、西単（1 号線）であった。2012 年の障害者連合会のインタビューによると、この 4 駅は利用者数と乗換駅の利便性を考慮して選んだとのことである。

　天安門東駅には国際シンボルマークとインターホンがあったので、地上とホームの間の階段には階段昇降車[18]が設置されているようである（写真 4-6）。しかしながら、インターホンの上に「調整中」の貼紙があったので検証はできなかった。建国門駅では階段昇降車は稼動しているようであり、駅職員は階段昇降車を使っての利用を勧めた。しかしながら同職員の情報によると、ほかの地下鉄駅で階段昇降車が設置されているのは天安門東駅だけということであった。同職員は「建国門駅から天安門東駅まで地下鉄に乗って、天安門東駅からタクシーでホテルまで帰ればいい」と、筆者にアドバイスした。ただし、この移動は実用的ではない。日常生活で地下鉄に乗るのは移動が目的であって、地下鉄に乗車すること自体が目的ではないからである。仮にタクシーに乗るならば、特段の事由がないかぎり、最初から目的地に向かうであろう。天安門東駅で階段昇降車が調整中であることについては、建国門駅の駅職員は「知らない」とのことであった。介助が必要な駅どうしの連絡もないようである。バリアフリーのハードが設置されて 1 年が経過しているが、バリアフリーのソフトがま

---

18) 階段昇降車は階段をはうように走行する介助機械であり、階段昇降機は階段レールを利用するゴンドラ型の介助機械である。

第 4 章　他都市のバリアフリー

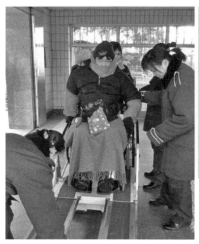

写真 4-7　地下鉄天安門東駅の階段昇降車
セッティングには時間と人力を要する（左）。動作中も安全を確保するため 4 人で支えている（右）。

だ充実していない状況である。2003 年同様に、2005 年も既存の地下鉄である 1 号線と 2 号線に乗車できなかった。

　2007 年 12 月 13 〜 19 日の調査目的は、2005 年は利用できなかった地下鉄の検証であった（写真 4-7）。前回の検証のさい、インターホンに「調整中」の貼紙があった 1 号線天安門東駅において、階段昇降車の確認ができた。天安門駅職員によると、「1 号線は全駅に階段昇降車があるから、遠慮しないで使ってほしい」とのことであった。しかしながら、北京の地下鉄 1 号線の駅の構造は地下に深く[19]、乗客が待つ地上へホームから階段昇降車を移動させるだけでもかなりの時間を有する。階段昇降車は介助の準備に時間もかかるので、階段に設置されたレールを利用する階段走行機のほうがまだ便利なのだが、北京地下鉄が階段昇降車を選んだ理由として、地下に深い地下鉄に装着するレールの長さを考えると、コストが割高になるということが考えられる。

　1 号線と 2 号線[20]の乗換駅である建国門駅の駅職員は、「階段昇降車がある」とは言ったものの使おうとせずに、4 人以上の男性職員が車椅子を担ぎ上げて、ホーム階から改札階を通って地上階へと階段を上がった（写真 4-8）。人的介助

[19] 筆者が調査を行った当時、地上から駅の改札まで降りる階段は 100 段近くあるのがふつうだった。駅が地下深くにある理由には、有事のさい物資輸送のトンネルに転用できるようにという、建設時の国防上の意図もあった［北京日報紀採写組 2008:164］。
[20] 1 号線と接続するため、2 号線の駅も地下深くにある。

4・1　北京——社会主義とバリアフリー

写真 4-8　建国門駅の人的介助の光景

は、担ぐ職員に体力的に大きな負担をかける。同時に、担がれる車椅子利用者も、申し訳ない思いで心的負担を感じる。建国門駅において、階段走行機を使わずに、人的介助を行った理由は不明である。しかし、機械を使うより人的介助のほうが速いと駅長が判断した結果であると考えられる。人的資源が豊富な北京だからこそ実現可能なバリアフリー化であるとも考えられる。

　パラリンピックに合わせて、1 号線の 23 駅全駅、2 号線の 18 駅中 12 駅[21]は、階段昇降機あるいは階段昇降車によりバリアフリー化された。

　2009 年 11 月 13 〜 19 日の調査では、パラリンピックを経て、駅職員の対応に負の変化がみられた。早期に建設された 1 号線と 2 号線は地下深く、乗り換えるのに距離があるため、階段昇降機の手間を不満に感じる駅職員が存在した。また介助機械に対する保守点検が十分ではないようで、階段昇降機を準備する段階での故障が数度あり、利用できなかった。さらに駅によっては、安全管理を理由に駅職員が階段昇降車の利用を拒否し、タクシーの利用を勧めるということもあった。過去 2 回の調査では、バリアフリーのハード面に不安があることを理由に躊躇する筆者に対し、駅職員が積極的に利用を勧める形であったのだが、今回は逆に拒否されることになった。このように対応が変化した原因として、オリンピック・パラリンピック期間中に階段昇降機の手間を多く経験し、それが負担になったということが考えられる。

　一方で、天安門西駅で階段昇降車を待っている車椅子利用者と介助者も見か

21）残り 6 駅については公表されていなかった。

第 4 章　他都市のバリアフリー

写真 4-9　天安門東駅の昇降機待ち

けた（写真 4-9）。筆者が街のなかで車椅子利用者を見かけたのは初めてのことであった。

　2012 年 6 月 24 日〜 7 月 4 日の調査は、北京の日常生活にバリアフリーの意識が浸透したか否かを検証するのが目的である。地下鉄の最大の変化は、これまで施錠管理がなされていた地下鉄駅のエレベーターの施錠がなくなっていたことである。障害者専用からユニバーサル仕様に変化したことは、バリアフリーの深化といえる。また、街中で外食している車椅子の障害者グループも見かけた（写真 4-10）。北京市がバリアフリーのハードを整えたことにより、地元の障害者の外出も容易になったことを示している。ただし、この一方で、オリンピック向けに建設したと思われるユニバーサル仕様のエレベーターなどの操作板を

写真 4-10　車椅子の障害者グループ
遠巻きに見ていたところ、「残友！」（障害者仲間）と招いてくれた。

170

4・1　北京——社会主義とバリアフリー

写真 4-11　北京南駅近くにある
歩道橋のエレベーター
操作盤が撤去されている（右）。

取り外して、使えないようにしていた。一度つくったものを破壊して、エレベーターの外形はそのままにしておくのは、資源の浪費のようにも思える（写真4-11）。

　さらに今回改めて認識したことは、北京では各駅の入口前に駅職員が1人立っていることである。人的資源が豊富な北京ならではのサービスである。しかし、これらの職員は自分の持ち場以外の情報を持ち合わせておらず、エレベーターなどの設備があり車椅子で利用できる出入口を問い合わせても認識していない。広大な駅に多数の利用客が押し寄せるため、担当する部署の最低限の情報しか持ち合わせていないようである。西直門駅、東直門駅などは地方都市からの鉄道や長距離バスの路線が集中する乗換駅であり、駅入口は多数あるのだが、バリアフリーの入口は1つしかない。このようなときに駅のバリアフリー情報を提供できることも、バリアフリーのソフト（情報のバリアフリー）である。

② 地下鉄 13 号線

　21 世紀に入って最初の路線の 13 号線は、2004 年に開通する。2004 年 12 月 7 日、中国のバリアフリーに関する国家検査機関は、在来線の北京駅、地下鉄 13 号線の西直門駅、地下鉄の建国門駅をバリアフリー駅として認定した。また、13 号線における西直門、知春路、五道口、龍沢、立水橋、東直門の 6 駅のバリアフリー水準の高さを評価した［北京市地方志編纂委員会 2005:246］。

　2005 年 9 月 16 ～ 21 日の調査の目的は、2003 年に開通したばかりの新しい地下鉄 13 号線がバリアフリーか否かの検証であった。東直門駅から近い柳芳駅を調査の対象とした。同駅は入口にスロープ、階段には手すりも設置されており、バリアフリーの配慮がなされていた。しかしながら、階段以外の移動手

第4章 他都市のバリアフリー

段を有していなかったため、車椅子でプラットホームへ移動することは不可能であった。この点について問い合わせると、駅職員から「脇から支えて介助することならできる」という申し出があった。しかし、車椅子を利用する多くの障害者は起立、歩行ができない。支える介助だけでは乗車できないのだ。

2009年11月13〜19日の再調査時、13号線の駅は階段昇降機あるいは階段昇降車によるバリアフリー化がなされていた。

③ 地下鉄5号線

5号線は2007年10月7日に北京市を南北に縦断する形で開通する。東西を走る1号線と直交する形である。オリンピック・パラリンピックの開催が近かったこともあり、日本のNHKの報道でも国際シンボルマークを映すなど、バリアフリー路線であることが強調されていた。

2007年12月13〜19日の調査目的は、メディアで報道されていたバリアフリーの確認であった。しかしながら、エレベーターを設置していたのは、ホーム階と改札階の間のみであった。メディアが映していた駅構内の国際シンボルマークは、ホーム階と改札階をつなぐエレベーターのものにすぎなかった。5号線の駅は、改札階と地上階の間にエレベーターを設置しない構造である。またホーム階と改札階の間にエレベーターがありながらも、稼働していない駅も存在した。

崇文門駅では、駅職員のエスカレーターを利用した介助により、筆者は地上から改札階まで下ることができた。しかし、全駅のエスカレーターが上下両方向に2台設置されているわけではない。階段昇降車が準備できていない駅も多かった。2007年10月7日の開業を急いだため、不完全なバリアフリー路線になってしまったと考えられた。駅職員の話では、2008年1月までに5号線全駅において、地上から改札階まで階段昇降車あるいは階段昇降機を設置するという話であった[22]。

また、写真4-12のように、灯市口駅の階段昇降機には不自然な呼び出しボタンが存在した。車椅子利用者には押せそうにない、低い位置にあるボタンである。右側の写真は、この階段の地上側の風景である。地上から地下へ行きたくても、呼び出しの手段がない状況である。国際シンボルマークとともに適当

22) 実現したのはパラリンピック直前であった。

172

4・1 北京——社会主義とバリアフリー

写真 4-12 灯市口駅の階段昇降機
階段の下側は、車椅子利用者には押せそうにない位置に呼び出しボタンがある。

写真 4-13 2009 年の再調査のときの灯市口駅
出入口には国際シンボルマークが表示され、階段の上にも呼び出しボタンや電話番号の標示が設置されている。

な高さにあるのは操作説明であって、インターホンではない。

2009 年 11 月 13 〜 19 日の再調査の目的は、変化に着目することであった。5 号線全駅において、改札階から地上階まで階段昇降機が設置され、バリアフリー化されたことを確認した。5 号線は、南北に伸びる幹線道路の交差点付近に駅がある。このため各駅には 4 つの出入り口があり、そのうち 1 つがバリアフリーとなっている。問題となった灯市口駅でも、写真 4-6 のように、国際シンボルマークが表示されている。ほかにも、車椅子用の出入口への案内表示や呼び出しボタンが改善され、駅構内への連絡用の電話番号も表記された（写真 4-13）。

第 4 章　他都市のバリアフリー

　崇文門駅もこのような変化があったので、バリアフリー化は灯市口駅と崇文
門駅の両駅だけではなく、5 号線の全駅がバリアフリーの設備が設置されたと
考えられる。

④ 地下鉄 8 号線、10 号線、機場快軌

　オリンピックに合わせ、8 号線（オリンピック線）、10 号線、機場快軌が 2008
年 7 月 19 日開業する。8 号線の 4 駅全駅、10 号線の 22 駅全駅、機場快軌の 4
駅全駅がバリアフリーである。

　2009 年 11 月 13 ～ 19 日の調査の目的は、オリンピック・パラリンピック後
にどのような変化があったかを知ることである。2007 年に開通した 5 号線を
境に、地下鉄エレベーターの設置の有無が分かれる。2007 年の時点では 8 号線、
10 号線にはエレベーターが設置してあり、駅職員が施錠管理している。エレ
ベーターの扉に電話番号が表示され、駅職員を呼び出すシステムになっている
のだが、電話に駅職員が応対したことはない。ホームに常駐している駅職員か
ら、開錠担当の職員に連絡してもらうことになった。

　一方、オリンピック・パラリンピック後に開業した機場快軌では、エレベー
ターは施錠されておらず、誰でも自由に利用できるようになっている。しかし
ながら、2 号線との乗換駅でもある東直門駅は始発駅であるが、地上からは階
段昇降機で降りなくてはならない。東直門は長距離バスのターミナルでもあり、
ターミナルビルも新たに改築されたのだが、東直門駅へのバリアフリー動線は
考慮されていない。

⑤　地下鉄 4 号線（北港鉄道公司）

　4 号線は 2009 年 9 月 28 日に開業しているので、オリンピック・パラリン
ピックの直接の影響はない。同地下鉄は京港地鉄公司という名称の、香港資本
40％の会社が運営している。北京の地下鉄初の外資導入である。

　2009 年 11 月 13 ～ 19 日の調査では、同地下鉄には香港出資の影響がみられた。
エレベーターは 2009 年の開業当時から施錠管理はなく、開放型であった。プ
ラットホームには集中管理室が存在する、香港地鉄と同様のバリアフリー設計
である。

　2012 年 6 月 24 日～ 7 月 4 日の調査では、同路線の菜市口駅を拠点とした。
これは、2009 年の調査において、北京におけるバリアフリー化の広がりを実
感でき、さらに香港と同様の地下鉄駅の設計構造から、新しい施設はバリアフ

174

4・1　北京——社会主義とバリアフリー

写真 4-14　菜市口駅
構内はバリアフリー化されているが、玄関は階段だけでスロープがない。

リーであろうという安心感があったからである。

しかしながら、実際に利用してみると同路線のいくつかの駅においては、電車の乗降口とプラットホームの段差が大きかった。これは香港の新しい地下鉄には存在しない設計である。また同路線の開業時には、数か所の駅は階段しかなく、2010年になって階段昇降機が後から数駅に設置された（写真4-14）［京報網 2010］。さらに階段昇降機が設置されていながらも、いくつかの駅入口は階段だけでスロープの設置もなされておらず、駅の外から駅職員を呼び出すためのインターホンも設置されていない。

筆者の調査は、同路線の開業から3年を経過していたにもかかわらず、バリアフリー化されていなかったことを示す形になった。このことから、オリンピック・パラリンピック終了後の開業では、実用的なバリアフリー化への関心が低かったことが考えられる[23]。

(3)　タクシー

2005年9月16～21日の調査時は、筆者の車椅子がトランクに入らないことを理由に、タクシー運転手に乗車拒否をされた回数が少なくなかった。滞在しているホテルのコンシェルジュが呼ぶタクシーには、このような断られ方をされたことがなかっただけに、奇妙に感じた。乗車させてくれた運転手によると、「自分の家族には車椅子を使っている人がいるから、車椅子のことを知っ

---

[23]　北京市の繁華街やオリンピック会場から離れた地域でもある。

第 4 章　他都市のバリアフリー

写真 4-15　北京オリンピックのときにロンドンより寄贈されたタクシー
スロープを引き出すことで、車椅子のまま乗車できる。

ている。だが、ほかの運転手は車椅子を折りたためることを知らないのだろう」という話であった。他方、北京の友人の話では、「コンシェルジュが呼ぶタクシーは、ホテルとの関係があるため、宿泊客にはていねいに対応してくれる」ということであった。

　2007 年 12 月 13 〜 19 日の調査時には、タクシーを 1 度だけ利用し、非常にていねいな対応を受けた。北京の友人の話では、「オリンピックを前に、政府から運転手に対して外国人乗客に対応するための教育が行われている」ということだった。一方、新聞報道によると、助手席が乗りやすく外側に回転するタイプと車椅子ごと乗り込むタイプの福祉タクシーを 70 台導入するということが発表されていた［中国網 2008］。オリンピック・パラリンピックの影響は小さくない。

　2009 年 11 月 13 〜 19 日の調査の目的は、バリアフリータクシーの検証であった（写真 4-15）。しかしながら、バリアフリータクシーは台数が少ないことを理由に予約もなかなか受け付けられない。このため一般のタクシーを利用したのだが、運転手からは車椅子をトランクに収容する不便さを理由に、今後はバリアフリータクシーを利用することを勧められることになる。

　帰国のさい、空港までのバリアフリータクシーを前もって予約した。報道で一般に知られているほどには、予約は容易ではない。事業者側からすると、車

4・1　北京——社会主義とバリアフリー

椅子専用車に見えるため、空車時の一般客による利用はほとんどなく[24]、また特別仕様であるため、一般のタクシーと比較して維持費もかかるということである。この負担を燃料費として利用者に強いる運転手もいるため、政府が何らかの補助をすることが望ましいと思える。

　障害者連合会における 2012 年のインタビューによると、2007 年に導入された 70 台という数は増加していない。バリアフリータクシーを維持管理する環境は、けっしてよいものではない［中国广播网 2010］。この状態であれば、増加することなく数年後には減少するであろう。北京の人口に対してけっして多い台数ではなく、地下鉄の職員がタクシーを使うことを勧めても、同タクシーを利用することは容易ではない。

　タクシーの乗車拒否は、バリアフリーのソフトの観点で調査する内容である。北京のタクシーの運転手をみると、心のバリアフリーの第 1 段階である障害者に対する「理解」まで到達していないようである。

（4）鉄道
① 長距離鉄道の北京駅
　北京市の王岐山市長（当時）が 2004 年 12 月 8 日に、北京駅のバリアフリーの検査を終えたと発表している［新华网 2004b］。2005 年 9 月 16 ～ 21 日の調査目的は、バリアフリーの認定を受けた北京駅［北京市地方志編纂委員会 2005:246］の検証である。

　バリアフリーが北京から他都市へ波及している可能性を考え、北京駅から近隣都市の天津への鉄道の利用を考えた。北京駅の乗車券売り場には国際シンボルマークが掲げられた障害者専用窓口が存在し、車椅子でも利用しやすいように改造されている（写真 4-16）。車椅子のまま鉄道を利用できるか否かを駅職員に問い合わせたところ、大丈夫ということであったので乗車券を購入する。北京駅では乗車券を持っていないと駅の入口玄関を通過できないので、駅構内のバリアフリーを調査するためにも切符の購入は必要であった。北京駅入口の段差は解消され、駅構内まではバリアフリーである。駅構内のエレベーターは車椅子専用に設置され、施錠管理がなされていた。筆者が近づくと職員が近づき、

24）バリアフリーバスの専用路線に対する市民の評価と同様と考えられる。

177

第 4 章　他都市のバリアフリー

写真 4-16　北京駅の障害者用窓口に並ぶ列

解錠して、2 階の改札階へのエレベーターを利用できるシステムになっていた。しかしながら、2 階から 1 階のプラットホームへのルートは階段だけであった。さらに 2 階の改札ゲートの幅は 50 cm 程度で、車椅子で通過できる幅ではない。バリアフリーの意識は存在するが実用的ではなかった。駅職員は、改札階からホーム階までの階段を「同僚といっしょに抱きかかえて乗せる」と何度も言ってくれたが、天津駅でも同じ体験をすることを考えると、不安を感じて辞退した。北京の友人の話では、「障害者は家族と車で移動するのが一般であるから、障害者に配慮した駅の構造にはなかなか改善されないのであろう」ということであった。

　2007 年 12 月 13 〜 19 日の調査目的は、2005 年に実現できなかった北京駅における変化である。2005 年に乗車を断念した原因であった、改札階（2 階）からプラットホーム（1 階）へのアクセスを、どのようにバリアフリー化しているかが焦点であった。また前回は乗車しなかった天津行きの車両に、車椅子で乗車可能か否かも関心事であった。

　2005 年から 2007 年の調査までの間に大規模な改造があり、1 階の軟座用[25]の待合室は障害者と高齢者も使用可能な部屋（敬老助残服務室）になり、2 階の改札階に上がらずして、待合室からプラットホームへ直接突き抜けられる動線もできた（写真 4-17）。乗車した和諧号の車両には車椅子専用スペースがあり、乗車可能であった。下車した天津臨時駅でも、駅職員の誘導で改札口まで行く

---

25) 1 等車に相当する。

4・1　北京——社会主義とバリアフリー

写真 4-17　北京駅の待合室
改札側には敬老助残服務室と表示されているが、プラットホーム側からみるとかつて軟席候車室であったことがわかる。

ことができた。北京駅から天津臨時駅まで、バリアフリー動線が確立していることを確認した。ただし、天津におけるバリアフリーバスの確認はできなかった。

② 北京南駅

2012年6月24日〜7月4日の調査の目的は、中国の2大都市間でバリアフリー動線が描けるか否かの検証である。この手段として、上海行きの中国高速鉄道を選び、乗車するために北京南駅を利用した。駅建物は巨大なバリアフリー施設ではあるが、中国の建築物はあまりにも広すぎるうえに、案内表示も少ない。また、エレベーターは数基あるのだが、設置されている場所は隅の一角であるため、同駅を初めて訪れる乗客が見つけ出すことは容易ではない。さらに駅構内は乗客が多すぎて、駅職員に誘導を頼むこともできない。

駅構内には乗車券販売カウンターが数か所あり、それぞれに障害者専用窓口がいくつか設置されている。しかし、障害者専用窓口であっても一般市民が列をつくっており、車椅子の筆者が並んでも順番を譲られることはなかった[26]。さらに車椅子用の指定座席を手配する情報を同窓口の駅職員は有しておらず、ほかの障害者専用窓口に行くように言われる。車椅子用の指定座席に関しては、他の障害者専用窓口の対応も同様であった。2005年と2007年、北京駅の障害者専用窓口では車椅子用の指定座席を簡単に購入できたことと比較すると、北京南駅の乗車券販売カウンターはバリアフリーのソフトが不足していたようで

26)　この点は2005年に北京駅で乗車券を購入したときと同様である。国際シンボルマークが表示されていることを認識しているかは疑わしい。

第 4 章　他都市のバリアフリー

ある。

　帰路においては、車椅子用指定座席は上海駅の障害者専用窓口にて一般乗客に発券されてしまっているので、一般の座席と車椅子用の指定座席との交換を車内で客室乗務員に頼むように言われた [27]。窓口で指定座席を一般乗客に発券済みであったことから、障害者が高速鉄道を利用することはまだ多くないことも考えられた。

4・1・3　調査結果の考察

(1) 北京におけるバリアフリー化

　2005 年の調査では、北京はバリアフリーのハードを急速に整えた印象を受けた。バスの停留所や地下鉄の駅など、バリアフリーのハードの細かいところに不備があり、安全の保障ができず、危険がともなっていた。さらに、バリアフリーを扱うための、機械操作以外の知識の部分も必要であると感じられた。北京駅の事例からもわかるように、バリアフリーに対する理解が不十分である。バリアフリーではない現状は、バリアフリーを供給する側と需要する側との間にある、バリアフリーに対する意識の乖離をきわ立たせる結果になった。移動に関して、この段階ではバリアフリー動線を描くことはできなかった。

　オリンピック前の 2007 年には、2005 年に乗車を躊躇したバス、北京駅、地下鉄、タクシーの検証をすることができた。オリンピック・パラリンピックを前に、バリアフリー意識が確実に浸透し始めていることがわかる。しかしながら、不自然なバリアフリーの部分を再確認することになった。バリアフリーの動線を描き始めているが、目的地の途中で切れることも多い。駅職員などの介助により、バリアフリー動線を描くことは可能なようであるが、利用者は心的負担を強いられる。

　オリンピック直後の 2009 年には、地下鉄のバリアフリー化が北京市全体に広がりをみせていた。バリアフリーのハードはかなり進展したように考えられる。オリンピック・パラリンピックの影響もあり、市民から介助の申し出なども街中でみられるようになり、心のバリアフリーを初めて実感した。政府と事業者がハードの準備を整え、障害者が利用できる環境は整っていた。多少の不

27）2012 年に筆者が利用したさいは、一般の団体旅行客が障害者エリアをたまたま使用していた。団体客の席がばらばらになるのは困るので、座席は交換できないと客室乗務員に断られた。

便はあるものの、バリアフリー動線はほぼ描けるといえる。しかしながら、オリンピック・パラリンピックから1年あまりが経過し、事業者側からの利用拒否が散見するようになる。

オリンピックから数年後の2012年、公共交通のバリアフリーは広がりをみせ、北京市内の移動に関して自由なバリアフリー動線を描けるようになっていた。北京市の幹線道路もバリアフリー化されており、細い路地にもバリアフリーは及び始めているようである。このように道路整備も改善されているので、北京の特徴である自転車専用レーンを利用すれば、バリアフリー動線が途切れても補うことができると考えられる。

このようにバリアフリー化がよい方向へ進んだ場合、ユニバーサルデザインへと発展している。この一方で、オリンピック・パラリンピック期間中に便利に使われていた歩道橋のエレベーターが使えなくなっていたように、当初からユニバーサルデザインを意識して過剰なサービスともいえる設計を行っていたものが、社会資源の無駄になっていることも多い。バリアフリーに対する試行錯誤があるようである。

北京では、オリンピック・パラリンピック後にできた新しい建築物もバリアフリー施設であることから、バリアフリー意識が深化しているようにもみえる。しかしながら、新しい公共交通機関である地下鉄4号の一部の駅がバリアフリーではなかったという事例も存在した。また、階段昇降機が故障していながらも修理をする気配がみられないという事例も存在した。「バリアフリーに関しては、オリンピック・パラリンピック後は大きな変化がない」という意見もある[28]。今後、政府を動かすような大きな動機が起こらなければ、オリンピック・パラリンピック前のように高速に拡大することは難しいかもしれない。

(2) 障害者のインタビュー

2012年の調査中、現地の障害者と路上で交流する機会を初めて得ることができた。筆者の調査と現地の障害者とのギャップを知るために、すり合わせのインタビューを申し込んだ。

2012年7月2日、交流した3人の障害者が入院している博愛医院を訪れ、

28) 2013年11月2日、NGO団体「一加一」CEOの解岩へのインタビュー。

第4章　他都市のバリアフリー

リハビリ生活をしている彼らの意見を聞いた。なお、博愛医院は1995年に
ESCAPのパイロットプロジェクトが行われた豊台区から遠くはない。同医院
は中国最大のリハビリ病院施設であり、リハビリ訓練を目的に中国全土から集
まる入院者数は800人を超えるということである。このため、障害者の意識を
収集する場合、政府関係者も同医院を訪れるということであった。社会復帰の
ために、現在もリハビリ訓練を続ける彼らが考える北京のバリアフリー環境に
ついて、インタビューを行った。

　彼らの話をまとめると、北京のバリアフリー環境は日本と比較すれば遅れて
いるとはいえ、かなり整っていると感じていた。地下鉄にエレベーターや階段
昇降機・車が設置されたり、バリアフリーバスが走行したりして、かなり便利
になっている。このような環境になる前は、タクシーをおもな移動手段とし、
筆者のように乗車拒否に遭うことも多々あったが、現在はそのようなことが少
なくなったという。さらに、現在の北京では、バスや電車でより安く簡単に移
動できるようになったことで、バリアフリーの環境に非常に満足しているとい
うことであった。そして、彼らのリハビリ仲間が上海万博に行った情報から、
上海のバリアフリーが北京より進んでいることも知っていた。

　筆者と彼らの考えには視点の違いが存在する。彼らが北京のバリアフリーを
進んでいると考える視点として、① 自己の出身地（地方都市）と北京を比較し
ていること、② 行動範囲が北京の中心部に限られていること、③ 先進国のバ
リアフリーの状況を実際には目にしていないこと、があげられる。一方、筆
者が北京のバリアフリーを不十分だと評価する視点として、① 先進国の視点
から北京のバリアフリーを評価していること、② これまでの経験から細かく
チェックしていること、③（文化背景、生活環境、個々の性格などの因子が影響するが）
心的負担の感じ方が異なること、があげられる。日常生活の行動範囲内で地元
住民が満足しているならば、北京は住民にとって十分なバリアフリー空間であ
ると評価できる。

4・1・4　北京編の小括

　2012年5月の調査における障害者との遭遇は、中国の障害者は家族のサポー
トがなければ外出できないという情報を覆す出来事であった。彼ら3人は、筆
者が滞在した菜市口駅から3駅（約3km）離れた馬家堡駅にある博愛医院から

182

4・1　北京──社会主義とバリアフリー

電車で来たが、帰りは自走だという。中国において、障害者が車椅子で自由に
出歩ける環境へ変化したことも驚きであったが、自走で帰れるバリアフリーの
ハードの環境も衝撃的であった。筆者の滞在先が中国最大のリハビリ病院から
遠くなかったという地理的条件もあるが、病院まで3kmの距離を車椅子の自
走で帰れることは、北京のバリアフリー化の進展を証明しているといえよう。
バリアフリーのハードが進展する一方で、そのソフトの利用に戸惑う職員が多
かったのも2012年の調査の特徴である。筆者は、滞在先の最寄り駅がバリア
フリーではなかったことを不便に感じたが、3人はバリアと感じなかったよう
である[29]。しかしながら、彼らのような活動的な障害者とは対照的に、「中国
の障害者は就業機会も少なく、周囲からの偏見も多く、外出する機会がないた
め、社会に対してバリアの存在と不便さを伝えることがないことに原因がある」
という考えもある[30]。

　オリンピック・パラリンピックが北京のバリアフリー化に大きな影響を与え
たものの、バリアフリーの意識は社会にまでは浸透していないともいえる。こ
のことは、事業者側のソフトや心のバリアフリーにも少なからず表れている。
この意味で北京の社会は、心のバリアフリーの「理解」から「受容」への途上
段階にあるといえるのではないだろうか。

　今後、博愛医院の彼らのような障害者が自由に外出することで、事業者がバ
リアフリーのソフトを使う機会が増し、北京のバリアフリー化はさらに深化す
ると予測される。

　北京編の最後に、本書の副次的目的であった北京のバリアフリーに対する疑
問、(1) 経済力とバリアフリーの関係、(2) 社会主義とバリアフリーの関係、(3)
オリンピック・パラリンピックとバリアフリーの関係、(4) 北京と上海のバリ
アフリーの差異とこの原因、について、筆者の考えを順に述べていく。

(1) 経済力とバリアフリーの関係

　北京はオリンピック・パラリンピックを開催するために、インフラ整備を急
速に進めたことにより、バリアフリー化もわずかの期間で進展した。オリンピッ

---

29) 彼らは肢体不自由であったが、上肢のほうは問題がないため、リハビリ訓練次第では階段
　も車椅子のまま昇降できる。
30) 2013年11月2日、NGO団体「一加一」CEOの解岩へのインタビュー。

183

第4章 他都市のバリアフリー

ク・パラリンピックはバリアフリー化に対する、影響力の大きな特殊な要因である。では、中国社会に与えた影響はどのようであろうか。

バリアフリーは障害者のための政策であることから、社会保障の1項目と考えることができる。李蓮花 [2012] は社会保障の実現の要因として、民主化（政治的要因）と工業化（経済的要因）の2つをあげている。中国は経済力を有していたため、北京におけるオリンピック・パラリンピック開催をきっかけに、先進国の技術導入を行いながらバリアフリーのハード面が急速に進展した。北京は民主化されていないにもかかわらず、政府主導でバリアフリーが実現したのである。逆転の発想では、社会主義体制であるがゆえに、急速なバリアフリー化を政府が主導できたとも考えられ、このことは、バリアフリーに関しては李蓮花の政治的要因が当てはまらないことも示している。

それでは、もう1つの経済的要因のほうはどのようであろうか。バリアフリーと経済力が密接な関係にあることは事実である。近年の中国の経済力からすれば、経済的要因のみでバリアフリーが実現されたとも考えられる。1978年の改革開放政策以降、中国の経済成長はめざましいが、この当時はバリアフリーに対する議論はなされていない。北京のバリアフリーに関する転換点は、2004年4月の「北京市無障碍施設建設和管理条例」である。同年11月に中国初のバリアフリーバスが北京市内を走り、地下鉄に階段昇降車が設置されるなどの大きな変化がある。このようにみたならば、バリアフリーの実現において経済的要因は大きな比重を占めている。

しかし、経済力だけでただちにバリアフリー社会へと変容することは可能ではない。ここで問題となるのは、このように急速に進展した北京におけるバリアフリーのツールが、バリアフリー社会を構成しているか否かである。第5・4節で述べるバリアフリー化の三角形でみると、政府、事業者、障害者がバリアフリーの関係を描き出している。しかしながら、事業者が提供したバリアフリーをみるとどうであろうか。筆者の調査報告からも、急速に進展はしているが、けっして使いやすいものではないことがわかると思う。筆者が2007年の調査で遭遇した不自然なバリアフリー（車椅子が転倒するようなスロープ、足の位置にある障害者用呼び出しボタン、高くて届かない公衆電話の位置、国際シンボルマークの誘導の方向など）は、2009年には実用的なものへと改修された形跡が存在する。これは、海外からの利用者の意見というフィードバックによる改善と考

184

えられ、設置当初はバリアフリーを知識として知るだけだった中国の障害者や
検査機関により、バリアフリー認定されていたものであった。ほかの点では、
高速鉄道の車椅子用指定席の手配や障害者用入口を知らないなど、バリアフ
リーの技術を扱うバリアフリーのソフトが不足していた点も否めない。

　北京の中心部に存在する古い地下鉄を介助機器によりバリアフリー化したの
だから、公共交通機関のバリアフリーには事業者による人的介助が必須である。
このため、ソフト面の進展がなければ、バリアフリー社会へ進展することは難
しい。ソフトの向上のためには、供給する事業者側の知識と経験が必要となる。
政府がバリアフリー化を急速に推し進めた結果、バリアフリーのハードは設置
できていながらも、事業者のソフト面が追いついていない状況といえる。さら
に駅の障害者専用窓口に一般市民が列をつくるところをみると、心のバリアフ
リーも進んでいない状況である。このことに関して、北京の一市民は「北京に
は地方出身者が毎日流入しているのだが、彼らはバリアフリーをわかっていな
いと思う」と語っていた。障害者の社会参加が進んでいないため、事業者も実
践の場を得られていないことも、その一因となっている可能性がある。

　以上から、バリアフリーに対する経済的要因は大きいことがわかる。しかし
バリアフリー社会という観点から考えたならば、経済的条件は大きな必要条件
であっても、十分条件とはなりえない。経済力だけではバリアフリーのソフト
の進展までもうながすことは難しいからである。事業者、障害者、市民からな
る社会的要因（バリアフリーに対する人々の認識）も必要である。

　李蓮花があげた社会保障の2つの要因がバリアフリー社会に当てはまらない
理由として、政府にとってのバリアフリーは社会保障のなかでも小さい項目で
あること、建設工事という一過性のものとして終わらせていることが考えられ
る。しかしながら、社会におけるバリアフリーは一過性のものではない。事業
者にとっては、今後、バリアフリーのハードの維持管理も必要になる。そのた
めにも、社会全体における理解も必要である。

(2) 社会主義体制とバリアフリーの関係

　バリアフリーに関係する研究者は、社会主義体制におけるバリアフリー化は
困難としているが、条件付きで可能である。民主主義体制ではバリアフリー化
の動機は需要を求める社会から起こりうるが、社会主義体制の場合は外的要因

第 4 章　他都市のバリアフリー

がバリアフリー化に大きな役割を果たす。社会主義体制にバリアフリー化の三
角形を当てはめると、バリアフリー化を主導するのはベトナム同様に政府であ
る。このためバリアフリー化の実現のためには、政府を動かすだけの強い動機
が必要になる。ベトナムの場合は、国際条約の遵守という若干消極的な理由で
あったが、北京の場合はオリンピック・パラリンピック開催という大きな動機
であったため、好調な経済状況を背景にバリアフリーのハードを実現できたと
考えられる。

　しかしながら、このような状況は、バリアフリーの概念が社会に浸透してい
ないことを意味する。民主主義において、社会の人々からバリアフリーの需要
を求める動きが起こるのは、バリアフリーの必要性を人々が認識するからであ
る。このことは、社会においてバリアフリーの概念が浸透しているがゆえに起
きる現象なのである。政府が主導する状況下では、事業者や障害者が政府の考
えに追い付いておらず、社会におけるバリアフリーの認識が不十分である。こ
のため、先進国の利用者からみると不完全なバリアフリーであり、問題点が指
摘されやすい。

　現在の北京は、政府がバリアフリーを一方的に推進する形になっている。
1988 年に障害者連合会が発足してから、国務院が認可する障害者事業の進展
はめざましい。それに対して事業者と障害者は、バリアフリーを十分には理解
しないまま、政府に引っ張られるような形で進んでいる。これは社会主義シス
テムの特徴といえる。さらに北京のバリアフリーの特徴は、オリンピック・パ
ラリンピックに向けて地下鉄の完成を急ぎ、形式的なバリアフリー設備のまま
開業し、後から改造などを行ってバリアフリー化する手法にある。このとき既
設の部分を破壊することもあるので、経済的損失も存在する。オリンピック・
パラリンピック終了後に使用不能にした設備も少なくない。

　以上から、社会主義体制におけるバリアフリー化への条件は、外的要因によっ
て生まれる政府の強い動機と考えられる。しかし、これだけでは一過性のバリ
アフリーとして終わってしまい、社会全体からみると実用的ではないバリアフ
リーとなる。このことから、バリアフリー化の三角形を成立させて、理想的な
バリアフリー社会を構築するためには、事業者と障害者を含む社会全体におい
てバリアフリーに対する理解を深化させなければならない。

4・1　北京──社会主義とバリアフリー

（3）オリンピック・パラリンピックとバリアフリーの関係

　筆者は修士論文において、北京の急速なバリアフリー化はオリンピック・パラリンピックの開催が目的であり、同イベントが起こらなければ北京のバリアフリー化はなしえなかったと結論づけた。しかしながらこの結論は、2012年の中国障害者連合会のインタビューにおいて、同イベントがなくても中国のバリアフリー化は進んでいたはずである、と真っ向から否定された。オリンピック・パラリンピックの開催から数年が経過した現在、この点を再検討したい。

　現在の中国の障害者政策をみると、事業計画が5年ごとに更新され、オリンピック・パラリンピック後も続いていることから、同イベントはバリアフリー化を推進させた要因の1つにすぎず、これを最終的な目的とした筆者の結論はたしかに誤りであった。しかしながら、ここで新たな疑問が考えられる。仮にこのイベントが開催されなかったならば、北京のバリアフリー化はどのように進展しただろうか。

　（1）の経済力とバリアフリーの関係の内容にも重なるが、筆者が2007年の調査で遭遇した不自然なバリアフリーは、2009年に実用的なものへと改修されていた。2007年において、バリアフリーを供給する事業者、需要する障害者、認定する政府の3者ともに、バリアフリーの十分なソフト（知識）を有していなかったのだが、オリンピック・パラリンピックを通じて、知識を有する利用者からのフィードバックを得て改善されたと考えられる。このように考えたならば、同イベント後に開業した4号線はフィードバックの機会がなかったため、バリアフリーではない部分が存在したと説明できる。先進国においては、障害者の需要に対して、事業者がバリアフリーを供給し、障害者の社会参加というフィードバックにより、社会にバリアフリーが深化していく。しかし、同イベントがなかった場合の北京では、障害者が社会参加できるほどにはバリアフリー環境が整っていない可能性があり、社会にバリアフリーが浸透していくことは期待できない。したがって、同イベント前のバリアフリーこそ、北京が独力で進展させたバリアフリー化であり、同イベントが開催されなかったとしたら、バリアフリー化は現在ほど進展しなかったと考えられる。

　このことから、オリンピック・パラリンピックは北京にとって、たんなる通過点ではなく、ハードのバリアフリー化を加速させた跳躍点であったと考えられる。

第 4 章　他都市のバリアフリー

（4）北京と上海のバリアフリーの差異と原因

　北京と上海の関係は、それぞれ中国における政治の中心都市と経済の中心都市である点が、ベトナムにおけるハノイとホーチミンの関係と共通する。

　筆者が観光で初めて上海を訪問した 2001 年 2 月に、上海はすでにエレベーターが設置された地下鉄 2 号線を有していた（写真 4-18）[31]。一方、2003 年 2 月に訪問した北京の地下鉄において、介助機器が設置されている駅はまだ存在せず、ほかの公共交通機関もバリアフリー化が進んでいなかった。首都である北京よりも上海のバリアフリーが進んでいた事実は、筆者に衝撃を与えた。

　上海と北京のバリアフリー化の相違点には、両都市の発展の経緯が影響していると考えられる。上海の浦東開発は 1990 年に上海市政府により認可され、1991 年 4 月より国家プロジェクトとして決定された［佐々木 2002:79-82］。地下鉄 1 号線は 1990 年 1 月に着工し、1997 年 7 月に全線で正式に営業運転が始まった。地下鉄 2 号線は 1996 年 7 月に着工し、2000 年 6 月 11 日に開通する［丁健 2002:217］。このようにインフラ整備を容易に行うことができ、同時にバリアフリーのハードの導入を行うこともできた。一方、北京は都市の中心に存在する歴史的文化遺産と既設の地下鉄を保存しながら開発を進める必要があったため、既存施設のバリアフリー化は容易ではなかった。このため、北京市内は中心部ほどバリアフリーが不連続になっている。

　2010 年上海万博においてインフラの再整備がされたときに、バリアフリーのハードが拡張したことは十分に考えられる。バリアフリーを扱う技術であるソフトに関しても、2012 年の調査では、上海のほうが北京よりも充実していた。これは都市の中心部だけではなく、郊外の住宅街でも同様である。しかし、2003 年時点の上海においては、筆者はバリアフリーに関する問題に遭遇している[32]。このことから、上海のバリアフリー化は知識と経験を得ながら、進展したと考えられる。バリアフリーのハードに関しては後発性の利益が作用するが、ソフトに関してはバリアフリーの深化という意味において、時間が長いほうが有利である。

　北京のバリアフリー化から、社会主義におけるバリアフリーの問題点もみ

31）2001 年当時、エレベーターは数駅ごとにしかなく、全駅に設置されていたわけではない。
32）午前中利用できたエレベーターが午後に突然故障するという事態に遭遇した。当時の駅職員は、「こういうことはよくあることだから」と、こともなげに筆者に話した。

えてくる。現時点では、ベトナムの組織のなかに、検査機関として機能している存在がみえてこない。検査を行い、修正を経て、成長、発展させていくことが、今後のベトナムの課題であると考えられる。また、政府が主導するバリアフリーに対して、不備を指摘したり、意見を言ったりできるくらいに、障害者自身も成長することが必要とされる。

次節では、ベトナム同様に東南アジア国家で、心のバリアフリーが進んでいると考えられるバンコクのバリアフリー化について、障害者運動を中心にみていく。

写真 4-18　河南中路駅（現在の南京東路駅）のエレベーター（2001 年 2 月）

4・2　バンコク──東南アジアにおけるバリアフリーと社会運動

前節の北京編で述べたように、バリアフリー化の進展には検査機関が不可欠である。検査機関は政府だけではなく、障害者も関わるものでなければならない。また障害者自身が高い知識と自覚を持たなければ、バリアフリーの発展はありえない。ベトナムと同じ東南アジアの国家であるタイでは、障害者がデモを行うなどしてバリアフリー化を要求し、少しずつではあるがその要求を実現させている。一方、ベトナムの障害者は不自由と感じながらも、自国の社会主義体制と貧困ゆえのバリア社会を甘受しているようにもみえる。先進国ではない国で障害者が社会参加できる環境をつくり出すために、障害者自身が果たすべき役割というものを、バンコクの事例を基に考える。

障害者権利条約は署名のために 2007 年 3 月 30 日に開放され、タイは同日に署名を行い、2008 年 7 月 29 日に批准を行っている［西澤 2010:16］。

2007 年のタイ国家統計局の発表によると、タイ国内における障害者の数は約 190 万人であり、全人口 6300 万人の 2.9％である。しかしながら、日本の障

第4章　他都市のバリアフリー

害者の割合[33]より低いこの数値に対して、実際より低く見積もられている可能性があるという指摘もある［千葉 2011:19］。ベトナム同様に障害者の認定方法が異なる、あるいは農村部において数えられていない障害者も存在する可能性も考えられる。タイでは障害者に対し、「タイの人々は障害を前世の悪行の結果であると信じていた。この考え方は、障害者に対する2つの矛盾する態度を生み出す。一方では、人々は障害者を哀れみ、したがって障害者は家族に過保護に遇される。他方、障害者はひた隠しにされ、さまざまに差別されるのである」［ブンスク＆ドゥアンドゥアン、萩原訳 1995:61］といった仏教との関連の記述が多くみられる。これについて、タイの高僧によると、仏典にはこのような教えがないにもかかわらず、タイ人には誤って理解されている、ということである［千葉 2011:30-34］。

　タイ語における障害者を表す一般的な用語[34]は **คนพิการ**（khon-phikaan コン・ピカーン）[35]である。憲法の条文には、第50条で **บุคคลพิการ**（bukkhon-phikaan ブッコン・ピカーン）、第80条2項で **ผู้พิการ**（phuu-phikaan プウ・ピカーン）が用いられているが、母語者の感覚では、これらは書き言葉でよく用いられる語ということである。

　また、バリアフリーはタイ語で **ปราศจากอุปสรรค**（praatsacaak-uppasak プラトサジャーク・ウパサーク）と表記する。**ปราศจาก**（praatsacaak プラトサジャーク）は「～なしに」という意味であり、**อุปสรรค**（uppasak ウパサーク）は「障害（物）、トラブル」を意味する。これらの単語から、タイ語におけるバリアフリーの用語は英語をタイ語訳したものと考えられる。また、ユニバーサルデザインを表す語は **การออกแบบที่เป็นสากล**（gaan-ook-beep-thii-pen-saakon ガーンオークベップ・ティペン・サアゴン）がある。**การออกแบบ**（gaan-ook-beep ガーンオークベップ）は「デザイン」であり、**ที่เป็น**（thii-pen ティペン）は修飾を助ける語に近い[36]。**สากล**（saakon サアゴン）は「国際的な、普遍の」という意味である。これらから、ユニバーサルデザインの用語も、英語をタイ語に訳したものと考えられる。

---

33) 平成25年版「障害者白書」（2ページ）によると、国民の約6%としている。ただし、身体障害者は平成18年、知的障害者平成17年、精神障害者は平成23年の数値である。
34) 吉村［2009:87］によると、**ผู้ด้อยโอกาส**（プー・ドイオカーン、不利な人、機会に恵まれない人）や **เสียองค**（シア・オンカーン、損傷した人）という用語も用いられた。
35) **คน** は人、**พิการ** は障害を有するの意味。
36) タイ語もベトナム語同様に、名詞の後方に修飾語を置く。

4・2 バンコク──東南アジアにおけるバリアフリーと社会運動

4・2・1 政府からのバリアフリー化

1991年の「障害者リハビリテーション法」は、タイにおける障害者に関連する最初の法律である。1991年以前に、障害者に関連する法律は存在せず、また障害者に対する定義が明確にはなされていなかった。同法の策定をうながしたものとして、1981年の国際障害者年、1982年の障害者に関する世界行動計画、1983～92年の国連障害者の十年の影響により、国連からタイに働きかけがあったこと、そして国外の障害当事者による国際団体設立とその影響により、タイ国内に全国レベルの障害当事者団体が設立されたこともあげられる［吉村 2009:75］。このように国連の影響が強い点は、バンコクも北京と同様である。

1995年のESCAPのプロジェクトにおいて、北京は住宅地区[37]をバリアフリー化したが、バンコクは商業地区をバリアフリー化することでパイロット都市に選ばれている。同プロジェクトは、サイアム駅近くのショッピングセンターに1km四方のバリアフリーのモデル地区をつくり、バリアフリーが何たるかをタイ国民に示すことが目的であった[38]。

1997年憲法はタイの憲法史のなかで、クーデターによることなく制定された初めての憲法である［西澤 2010:120］。障害者の語句が使われているのは、「障害者[39] 又は虚弱者は、国から公共の便宜及びその他の援助を受ける権利を有する」（55条）、「国は、高齢者、貧困者、障害者[40] 又は虚弱者及び機会のない者の良質な生活及び自立を援助する」（80条2項）という箇所である［大友 2003:25,27］。55条と80条2項は、ベトナムの1992年憲法と同様に、障害者に対する国家からの扶助を意味するものと考えられる。

1999年12月3日、建築物、交通機関、サービス機関を含むすべての公共機関で、障害者がアクセシビリティを有することを規定する、という政府方針が告示された［Patibatsarakich 2002］。この政府方針は高架鉄道（Bangkok Transit System、BTS、通称はスカイトレイン）の建設後で、地下鉄の建設前である。

2007年に制定された憲法において、「出生地、民族、言語、性別、年齢、障害、心身の状態、身分、経済もしくは社会的な地位、信仰、教育、もしくは憲法に

37）4・1節の豊台区方庄居住区。
38）バンコク地区を担当した日本女子大学の佐藤克志教授（当時は建設省からの出向）による。
39）55条においては บุคคลซึ่งพิการ を用いる。
40）80条2項においては ผู้พิการ を用いる。

第 4 章　他都市のバリアフリー

抵触しない政治信条の違いにより人を不公正に差別することはできない」（30
条）、「障害者もしくは虚弱者は国からの福祉、公共のファシリティ、及び相当
の援助にアクセスし、利用する権利を有する」（54 条）とあり、30 条は障害があっ
ても平等であることを、54 条は障害者援助を明文で規定している［ジェトロ
2007］。54 条に関しては、公共のファシリティにアクセスし利用する権利を有
するというバリアフリーの権利と解釈することもできる。54 条の背景に、ス
ワンナプーム空港の障害者トイレへのアクセスの問題があった［西澤 2010:126-
127］。同憲法は同年 8 月 24 日に発布されている。

　2007 年 12 月、1991 年の障害者リハビリテーション法を引き継ぐ形で「障害
者エンパワメント法」が成立した［千葉 2010:27］。タイにおける障害者法とも
よべるもので、障害者権利条約に対応して、障害者の権利に関する規定が盛り
込まれている［西澤 2010:16］。

　2017 年 4 月、臨時政府のもとで新憲法が公布された。同憲法では 54 条のア
クセシビリティの条文が削除されており、今後の大きな影響が考えられる [41]。

4・2・2　事業者側からのバリアフリー化に対する調査

　1999 年 12 月 5 日、高架鉄道 BTS が開通する。バンコクではシーロム線とス
クムビット線の 2 路線が開通している。

　2004 年 7 月、地下鉄が開通する。BTS のスクムビット線のアソーク駅とシー
ロム線のサラデーン駅に接続する。建設段階でデモが起きた BTS とは異なり、
新設段階で地下鉄全駅にエレベーターが設置されている。しかしながら、全駅
で合計 60 か所の出入り口があるが、エレベーターは 32 か所に設置されている
にすぎない。利用する地下鉄駅によっては、1 方向だけにしかエレベーターが
ないため、交通量の多い道路を横断する必要がある。

　2006 年 9 月 28 日に開業したスワンナプーム空港には、既述のとおり、アク
セス面の問題があった。このため、BTS のデモ行動を指揮したリーダーが抗議
行動を行った。これが改善されたことで、同空港は 4 年後の 2010 年にタイ開
発保健省から「障害者に優しい施設」優秀賞を受賞している。

　2009 年 5 月 15 日、BTS シーロム線がサパーンタークシン駅の先に 2 駅延長

　41）2018 年 2 月、西澤へのインタビュー。

される。両駅ともエレベーターが設置されたバリアフリー駅である。

　2010年8月23日、エアポートレールリンクという、スワンナプーム空港と市内の間を結ぶ公共交通が新設される。エアポートレールリンクは車両、駅ともにバリアフリーである。BTSスクムビット線のパヤタイ駅と接続している。

　2010年5月29日、新たな公共交通機関である高速バス輸送システムBRT（Bus Rapid Transit）が開業する。BTSシーロム線のチョンノンシー駅のエレベーターが、有効活用できることになる。

　2011年8月12日にはBTSスクムビット線が、オンヌット駅の先に5駅延長される。5駅ともエレベーターが設置されたバリアフリー駅である。

　2012年9月17日、BTSの既存駅にエレベーターが設置されていないことに抗議するデモ行動が起こる。バンコク知事は2013年8月までに、BTS全駅にエレベーターを設置すると約束した。

　2013年、BTSシーロム線に4つの新駅ができる。新駅はホームエレベーターという、コンパクトなバリアフリー化を行っている。

（1）BTS

　1994年にBTSを建設する段階では、バリアフリーの配慮がなかった。しかしながら障害者のデモ（後述）により、バンコク知事との交渉で5つの駅をバリアフリー化した経緯がある。5つの駅は、サイアム、モーチット、アソーク、オンヌット、チョンノンシーであり、エレベーターの設置によりバリアフリー化する形で開業した。サイアム駅はスクムビット線とシーロム線の交差駅であり、バンコク一の繁華街である。モーチット駅はスクムビット線の端の駅で、タイ最大の市場とよばれるチャトゥチャック・ウィークエンドマーケットの最寄り駅である。アソーク駅は地下鉄のスクムビット駅との乗換駅で、日本人ビジネスマンが多く生活するエリアでもある。オンヌット駅はスクムビット線の端の駅であるため、住宅エリアからオンヌットまでバスで移動し、BTSを利用する利便性が高い。

　しかしながら、シーロム線チョンノンシー駅にエレベーターが設置された理由は、筆者には疑問であった。これら5駅がバリアフリー化された理由に関して、20年前の関係資料は存在せず、タイの関係当事者の記憶からも失われている。日本側の関係者[42]によると、「2つの路線の端の駅とそれがクロスする

第4章　他都市のバリアフリー

写真 4-19　オンヌット駅
エレベーターは施錠管理されており、サイアム方面のプラットホームへ行くにはエスカレーターを利用するしかない。

駅に設置したと聞いている。地下鉄の建設はまだなかったため[43]、地下鉄との乗り換えを考えてのことではないと思う」ということである。この伝聞どおりだとすると、今度はアソーク駅のバリアフリー化の理由が不明である。また、チョンノンシー駅がバリアフリー化された理由も解明されないままである[44]。

2006年9月30日の調査において、バンコクの中心であるサイアム駅のバリアフリーの検証を行う。2つの路線が交差するため、利用客がBTS駅のなかでも多い[45]。サイアム駅における地上からのエレベーターは施錠され、駅職員をインターホンで呼び出す形であった。

スクムビット線はモーチット駅とオンヌット駅の間を車両が往復している。端の駅のモーチット駅のバリアフリーは、終着駅から長距離バスターミナルやウィークエンドマーケットへ行く人にとって利便性がある。

アソーク駅は地下鉄から乗り換える形で利用する。BTSのエレベーターは施錠管理されている。2つの幹線道路の交差点付近にあるが、地下鉄駅からBTSの駅へ移動のさい、歩道を横断するのは容易である。

42) 当時のことを記憶するタイ人関係者が見つからず、筆者は琉球大学の高嶺豊教授にメールで問い合わせた。同教授は、4・2・3項で後述する1995年の障害当事者のデモ行動の状況を日本の機関紙にて報告した。
43) バンコクでは、BTS（グリーンライン）と地下鉄（ブルーライン）の工事は1990年代のほぼ同時期に始まっている［森杉、福田 1998:219］。
44) 2010年5月、BRTが同駅より開通している。このため、チョンノンシー駅のエレベーターはバリアフリー動線を描く結節点となった。しかしながら、BTS開通の1990年代当時からこのようなBRTの計画があったようには思えない。
45) 1位：サイアム、2位：オンヌット、3位：モーチット、4位：ビクトリー・モニュメント、5位：サラデーン［Prachachat 2012］。

4・2 バンコク——東南アジアにおけるバリアフリーと社会運動

写真 4-20　バリアフリー化されていない駅
BTS や BRT の駅は一般に、エスカレーターにたどりつく前に数段の階段がある。

　スクムビット線のもう一方の端のオンヌット駅[46]では、駅の終着側のみにエレベーターが設置されているため、もう一方の出発側を利用するさいには、通常のエスカレーターで数人の駅職員が車椅子を押えて介助する（写真 4-19）。オンヌット駅のバリアフリー設備は建設段階のデモで変更されたため、構造上、若干不便な点があると考えられる。

　また、エスカレーターが設置されている駅もあるが、水害対策のために地上から数段の階段があり、車椅子での利用は難しい（写真 4-20）。バリアフリー動線の観点からみた場合、BTS の主要な 4 駅のバリアフリー化は乗換えという点で重要な駅である。しかしながら、日常生活において BTS は移動手段であり、BTS に乗車すること自体が目的なのではない。BTS を利用することを考えるならば、5 駅以外のバリアフリー化も必要である。仮にバリアフリーではない駅が目的地であった場合、バリアフリーの駅とバリアフリーではない駅を連絡する、バリアフリーのシャトルバスが必要であるが、存在していない。このような場合は、BTS を利用できない。さらに BTS 駅周辺は段差も多く、歩道は起伏が激しく、タイの文化である屋台[47]により占有されている箇所も多い。このような環境では、バリアフリー駅から非バリアフリー駅への自走による移動も難しい。このように考えると、BTS のバリアフリー化の実用性は、サイアム駅と地下鉄駅との乗り換えを目的とした限定的なものになる。

　46）同路線は 2011 年に延長され、オンヌット駅は終着駅ではなくなっている。
　47）佐藤克志によると、バンコクには台所のないマンションが多いため、調理を行わないバンコク市民にとって屋台はなくてはならないものという印象だったとのことである。

195

第 4 章　他都市のバリアフリー

写真 4-21　プナウィティ駅
一見すると一般的なスロープのようだが、歩道の段差は50cm に近く、スロープの角度は 12 度もある。

　2010 年 11 月 22 〜 24 日、シーロム線のサラデーン駅の調査を行う。この駅の利便性は、地下鉄のシーロム駅と連絡していることにある。このため、地下鉄のシーロム駅(地下 1 階)からエレベーターで移動して BTS のサラデーン駅(2 階) に向かう。しかしながら、サラデーン駅は改札階からホーム階までは階段しかなく、駅員に BTS に乗りたい旨を話してみたが、「エレベーターがありません」の回答だけであった。さらに、このような状況で困ったことは、2 階のサラデーン駅から地上階に行くには階段を使うしかないことである。エレベーターは地下鉄が施錠管理しているため、BTS のサラデーン駅から自由に利用することができない。この場合は、エレベーターの扉に表記された電話番号に連絡しなければならない。
　さらに、BTS のデモでエレベーターが設置された、サラデーン駅のとなりのチョンノンシー駅を訪れる。同駅をバリアフリー化した理由を探るために周囲を見わたしたが、病院や障害者施設などとくに目立った建物は確認できなかった。この意味において、サラデーン駅をバリアフリー化したほうが、地下鉄と

4・2 バンコク——東南アジアにおけるバリアフリーと社会運動

写真 4-22 シーロム線バーンワー駅のエレベーター

の乗換えの点で利便性が向上するように考えられる。

スクムビット線のパヤタイ駅の調査を行う。エアポートレールリンクの終着駅と連絡し、乗換駅となったための調査である。エアポートレールリンクのパヤタイ駅から BTS の駅までは、長いスロープでバリアフリーの動線をきれいに描けるのだが、BTS のパヤタイ駅構内では駅職員から「エレベーターがありません」と回答されるだけである。エアポートレールリンクが開通しても、連絡する既存の駅を改めてバリアフリーにすることはないようである。

2011 年 10 月 12 〜 19 日、延長された新しい BTS シーロム線のプナウィティ駅からバーンチャーク駅までの調査を行った（写真 4-21）。両駅の中間地点に観光スポットがあり、これに付随してバリアフリー化が進む可能性を考え、これらの 2 駅を選んだ。両駅ともエレベーターが設置されたバリアフリー駅であったが、駅周辺には問題が存在する。歩道の高さは 50 cm 近くあり、スロープも急勾配であった[48]。スロープもあり、形式的にはバリアフリーではあるが、駅周辺へのバリアフリー動線はままならない。

2014 年、スクムビット線スクムビット駅前に商業ビルができており、同ビルからアソーク駅、地下鉄駅、空中回廊までバリアフリー動線が描けるようになっていた。同ビルには障害者用のエレベーターが新設され、同ビル 2 階とアソーク駅の改札までバリアフリー動線を描ける。

---

48) 日本では歩道の高さは 5 cm、縁石は 15 cm が標準なのに対し、タイの歩道は高さが平均 25 cm 以上もある。リハビリ関係者によると、歩道に上がるスロープの傾斜も一般には 5 度、緊急用にしか利用されないものだと 10 度もあるという。

第 4 章　他都市のバリアフリー

2014 年に、2013 年にできたシーロム線の新駅のバリアフリー調査を行った。車椅子 1 台が乗り込むだけのスペースの、ホームエレベーターによるバリアフリーである（写真 4-22）。介助者が同乗することは厳しい。事故が起きたときへの対処という心配もあるが、ガラス張りであるため、そのような心配は無用である。また、一般の人の利用は制限していた。

（2）地下鉄

2006 年 9 月 30 日の調査時の地下鉄は、地上階から改札階へのエレベーターは施錠管理されておらず、インターホンなどで改札階の駅職員に連絡をとる形であった。設計段階からユニバーサルデザインであったので [49]、バリアフリー動線をきれいに描ける。駅職員の安全管理の水準は高い。地下鉄と BTS は乗換えができるようにバリアフリー動線が確保されている。

2012 年 10 月 4 〜 7 日の調査時の大きな変化は、多くの地下鉄駅の施錠がなくなり、解錠のための呼び出し用電話番号の表示も取り外されていたことである。地下鉄駅の多くのエレベーターはユニバーサル仕様に戻っていた。2006 年の調査時は施錠されていなかったのだが、2007 年の調査以降、一般利用者用に対し荷物検査などセキュリティ面が厳しくなり [50]、エレベーターの施錠管理が行われていた。しかし、この管理が再びゆるやかになってきたようである。これにより、2010 年に立ち往生した BTS のサラデーン駅においても、地上に出るさいにエレベーターを自由に使うことができるようになっている。

本調査に、筆者の 2008 年 8 月 12 日の体験を付け加える。筆者自身、地下鉄の 1 駅に 1 か所のエレベーターで十分だと思っていたが、地下鉄の目的地の方向が違うと幹線道路（ラチャダピセク通り）を横断する必要があることを知る。ラチャダピセク駅においては、スクムビット駅方面行きのエレベーター入口は、幹線道路をはさんで宿泊先の反対側にある。地下鉄に乗車するためには、幹線道路を横断しなければならないのだが、付近には横断歩道がない。また、ラチャダピセク通りの片側 4 車線の幹線道路には、中央分離帯が設置されている。幹線道路を横断するために歩行者は歩道橋を渡るが、車椅子利用者は信号のある横断歩道まで、1 駅分移動する必要がある（写真 4-23）。バリアフリー動線を描

49）当初は障害者と高齢者専用であった。
50）タクシン政権に対するクーデター後のデモの影響であると考えられる。

198

4・2 バンコク──東南アジアにおけるバリアフリーと社会運動

写真 4-23 片側 4 車線の幹線道路のラチャダピセク通り
横断歩道が途中にないので、駅のエレベーターに乗るために 1 駅分移動する必要がある。

くためには、となりのスッティサン駅まで移動する必要がある。ラチャダピセク駅の職員は反対側の歩道を指さし、エレベーターが反対側の歩道に設置されていることを示したが、横断歩道の位置まで把握していたわけではない。スッティサン駅の職員は、ラチャダピセク駅のほうが宿泊先に近いことを教えてくれた。しかし、車椅子では道路を横断できないことまで駅職員が認識しているわけではない。このように、駅が完全なバリアフリーであっても、駅周辺の利便性が低い事例も存在する。

バンコクの場合、多くの幹線道路に中央分離帯が存在するため、駅の 1 か所にしかエレベーターを設置できない場合は、障害者の横断を配慮して、アソーク駅のように横断歩道付近に駅を配置することも必要であると考えられる。これはスクムビット通りに並行する BTS の駅も同様である。

(3) エアポートレールリンク

2010 年 11 月 22〜24 日の調査では、新しい公共交通機関であるエアポートレールリンクの調査を行う。2010 年に開通した新たな公共交通機関のバリアフリーの調査を行い、バンコクにおける新たなバリアフリー動線を探る。

同路線は空港からバリアフリー動線を描くことができ、各駅にエレベーターが設置されている。前述のように、パヤタイのエアポートレールリンクの駅からBTS の駅までは長いスロープにより、段差もないバリアフリー動線で接続されている。

エアポートレールリンクの駅はバリアフリー施設であり、別の公共交通機関

199

第 4 章　他都市のバリアフリー

写真 4-24　プラットホームに入る BRT

写真 4-25　プラットホームから歩道への移動
階段昇降機を使わなければならない。

である BTS まではバリアフリー動線をつなぐことができる。空港からエアポートレールリンクを通じて、BTS のパヤタイ駅までバリアフリー動線を描くことにより、事業者間の連携がとられたので、エアポートレールリンクとしては任務を果たしたといえる。

(4) BRT

　新しい公共交通機関 BRT は、2010 年 5 月に開通した。BTS の最寄駅はシーロム線チョンノンシー駅であるため、チョンノンシー駅にあったエレベーターも意味があるように思えた。しかしながら、BRT の始発駅であるサトーン駅までは、チョンノンシー駅よりかなりの距離を移動する。また、ゴンドラ式の階段昇降機を使うバリアフリーである。

　BRT の車両はプラットホームとの間に段差がなく、電光掲示板、音声案内も有している。専用路線を走り、高速に移動できる（写真 4-24）。しかしながら、駅のプラットホームは幹線道路の中央にあるため、一般の歩道に行くためにはプラットホームから改札階まで、さらに改札階から歩道まで、ゴンドラ式階段昇降機で 2 度移動する必要がある（写真 4-25）。

(5) 歩道

　2006 年 9 月 30 日の調査では、BTS のパヤタイ駅からスクムビット線の路線に沿って、サイアム駅まで歩道の調査を行う。サイアム駅手前に、ESCAP のプロジェクトの対象となった商業施設のエリアが存在する。北京の住宅街と同

4・2　バンコク――東南アジアにおけるバリアフリーと社会運動

写真 4-26　サイアム駅の空中回廊　　　　写真 4-27　サイアム駅のとなりのチットロム駅
途中に階段がある（丸印）。　　　　　　　　こちらもやはり階段がある。

様に当時は画期的な状況であったのだろうが、現在のバンコクの水準では真新しい発見はない。この一方で、サイアム駅付近は BTS の高架線の直下に空中回廊[51]が充実しており、幹線道路の両側にあるショッピングモールやホテルには空中回廊から地上に下りずにアクセスできる構造になっている。このため、市民は空中回廊の利用を行い、幹線道路であるスクムビット通りを横断しない。このような構造でありながらも、空中回廊のつなぎ目と考えられる箇所は数段の階段であり、バリアとなっている（写真 4-26、4-27）。これにより、サイアム駅周辺のバリアフリー動線は何度も分断されてしまう。

2007 年 11 月 13 ～ 14 日の調査では、サイアム駅の東側にあるナナ駅からプロムポン駅まで、BTS と並行する幹線道路のスクムビット通りに沿って調査を行う。幹線道路のスクムビット通りには屋台も多い。また、車道に対して歩道の縁石の位置が高いため、車道との段差が大きい。このため、段差解消のスロープは勾配が急になり、車椅子が転倒する危険性がある。これは車椅子向けのバリアフリーとしてではなく、屋台車や荷車など日常生活の向上を考えての段差解消である可能性が高い。同時に、この高い縁石の歩道構造は、雨季の水害対策であると考える。BTS 駅のエスカレーター、地下鉄のエスカレーターやエレベーターの入口が、地上から数段の階段の上に設置されていることも、同様の理由と考えられる。

2010 年 11 月 22 ～ 24 日の調査で、幹線道路に並行する歩道を歩いたさいに、

51）この構造は、BTS の路線を 3 階、空中回廊と改札階を 2 階、地上（幹線道路であるスクムビット通り）の歩道を 1 階とイメージできる。

第 4 章　他都市のバリアフリー

写真 4-28　マウンド型の減速帯

副産物的なバリアフリーを発見する。脇道から出てくる自動車向けの減速帯を歩道と同じ高さまで大きくゆるやかな山型（マウンド型）にかさ上げすることにより、歩道と車道の段差が解消されているのである（写真 4-28）。これにより、自動車は突起物で減速することで安全運転を行う一方、車椅子はマウンド型の減速帯の上を通過できる。このため、歩道が一定の高さに保たれているので、非常に移動しやすい。バンコクの歩道は段差が高いので、この改造により車椅子の通行の負担も軽減された。

　2011 年 10 月 12 〜 19 日の調査で、サバイウォーク（後述）の調査を行った。サバイウォークとは、一民間人が発案した歩道の形態である。障害の有無にかかわらず、誰でも自由に往来できるような、バリアフリーで屋台などもない歩道づくりをめざしたところ、賛同する友人や民間企業からの協力を得られた。そして、協力する芸術家の作品の美術オークションを開催し、歩道改造のための資金集めを行うことになった。この資金により、第 1 回目は地下鉄シーロム駅近くのルンピニー公園からサヤーム方面に向かうラチャダムリー通りの歩道がバリアフリー化された。このバリアフリー化には後述の DP-AP（アジア太平洋・障害者インターナショナル）が関与しており、チェック機能が働いているため、完全なバリアフリーであった。

　2012 年 10 月 4 〜 7 日の調査のさいには、第 2 回サバイウォークの美術オークションの資金により改造された、サイアムスクエアとラーマ 1 世通りの歩道のバリアフリーを確認した。地下鉄シーロム駅と BTS シーロム線のサラデーン駅を結ぶ連絡橋から、チュラロンコーン大学病院に向かっていた工事中の連絡橋も、バリアフリー仕様で開通している。この一方で、サイアム駅付近であっても、サバイウォークのプロジェクトの対象となっていないエリアの歩道は凹凸が激しい。今回の調査において、第 1 回サバイウォークの歩道上にある BTS

シーロム線のラチャダムリー駅にも、隣接する建物への段差解消機が設置されていた。既存 BTS 駅のバリアフリー化の一例である。このようなバリアフリー化は、隣接する建物の一部を利用しており、BTS 側の負担を軽減することができる。

4・2・3　障害者の活動

（1）BTS のデモ

　バンコクのバリアフリー化は、障害者から政府への働きかけがあって実現した事例である（写真 4-29）。

　バンコク知事がバリアフリーの保障を公約したにもかかわらず、1995 年 7 月に建設中の高架鉄道（BTS）の設計はバリアフリーではなかった。そのため、すべての障害種別団体から構成されるタイ国障害者協議会を中心に、同年 11 月にデモ行動が起きた。

　高嶺豊によると、タイ国障害者協議会は、1992 年にバンコク知事宛に、大量交通機関に障害者のアクセスを保障するよう要請書を提出し、知事からのアクセス保障の公約をとりつけていた。しかしながら、設計段階でバリアフリーではないことが判明し、バンコク知事は「将来対応する」と回答した。この知事の対応を不服とした同協議会は、公約を遵守させるための運動を開始した。しかし、同知事からはそれ以上の回答が得られなかったため、デモに至ったのである。

　1995 年 11 月 27 日午前 5 時に盲人、ろう者、肢体障害者、その仲間 450 人が民主記念塔の前に結集する。早朝のラッシュアワー時に悪化した交通渋滞に対し、ボランティアがデモの説明書を一般の通行者に配って理解を求めた。午前 8 時に一行は近くのバンコク市庁舎に向かい、デモ行動を起こすことになる。市庁舎における交渉が午前と午後、2 度決裂した後、首相に直訴するために首相官邸に向かう。首相官邸の 500 m 手前でデモ隊は止められ、そこでグループ代表と首相官邸の高官との話し合いが始まる。首相は不在だったため、12 月 1 日に改めて要求受け入れの会議を開くことで合意し、障害者のデモはその場で解散する。

　12 月の会議で合意をとりつけたのは、a. エレベーターは主要 5 駅に設置する、b. 電車の床と駅のホームの高さを同等にして、障害者の乗降を容易にする、c.

第4章　他都市のバリアフリー

写真 4-29　障害者から政府への働きかけ
2005年（タイ暦2548年）に、障害者と高齢者にとって便利な公共輸送システムの提供を要求した。スワンナプーム空港のバリアフリーに対するデモと考えられる。

聴覚障害者のために電車の発着のアナウンスを電光掲示板でも行う、d. 障害者の接し方に関する訓練を駅の係員に実施する、e. BTS の運行開始日から、障害者が利用できるようにする、という5つの項目であった［高嶺 2000：30～33］。

(2) 裁判

障害者団体は BTS の23駅の完全バリアフリー化を求め、バリアフリー化された5駅以外の18駅のエレベーター設置を求めた行政訴訟を起こしている。

2009年9月21日、中央行政裁判所の第1審において、障害者側が敗訴した。この裁判の争点は、(i) 原告適格の有効性、(ii) 訴えの期限の有効性、(iii) BTS のエレベーターの不設置が「障害者リハビリテーション法」（1991年制定）に対する違法性の3点であった。(i) と (ii) は有効と認められたため、(iii) が争点となった[52]。裁判所は、BTS 建設時点の1994年において、障害者リハビリテーション法のなかにアクセシビリティを保障する条文が存在することを確認したうえで、同法にはアクセシビリティのための細かい規定がなされていなかったため、違法ではないという判決を下した。さらに、同裁判所は、1995年の障害者団体のデモ行動に応えて、BTS 側が5駅にエレベーター設置を行った努力を認めていた。この裁判の原告の「平等のための独立委員会」代表であり、リデンプトリスト障害者職業訓練学校のスポンタム・モンコンサワディ（สุภรธรรม มงคลสวัสดิ์）校長は2010年に日本において、2011年末までにバンコ

52）2012年8月3日、DPI 日本会議の宮本泰輔へのインタビュー。宮本は同裁判を傍聴した。

204

4・2　バンコク──東南アジアにおけるバリアフリーと社会運動

写真 4-30　勝訴の日
[Bangkok Post 2015]

クの知事が BTS 18 駅にエレベーターを設置することを公約したと発表した[53]。

　2015 年 1 月 21 日、最高裁判所は 1 審の中央行政裁判所の裁決を差し戻し、バンコク政府に対し、1 年以内に BTS の全 23 駅で障害者のアクセスを保障することを命じた（写真 4-30）[54]。判決により、命じられた具体的な内容は以下の 3 点である。① 障害者の福祉に関する行政法に述べられているように、BTS を走らせるバンコク・マストランジット会社を監督するバンコク行政府は、23 駅すべてに十分な数のエレベーターを設置しなければならない。② すべての列車は障害者が容易に乗車できる車両を 1 台は有しなければならない。③ バンコク行政府は、これらの車両に通路の最低限の 120 cm の幅、ドアの取っ手、点字を設置するとともに、車椅子を利用する乗客が利用できるだけのスペースを有しているかを確認しなければならない。

　2018 年 3 月現在、最高裁の判決から 3 年以上が経過している。しかしながらバリアフリー化はなされておらず、障害者団体の抗議活動は継続されている。

4・2・4　インタビュー

(1) 障害者団体 DP-AP

　2011 年 10 月 18 日、サバイウォークの活動に関与している団体、アジア太平洋・障害者インターナショナル（DP-AP）へのインタビューを行った（写真 4-31）[55]。最大の関心事は、バンコクにおける分断されているバリアフリー動線

---

53) 2010 年 10 月 26 日、日本女子大学で開催された「福祉のまちづくり学会主催の国際シンポジウム」において。
54) タイの裁判制度では、行政裁判は 2 審制である［今泉 2003:178］。

第 4 章　他都市のバリアフリー

の状況である。これまでの調査において、サイアムスクエアのスカイウォーク
の階段（2006 年）、地下鉄のラチャダピセク駅（2008 年）、エアポートレールリ
ンクのパヤタイ駅と BTS スクムビット線のパヤタイ駅（2010 年）、BTS シーロ
ム線のサラデーン駅と地下鉄のシーロム駅（2010 年）と、バリアフリーの連続
性が分断されていたので、この原因を知ることがインタビューの目的であった。

　このようなバリアフリーの不連続性が起きる原因は、サイアムスクエアのス
カイウォーク、BTS、地下鉄、エアポートレールリンクの管轄のそれぞれがば
らばらにバリアフリー化を行っているため、ということであった。先進国のバ
リアフリーの法律では、駅とその周辺のバリアフリーまで定められているが、
タイはそこまで定められていないそうである。では、このような状況で、バン
コクの障害者たちはどのように公共交通機関を利用しているのかを質問したと
ころ、駅職員に頼んで担いでもらうなどして、バリアを気にせず利用している
ということである。バンコクの障害者たちは、エスカレーターを人的介助で使
い、日常の通勤手段に BTS を利用している（写真 4-32）。筆者の場合、BTS の
駅で「エレベーターがありません」と断られてしまったが、これは現地の障害
者の疑似体験をすることにより一次資料の収集を行っている筆者の調査の限
界であった。筆者の友人（車椅子利用者）も、2012 年 11 月にバンコクにおいて
BTS を利用したさい、バンコク市民が手を貸してくれたが、駅職員は見ている
だけで手伝わなかったという（本節（3）のサバの項目で詳述）。

　また、サバイウォークの発案者であるオラヤもインタビューに参加した。オ
ラヤは米国留学の経験から、「バンコクにも障害の有無にかかわらず、みんな
で散歩できる道がほしい」というアイデアから、知り合いに資金調達を呼びか
けたそうである。「サバイ」は「元気な、気楽な」という意味で、日常のあい
さつにも使う言葉でもある。

　DP-AP に今後の計画をたずねると、バリアフリーを求めての「デモはもう
しない」ということであった。理由としては、(i) かつてのデモ行動のリーダー
の逝去、(ii) 法律が改正されたことにより、デモ行動に対する要求の低下、(iii)
制度上、討議や会合などを通して政策形成過程に障害者が参加できる筋道がで
きたことがあげられた。社会の成長と考えられる。

　　55) 2011 年 11 月 18 日、DP-AP のワンサオとオラヤへの同時インタビュー。

206

4・2　バンコク——東南アジアにおけるバリアフリーと社会運動

写真 4-31　DP-AP におけるインタビュー

写真 4-32　チュラーロンコーン大学で働く障害者へのインタビュー

　しかしながら、このインタビューから約 1 年後の 2012 年 9 月 17 日、タイ国障害者協議会は BTS のエレベーター設置を求めてデモ行動を再び起こした。待つだけ待っても、要求が実現されないことがわかったときは、障害者は再び動くようである。今回のデモ行動は「エレベーターを求めて」という理由以外、背景は明らかにされていないが、スポンタムが話していた 2011 年末までの公約が実現しなかったことが関係しているものと考えられる。筆者の調査においても、バリアフリー化された既存の BTS 駅は、前述のとおりラチャダムリー駅のみである。バンコク知事が 2013 年までに BTS 全駅にエレベーターを設置することを公約したことにより、今回のデモ行動は終息した。

(2) タマサート大学

　2012 年 8 月 6 日、バリアフリーに対するタイの社会の状況を知るために、バリアフリーを専門にしているタマサート大学建築学科のチュームケット・サワンジャルーン（ชุมเขต แสวงเจริญ）准教授にインタビューを行った。タマサート大学の校舎はバリアフリーの配慮はなされているが、バリアフリー動線がところどころで分断されていた。

　バリアフリーを専門に扱う講義を行っているタイの大学はないが、他大学とともにプロジェクトという形でバリアフリーを学ぶ形になっているということだった。チュームケットはバリアフリーを専門としているため、筆者が体験したバンコクの不便な状況に気づいていて、行政など関係省庁へ進言はしているが、それ以上の変化はないということであった。また、チュームケットの経験

第 4 章　他都市のバリアフリー

写真 4-33　バンコク市内のバリアフリー調査　　写真 4-34　BTS ナショナルスタジアム駅の介助

から、設計図面どおりのバリアフリーにはできあがってこないことも問題であると指摘した。このことから、事業者側にバリアフリーへの十分な理解がないことが考えられる。

(3) アクセシビリティ・イズ・フリーダム

　現地の障害者が駅職員の介助を受けて BTS を利用していることに対し、筆者やタイ人以外の友人は駅職員から介助を受けられなかった。2006 年、筆者が現地の友人と調査したところ、BTS オンヌット駅で駅職員の介助を受けたことから、安全責任なども考慮して外国人に対して介助を行わないのか、外国人であっても強く要求したら手伝ってもらえるのかは、筆者単独での調査の限界でもあり、課題となっていた。2014 年、現地の障害者組織アクセシビリティ・イズ・フリーダム (Accessibility Is Freedom) の協力を得て、バンコクのバリアフリーを調査したところ、少なくとも現地の人といっしょならば介助を受けられることを確認できた (写真 4-33、4-34)。

　同組織はサバ (ซาบะ) が起ち上げたものである。サバは現地の障害者リーダーの 1 人として活動していた (写真 4-35)。2014 年 8 月、障害者用駐車場にいつも無関係な車が駐車していることを動画で社会に発信したことから、多くのレスポンスを得られた。その後、サバは個人のウェブサイトとしてアクセシビリティ・イズ・フリーダムを起ち上げ、タイのバリアフリー問題について自己の資金で活動している。

208

4・2 バンコク──東南アジアにおけるバリアフリーと社会運動

写真 4-35 タイの障害者リーダーたち
左からマノップ、スポンタム、サバ。

4・2・5 バンコク編の小括

　バンコクのバリアフリー化は、タイの障害者リーダーが米国や日本をモデルに障害者運動を起こすなど、障害者の活動が活発であり、政府に対し積極的に働きかけを行う形である。しかしながら、バリアフリーのソフト（バリアフリーの技術に対する認識）が不足しているため、近隣のほかの事業者と一体となってバリアフリーを行おうとしない。このことにより、ひとつひとつの新しい公共交通機関や建物は形式的にバリアフリーであっても連続性がないため、実用性をともなわないという悪循環を生みだしている。事業者は経済事情を理由に形式的にバリアフリーを整えるだけで、障害者の需要に対応していない。この原因として、タイの障害者が障害者運動を起こし、社会の人々の支持を得たものの、社会におけるバリアフリーに対する理解が成熟していなかったため、実用性が十分に考慮されないバリアフリーになってしまったと考えられる。また、個々の建築物のバリアフリー技術がこれだけ進んでいながら、事業者の間で連続性について考慮しないことは、社会資源の効率性の点でも問題である。

　この実用的ではないバリアフリーによる障壁を、地元の障害者は人力介助により乗り越えている。1995年のデモ行動のさい、「d. 障害者の接し方に関する訓練を駅の係員に実施する」ことを要求していた。これは、タイの障害者は何が必要かをわかっていたからできた要求である。彼らは、彼らができることが何なのか、彼らがしたいことが何なのかを明確にしたうえで、彼らにとって可能なはずであるのに不可能にする要因が何なのか、可能にするためにこの要因をどのように取り除くかを考えた。この結果、これらの要因を指摘し、要求することができたのである。ベトナムの障害者はまだ制約が大きく、この点が不

209

第 4 章　他都市のバリアフリー

明瞭である。何かをするために何がバリアで、何をすればバリアを乗り越えられるかを障害者が理解することで、社会のバリアフリーへの理解を深められるのである。

　タイの心のバリアフリーに関して、仏教文化との関係を指摘する声が少なくない。スポンタムは、2010 年 6 月 26 日に東京にて開催された国際シンポジウム「アジアのバリアフリー / ユニバーサル環境推進にむけて」において、「タイ人は優しいから、困ったことがあれば助けてくれる」と報告している。タイの仏教の教えであるタンブン 56) は、前世でタンブン（善徳のある行いをすること）を多く行った者は、多くのブンを持ち、現世で幸せな生活を送ることができるとされる、とある［小野澤 2005:187］。現世で善行を積むと来世によい影響を与えるという教えでもある。この教えは善行を強制しているわけではないが、タイの仏教人口が国民の 93％であることから、困っている人がいたら助けるという仏教文化の習慣として、タイに深く根づいていることは考えられる。サイアム駅の空中回廊のバリア（階段）のそばにいただけの筆者に対して、階段を上がれないなら手を貸そうと声をかけてくれた人の数は、筆者がフィールドワークに行った都市のなかで最多であった。この意味において、社会のバリアフリーに対する意識は高いと考えられる。しかしながら、仏教文化を心のバリアフリーと結びつけただけで解決することは難しいであろう。ベトナムの地方都市の事例でもあったように、タイの地方都市に行くと、仏教の誤解に基づく障害者に対する偏見はまだ少なくないと聞く。したがって、バリアフリーへの理解は都市部が高いと考えられる。

　また、かつてのタイ首相ピブーン（แปลก　พิบูลสงคราม）がナショナリズム高揚のための民族文化政策として行ったラッタニヨム第 12 号（1942 年 1 月 28 日）において、交通安全のため、子供、老人、障害者を手助けすべきこと、それが実行できる人は「文化ある人」であるので尊敬すべきこと、と定められている［村嶋 2002:263］。このような教えも、都市部のタイ国民の心のバリアフリーの一因であると考えられる。

　バリアに対する理解が社会において未成熟でありながらも、バリアフリーに対する支持を得やすいという点においては、心のバリアフリーが進んでいるべ

---

　56) ทำบุญ の ทำ（タム）は「〜をする」、บุญ（ブン）は「善行」を意味する。

トナムも同様である。逆の見方をするならば、ベトナムも実用的ではないバリアフリーに陥る危険性を有しているということでもある。

4・3　台北——バイク社会におけるバリアフリー化

　ベトナム、中国、タイのバリアフリー化の経緯では、国連の影響がかなり大きいことがわかる。この意味において、台湾におけるバリアフリー調査の最大の関心事は、国連に加盟していない政府がどのような動機に基づいてバリアフリー化を進展させたかである。さらに台湾最大の都市である台北には、ベトナムと共通のバイクによる渋滞という社会問題が存在する（写真4-36、4-37）。渋滞問題が解消されていない状態で、バリアフリーバスを走らせることは容易ではない。実験的に走らせた結果、障害者が利用しないため採算が合わないと話しているのが、ベトナムの各都市の事例である。一方、台北においては障害者が街を自由に移動し、バイクの渋滞も緩和している。台北ではどのようにして、バイク社会を障害者も生活できる環境へ変えることができたのか。筆者が考えるベトナムのバリアフリー化に対するアプローチが机上の空論とならないように、生活空間を共有する近郊の新北市を含め、台北市のバリアフリー化の事例をみていく。

　2011年の台湾には1,100,436人の障害者が生活している。台湾においては、障害者を「残廃人」と表記していた時代もあるが、現代では差別用語とされている。これが「残障人」に改められたのは、1980年の「残障福利法」以降である。近年の台湾においては、障害者を「(身心)障礙者」と表記する。この傾向は、1997年の「身心障礙者保護法」施行以降である。この「礙」の文字は、日本の漢字や簡体字と共通する「碍」でもある。この流れから、法律が社会に影響していることがわかる。また、「行動不便者」という形で移動困難を表し、障害にふれない表記も存在する。

　2011年の台湾の全人口が23,224,912人であることから、障害者の割合は4.7％である[57]。内政統計月報に記録されているもっとも古い年（1997年）[58]の障害

57）中華民国内政統計月報より筆者が算出。
58）障害の認定基準である国際障害者分類（ICIDH）が1997年に改正（ICIDH-2）されたため、統計をとったと考えられる。

第 4 章　他都市のバリアフリー

写真 4-36　台北橋のバイクの渋滞
2013 年 5 月撮影。

写真 4-37　ホーチミン市 3 区のバイクの渋滞
2012 年 7 月撮影。

者数から算出した障害者の割合は 2.3％である。この 10 年あまりで人口は 1 割程度の 200 万人増加しているのに対し、障害者の数と割合は倍増している。台湾では、かつてのベトナムのように戦争があったわけでもないので、急激に障害者が増える理由が考えられない。年齢別にみると、45 〜 59 歳、60 〜 64 歳、65 歳以上において、10 年あまりで障害者の数が 3 倍以上に増加している。これらから、台湾の障害者数の増加は、社会の高齢化が深刻になったことによるものと考えられる。

4・3・1　政府からのバリアフリー

　台湾における障害者関係の最初の法律は、内政部が施行した 1980 年の「残障福利法」である。これ以前の台湾においては、障害者は公共政策から排除さ

4・3　台北——バイク社会におけるバリアフリー化

れており、家族や宗教団体に任せていた。「残障福利法」が制定されたものの、細則はまったく制定されていなかったため、名目上のものであり、実行性をともなう内容ではなかった［張、顔 2011:403］。このような法律であったが、第22条に「公共の建築物と場において、障害者の行動の便となる設備を設置しなければならない」という条文が置かれている。

1987年から1990年にかけて、障害者の生活を助ける愛国奨券の販売ができなくなったことが、障害者の権利の問題へと発展した。この愛国奨券とは、台湾の経済発展の初期、税収を見込んで政府が発行していた宝くじのようなものである。この愛国奨券の抽選が台湾の違法賭博に利用され、社会問題となったため、1988年1月19日に政府は発行を突然停止した。愛国奨券販売は障害者にとって、選択できる数少ない職業の1つであったため、障害者の生存権に関わる社会問題となった。障害の権利を主張する民間団体が集まり、政府に対し残障福利法改正の要求をするまでに至った。この要求のなかに、公共交通機関のバリアフリー化も含まれている。このような風潮のなか、中華民国残障聯盟が成立した［張、顔 2011:404］。

1990年に改正された「残障福利法」23条は、「どの公共施設、建築物、活動場所、公共交通機関においても障害者が使用する設備、建物の便宜を図らなければならない。この規則に従わない者には建築許可を発効しない」と、バリアフリーを示す内容が盛り込まれている。

1997年、「残障福利法」は「身心障礙者保護法」となり、行政機関に対して障害者の権利と保障が明確に規定された。「身心障礙者保護法」においては、バリアフリーを表す「無障礙」という語句が16か所でみられる。同法53条が、公共交通機関のバリアフリーを示す条文である。同条の特徴は、「バリアフリーのために事業主、障害者団体の代表、関係機関の3者が話し合うこと」が明文化されていることである。このように、政府機関、民間企業、障害者の3者が共同でバリアフリーをつくり上げるシステムに変化していった背景は、1994年に内政部が「政府が民間に委託する福祉サービスの要点」を発行したことで、社会福祉の民営化が始まったことによる［陳 1997:7-12］。1998年に「政府採購法」が正式に国会を通過したことにより、政府は「公共行政」から「公共管理」へと徐々に変化している［蔡 2010:81］。行政と障害者がパートナーとなり、公共政策において、行政側は障害者が示したモデルを導入する形となり［Tsai and

第 4 章　他都市のバリアフリー

Ho 2010:89]、障害者がバリアフリー政策に関与することが台湾の福祉モデルとなっている。そして、1999 年に交通バリアフリーに関連する「公共交通機関と施設のバリアフリーに関する規定（公共交通工具無障礙設備与設施設置規定）」も作成された。

　2007 年に「身心障礙者保護法」は改正され、「身心障礙者権益保障法」となった。同法のおもな改正内容は、医学モデルの観点からつくられた「身心障礙者保護法」を、社会モデルの観点に変更したことにある［張、顔 2011:407］。障害の社会モデルを示す内容は、1993 年の国連の「障害者の機会均等化に関する基準規則」の前文で述べられていたが、台湾の法律において概念として取り入れられたのは、それから 14 年後のことである。

4・3・2　事業者からのバリアフリー
(1) 捷運（地下鉄）のバリアフリー

　台湾の地下鉄は「捷運」とよばれる。1996 年 3 月 28 日に台湾初の地下鉄となる木柵線が開業した。新設の時点からバリアフリーである。

　既述のバンコクの BRT の場合は駅と駅周辺は管轄が異なるため、バリアフリーの動線を描けないことが多かったが、台湾の捷運は駅周辺もバリアフリーである。これにより駅から道路、さらにその先の周辺地域へ、バリアフリーの概念が浸透している。しかし、最初の工事の段階ではエスカレーターだけを設置する予定であったため、障害者団体や一般市民と行政との間での論争を経て、

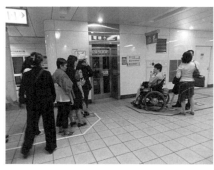 

写真 4-38　駅構内のバリアフリー
エレベーターの乗車口でラインを分け、車椅子、高齢者、妊婦などを優先する（左）。車椅子や高齢者、妊婦などの優先レーン（右）。

4・3 台北――バイク社会におけるバリアフリー化

写真 4-39 台北のノンステップバス
スロープは手動の引出し式である。

写真 4-40 幹線道路の中央にあるバス専用
レーンとプラットホーム
横断歩道からスロープが伸びている。

エレベーターも設置されるに至った経緯が存在する。当初の設計にはなかった工事であったため、このようなエレベーターは駅のホームの端に設置されている。乗車するバリアフリー車両の位置[59]により、下車駅のホームの端から端まで、エレベーターを利用するために数十 m の移動が必要となることもある。捷運側は、このような移動を不便だと感じた障害者の意見を採用し、新たな駅ではエレベーターはホームの中央部に設計するようになった。

捷運の車両がバリアフリー仕様であり、駅とその周辺もバリアフリー建築であるので、台北のバリアフリー動線は広い範囲を網羅している（写真 4-38）。

② バスのバリアフリー

2015 年の台北市政府交通局の「台北市推動無障碍公共運輸服務系統構想」によると、バスのバリアフリー化は、1989 年に 3 台の大型康復バス[60]と 5 台の小型康復バス[61]を購入したことに始まる。2012 年 3 月末までに 1060 台の低床

---

59) 車両編成の先頭と最後尾が一般的である。
60) 一般的なバリアフリーバス。
61) 10 人乗り程度のワンボックスのバン。

215

第 4 章　他都市のバリアフリー

バスを有し、このうち 26.5 ％（約 280 台）は台北市を運行している（写真 4-39、4-40）。2016 年までに 3799 台の全車両をノンステップバスにする計画であった。

4・3・3　インタビュー

（1）内政部

内政部建築研究所環境控制組の廖慧燕組長[62] は、台湾において障害者に関する法律ができていないころ、障害者と法律整備の会議に毎回参加し、議事録の作成も行っていた。

台湾は国連に加盟をしていないため、国際的な情報は二次資料に頼ることも多い。このため、研究者たちは自国の発展に関して敏感になっており、これらの情報を参考にしながら研究を進めるため、世界標準を維持しているということだった。

「残障福利法」は、研究者が自国の障害者のために日本や米国の法律を参考にしながら作成したが、1980 年当時の障害者は権利を自覚していなかったため、同法は形式的な法律と感じていたという。この法律の制定以後、障害者の団体がつくられるようになり、障害者の権利の意識が高まり、法整備に関与するようになった。

廖は、公共建築物のなかでも公的機関、病院、駅など、公共性のより高いものを法律で規定したという。商業施設などに関しては、法律での規定ではなく、バリアフリーを達成した建物を「友善建築」[63] として表彰し、マークを店内に表示させている（写真 4-41）。台湾のバリアフリーの問題点として、建築、交通、道路を管轄する部署間の連携が、日本ほどとれていないことを指摘した。

なお、廖が話した台湾の世界標準を示す一例として、国連障害者権利条約の内容を遵守するために、2014 年 8 月に台湾独自に「障害者権利条約実施法」を議会で制定したことがあげられる。さらに、同法の実施状況を障害者権利条約審査委員会に依頼し、2017 年に権利委員会による審査を行った（写真 4-42）。このことから、同法が形式的ではないことが裏づけられる。

（2）行無碍資源推広協会

台湾では障害者の活動が活発であるが、同協会はバリアフリーに関する活動をおもな目的としており、同協会の活躍により古都の新北市淡水区もバリアフ

216

4・3　台北──バイク社会におけるバリアフリー化

写真 4-41　友善建築の表彰盾

写真 4-42　障害者権利条約審査委員会による「障害者権利条約実施法」の審査（2017年）
同委員会の委員長を長瀬修が務めた。

写真 4-43　行無碍資源推広協会のオフィスにて

リー化されたとのことだった。同協会の活動目的に関して、総幹事の許朝富は、まずバリアフリーがないことには、障害者は物理的に社会参加ができないから、と答えた（写真 4-43）[64]。この考えは、筆者も同意する。

身心障碍者権益保障法 57 条[65] において、バリアフリーではない新築建築物と活動場所には建築許可を出さないことを定めている。このバリアフリーの検査を行う資格を内政部は勧めている。許はバリアフリーの知識を明確なものにするため、自らも「バリアフリー検査士」（建築物設置無障礙設施設備勘検人員）の資格を有しているとのことだった。

62）2012 年 5 月 31 日、台北でのインタビュー。
63）「友善」とはフレンドリーの意である。
64）2012 年 5 月 30 日、台北において。
65）既述の改正された「残障福利法」23 条のバリアフリーの内容をほぼ踏襲している。

第 4 章 他都市のバリアフリー

4・3・4 公共交通機関とバイクとの関係

　本節において、障害者、事業者、政府が一体となったバリアフリーのソフト面の変化を時系列でみて、行政官僚と当事者のインタビューを行ったが、ソフト面の変化だけでは台北のダイナミックな変化を説明するには十分ではないと筆者は考えていた。そこで、都市鉄道（捷運）の存在に着目した。現在は台北市民の足となっているが、捷運は開通当初は住民の間で不評であったという。そこで開通当初からのソフトの変化に関し、住民と交通大学交通運輸研究所の馮正民教授に対してインタビューを行う。とくに馮正民には、交通政策の観点から質問をする。本項の最後には、ハードの変化に関し、統計でみる。台北における都市鉄道開通後のバイクの数量の変化が着目点となり、ベトナムにおけるバイク社会の渋滞緩和のヒントになりうる、と考えたからである。

（1）捷運開通当時に関するインタビュー
① 台北市の一住民へのインタビュー

　捷運が開通して、ただちに市民の足となったわけではない。開通した 1996 年当初から 2000 年までの 4 年間、バイクから都市鉄道への利用者の移行が進まなかった（後述）。この原因は何であろうか。このことについて、当時、台北の大学生であった一住民にインタビューした（写真 4-44）[66]。

　捷運開通当時、彼は「捷運の駅までわざわざ行くのが面倒だから、バイクに乗るほうが便利だ」という考えであったという。また、新しい公共交通機関である捷運の高架部分はビルの 5 階の高さに相当したことから、台北市の住民の間でも安全面が不安視され、不評であったこともあげた。このようなことから、一般市民の利用率はけっして高くなかった。当時の捷運は初乗りが 20 元であり、都市バスの運賃が約 10 元であることと比較して、一般市民には運賃が高額に感じられ、目的地まで到達できるバイクのほうが自由で便利に感じていたという。台北市内を南北に走る木柵線に加え、1999 年に東西に走る南港線が

　66）2012 年 5 月 30 日、台北でのインタビュー。筆者が台北で配布したアンケート回答者の条件は「1996 年当時大学生であり、現在も台北市内で生活している住民」であった。この条件に符合したため、2013 年 5 月 14 日にインタビューを行った。インタビュー時、彼は障害者を対象にした旅行サポート業を行っていた。大学生時代の彼は、写真 4-36 の台北橋をバイクで通学していた。当時はあの渋滞にもかかわらず、自動車とバイクの車線が分離されていなかったという。

218

4・3　台北——バイク社会におけるバリアフリー化

写真 4-44　台北市民へのインタビュー　　写真 4-45　台湾大学でのインタビュー

開通したとき、彼は初めて捷運に乗車し、都市鉄道の利便性を実感でき、利用を始めたということだった。

このインタビューにより、捷運は開通当初、台北市民があまり利用していなかったということを確認できた。

② 康美華へのインタビュー

台北において、ベトナムと同様に調査票を配布し、捷運が開通した 1996 年当時の市民の意見をまとめようとしたのだが、17 年前のことは一般市民の記憶に残っていなかった[67]。そのため回答を回収できたのは 10 人に満たず、無回答の欄も目立った[68]。そこで 1996 年当時、『バリアフリー政策の発展の研究—台北市が推進するバリアフリー環境を実例として—』というテーマで修士論文を書いており、一般市民よりバリアフリーについて記憶を比較的有していると考えられた康美華にインタビューを行った (写真 4-45)[69]。

康の記憶では、捷運が開通したことはニュースで知った程度である。この理由は、康が住んでいた地域と最初に開通した捷運の木柵線は地理的に離れており、利用する必要がなく、何の関心もなかったためである。

康が捷運に注意を向けたのは、1996 年に修士課程を修了した後、障害者施設の職員として、淡水線の車両とホームの間の溝の幅を検査に行ったときのこ

---

67) この点は、バンコクのスカイトレインのデモに関する記憶と同様であった。
68) ベトナムにおけるアンケートの経験から、より精度の高い記述式を求めた結果である。
69) 2013 年 10 月 29 日、台湾大学において。「平成 25 年卓越した大学院拠点形成支援補助金」による調査である。康は修士論文の執筆期間に政府関係者、障害者団体関係者、研究者 20 人に対してインタビューを行い、台北市バリアフリー環境推進委員会の会議に列席している［康 1996:47-78］。

第 4 章　他都市のバリアフリー

写真 4-46　林君潔の台北市新活力自立生活協會のオフィス

とである。康は、板南線のほうがよくできていたという。この仕事中に康が驚いたことは、いっしょに検査に来ていた市民が有していた、バリアフリーの知識の深さであった。

　康は、捷運開通前の悪評については、新聞やテレビのニュースとして記憶していた。捷運の建設工事費がかかることへの反対が市民から聞かれたこと、捷運を建設している地区で工事のため道路が封鎖されたことで渋滞が引き起こされたこと、工事の騒音で住民が迷惑を被っていたこと、工事中に事故が起きたため安全性を疑い住民が反対したことをあげた。また、捷運が開通してからは、乗車料金が高かったこと、バスとの連係が悪かったことが住民の不満であったことをあげた。

　康のいう捷運建設中に起こったこれらの市民の不満は、捷運の開通後になくなったといえる。開業後の不満は、捷運が運賃を当初よりも値下げしたことにより解消された。さらに捷運の路線が増え、拡張し、同時にバス路線も拡張したことにより、捷運とバスの連絡はスムーズになった。さらに IC カードの利用により、捷運からバスへ乗り換える場合、割引が適用されるようになった。

③ 台北市新活力自立生活協會の林君潔へのインタビュー

　康が話していた捷運に反対した住民の話に関し、この建設当時、地域住民であった林君潔からインタビューを聞くことができた（写真 4-46）[70]。林は重度障害を有する女性であり、電動車椅子を利用している。捷運の路線は林の自宅

　70）2013 年 10 月 29 日、台北において。「平成 25 年卓越した大学院拠点形成支援補助金」による調査である。

4・3　台北——バイク社会におけるバリアフリー化

写真 4-47　無人のレンタルサイクル

写真 4-48　環境問題に配慮した、自転車をもち込める車輌

から近かったため、捷運開通の恩恵を直接受けた 1 人である。

1996 年に捷運の木柵線が開通した当時、林は高校生であり、捷運の開通により大学への通学手段を確保することになった。捷運の開通前はタクシーあるいは友人が運転する自動車が主要な移動手段であったという。捷運が開通することにより、移動が容易になることが期待できたので、捷運に対する地域住民の反対の声は気にならなかったという。

現在の林の日常生活では捷運が主要な移動手段となり、重度障害者でありながらも、毎日 1 人で通勤している。

3 人のインタビューからわかることは、当時の台北の住民は初めての公共交通機関に対し、不安を感じていたことである。この傾向は、工事で不便を強いられていた当事者ほど強かったのではないだろうか。しかし、捷運が実際に開通して、その利便性を体感したことでこの不満は消滅したといえる。

(2) 交通大学交通運輸研究所の馮正民へのインタビュー
① 都市鉄道「捷運」

捷運の駅付近には、バイクや自転車の駐輪場の設置が義務づけられている。駅前には無人のレンタルサイクルもある (写真 4-47)[71]。捷運車両は自転車の持ち込みも可能であり、この方法により駐輪場に余裕ができる (写真 4-48)。これらの政策は、都市鉄道の開通以降に考え出されたもので、「駅まで行くのが面

---

71) U-bike というシステム。レンタルするさい、捷運の IC カード乗車券でも開錠できる。2 時間以内に返却すれば無料である。

第 4 章　他都市のバリアフリー

写真 4-49　駐輪スペースに整列されているバイク

倒」という市民の声を反映している。これにより、従来のバイク利用者は、最寄り駅までバイクで行って駐輪をし、都市鉄道により遠方の目的地に移動するように生活習慣が変化している。この結果、生活圏が拡大し、近隣の新北市から台北市内への通勤・通学も可能にしている。この一方、バリアフリーのソフトである法整備により、駐輪場の枠からはみ出して駐輪したバイクをレッカー撤去するなどの厳しい政策を行い、秩序を守らせている。これらの政策によって、台北市の渋滞も緩和されたということである (写真 4-49) [72]。

② 都市バス

　馮のインタビューの内容をまとめると以下のとおりである。台北としては、渋滞解消のためにバイクの数量を減らすことを目標とし、バイクの利用者を都市バスへと移行させることを考えていた。バスは都市鉄道と異なり、都市計画による大がかりなインフラ再整備は必要なく、実際に行ったのはバスの品質を向上させて、バイクからバスへ市民の利用を誘導することであった。具体的には、a. 全車を冷房完備にすることにより、炎天下でヘルメットをかぶるバイクとは異なり、バスの乗客は快適な空間を享受できるようになったこと、b. 車内の電光掲示板でバスの乗客に情報をわかりやすく案内したこと、c. ノンステップバスにすることにより、障害者も乗車できるようになったこと、d. 各バス停の電光掲示板でバスの情報を案内するようにしたこと、e.「台北好行」、「台北等公車」のような携帯端末アプリを導入することで、バスの待ち時間や移動位置を事前に知り、停留所での待ち時間を短縮できるようになったこと、f. IC カー

72) 馮によると、以前は渋滞時の自動車の速度は時速 10km でなかなか前に進まなかったが、現在は時速 30km であるという。渋滞であっても、徐々に先へ移動できるようになったということである。

ドを利用することにより、バスから都市鉄道へ乗り換えるときに、都市鉄道料金を半額にすることであった。

　近年の台北においては、バイクは通勤・通学の移動手段から遊興のさいの外出手段になりつつあり、保有していても日常の移動手段として使うものではなくなってきているということだった。また、ヘルメットの着用によるおしゃれの乱れ[73]、日焼け、汗を気にして、女性がバイクから捷運に移行していったこともある。同様の回答は、筆者がベトナムにおいて行った調査の結果でも、「バスを利用する理由」のなかにみられた。

　以上からわかることは、台北のバイクの渋滞緩和は、捷運が開通したこと、あるいは都市化による社会環境の変化がもたらした自然のものではなく、行政から住民に対し利便性を提供する政策の結果、変化を実現させたものである。利用者の移行とは住民の生活習慣を変更させることであるため、台北の政府側としてはかなり積極的に住民を誘導していったことがわかる。

　捷運は開通当時、台北市の人々の間でも不評であった。しかしながら、渋滞がなく、冷房がついていることで快適に移動できることが市民に伝播し、不評もなくなり、現在では台北市民の主要な交通手段となっているとのことである。

(3) 捷運とバイクの変化

　台北市のバイクによる渋滞が実際に緩和されたか否かを明らかにするため、筆者の印象だけではなく、バイクとの捷運の利用者の相関関係を客観的に示す必要がある。バイクと異なり、小・中学生も捷運を利用するので、捷運の乗客数とバイクの台数を単純に比較することは難しいかもしれないが、いちおうの目安としての考察は可能である。図 4-1 は、台北市における 1998 年から 2011年までの捷運の乗客数とバイクの台数の変化を表している。中華民国内政部の統計によると、民国 81 年（1992 年）から民国 102 年（2013 年）までの台北市の人口は最大で 1992 年の 2,696,073 人、最小で 1997 年の 2,598,493 人である［中華民國內政部統計查詢網］。この 20 年の間は、約 260 万人でほぼ一定である。このことを前提に考えると、人口の変化によるバイクの台数の増減を考慮する必要

---

73) 近年、炎天下でヘルメットを着用することによる汗やヘアスタイルの乱れを気にして、会社付近の美容院で整えてから出勤する女性もいるという。ただし台湾の美容院における洗髪は、日本と比較してかなり廉価である。

第 4 章　他都市のバリアフリー

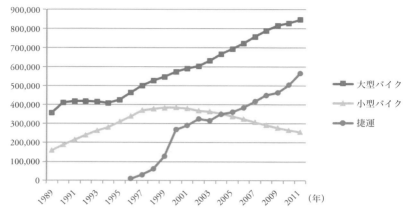

図 4-1　台北市のバイクと捷運の乗客数の変化（1989 〜 2011）
中華民国交通部の「臺北捷運客運概況」と「機動車輛登記數」［中華民國交通部常用資料查詢 a, b］より、筆者作成。

はない。

　小型バイク[74]の台数は 1990 年代に増加傾向にあったが、2000 年ぐらいから減少していることが明確にわかる。また、大型バイク[75]の台数が倍増していることも同時にわかる。小型バイクと大型バイクの台数の関係だけをみたならば、2000 年ごろから小型バイクの利用者が大型バイクに買い替えたという考察もありうる。しかしながら、小型バイクの台数は 2000 年から 2011 年にかけて約 13 万台減少し、大型バイクは 27 万台増加しているので、小型バイクから大型バイクへの買い替えというよりも、大型バイクの購買意欲の上昇と考えられる。また、小型バイクが日常の近距離の移動手段であることに対し、大型バイクは長距離の移動、趣味、娯楽なども兼ね備えると考えられる。

　捷運の乗客数と小型バイクの台数をみると、小型バイクの台数が減少する時期と捷運の利用者が急増する時期が一致していることに着目できる。捷運が最初に開通したのは 1996 年の木柵線であり、その後、新たな捷運路線の開通が 2000 年まで続き、2004 年の小碧潭支線まで新たな捷運路線の開通はない。したがって、台北市において捷運が公共交通機関として定着したのは 2000 年で

---

[74] 排気量 50cc 以下のバイク。本節の写真 4-36 からわかるように、台北の渋滞の主因である。
[75] 同統計では、50cc 以上 250cc 以下を中型バイク、250cc 以上を大型バイクとしている。

4・3 台北——バイク社会におけるバリアフリー化

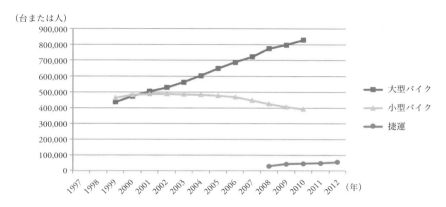

図 4-2　高雄市のバイクと捷運の乗客数の変化
中華民国交通部の「高雄捷運客運概況」と「機動車輛登記数」［中華民國交通部常用資料査詢 a, b］より筆者作成。2010 年より高雄市は旧高雄県と合併したため、2010 年以降のバイク数とそれ以前のデータを比較するのは適当ではない。

あったと考えられる。

　このことから、この時期にバイクから捷運へという交通手段の移行もあったと考えられる。またバイクに乗れる年齢に達した台北市住民が、新規の移動手段として小型バイクを購入することがないとも考えられる。馮が言うとおりに、近年の台湾の都市部においては、バイクは通勤・通学の移動手段から遊興のさいの外出手段の存在になり、保有していても日常的に使うものではなくなってきていることも理由の 1 つであろう。

　台北の実例から、地下鉄と小型バイクの関係をベトナムに応用できる可能性がある。しかしながら、台北の政策をそのまま実行しても、必ずしも成功するとはかぎらないという実例が高雄である。

　台湾第 2 の都市である南部の高雄市では、図 4-2 が示すように、バイクから捷運[76] への移行が台北（図 4-1）のようには進んでいないことがわかる。これは、路線がまだ 2 本しかなく、また渋滞の規模が台北ほどに深刻ではないため、住民がバイクの利用を続けているからであると考えられる。筆者のフィールド調査でも、高雄は台北よりも道路が広いため、バイクが多くても道路に対する乗り物の占有面積の割合が台北ほどに大きくはないことがわかる。筆者の高雄の

---

76) 高雄市内で交差する 2 本の路線がある。現在、その外を回る循環線が一部開通している。

第4章　他都市のバリアフリー

友人たちからは、捷運の路線が利用しやすい場所にないため、バイクを利用している という声を聞いている。このことは、捷運が開通した当時、捷運に対して利便性を感じなかった台北の住民と同じ反応である。したがって、2本の捷運だけでは、利用者の移行が簡単には起こらないことを示している。

　地下鉄建設中のベトナムにおいて、ベトナム人のアンケート調査の結果は、台北市の住民とは異なり、地下鉄の開通を期待する回答が9割を超えていた（第3章）。しかしながら、地下鉄が開通しても、バイクから地下鉄への移行はただちには起こらないことも留意しなければならない。さらに、バリアフリーバスを走らせる前提条件となる渋滞緩和のためには、地下鉄の駅の場所、バイクの台数、道路の面積を考えたうえでの公共バスのバリアフリー化も求められる。

4・3・5　障害者と公共交通の関係

　前項まで、ベトナムでも課題となっているバイクと公共交通機関の関係の変化をみてきた。最後に問題となるのは、公共交通機関のバリアフリー化が、はたして障害者の社会参加に影響を与えうるか否かである。筆者の調査方法として、現地の障害者とすり合わせを行う目的は、実際に利用してわかる不便な点に、現地の障害者がどのように対処しているかを知るためである。この意味において、台北の公共交通機関のバリアフリーの完成度は高く、筆者が利用しても不便に感じる点はなかった。ベトナムが今後の参考にするためには、現地の障害者とすり合わせよりも、公共交通機関が整う前後の台北における環境の変化を明らかにすることが有益である。

　このことに関して、台湾には内政部が「台北市の障害者の外出頻度」を1994年、1997年、2003年に調査したデータが存在する（表4-1）。このデータは、1994年に関しては、直近の3か月間に外出した割合について、「毎日外出する」(19.15%)、「ひんぱんに外出する」(20.14%)、「たまに外出する」(40.17%)、「外出しない」(6.33%)、「外出のしようがない」(13.22%) の5つの選択肢で調査を行っている。一方、2000年と2003年に関しては、直近の1か月の外出回数を「毎日」、「週3〜4回」、「週1〜2回」、「月1〜2回」、「ゼロ（外出しない）」の5つの選択肢で質問している。

　この3つのデータを比較するため、1994年の項目を外出回数で考える必要がある。「毎日外出する」は問題ない。「外出しない」(6.33%) と「外出のしよ

4・3　台北——バイク社会におけるバリアフリー化

表 4-1　台北市の障害者の外出頻度

	障害者数	ほぼ毎日	週3〜4回	週1〜2回	月1〜2回	ゼロ
1994年（民国83年）	34,766人	19.15%	21.14%	40.17%		19.55%[77]
2000年（民国89年）	78,482人	46.14%	9.44%	11.03%	14.41%	18.48%
2003年（民国92年）	99,953人	53.95%	11.65%	9.44%	12.40%	12.57%

中華民国内政部資料より筆者作成

うがない」（13.22%）は、外出回数が「ゼロ」である。「ひんぱんに外出する」
は「週3〜4回」と考えられる。「たまに外出する」が「週1〜2回」と「月
1〜2回」のどちらに相当するかは明確ではないため、両方にまたがっている
と考える。少なくとも、外出の回数が少ないことはたしかである。

　既述のように捷運が開通したのは1996年なので、捷運が開通してから毎日
外出する障害者の割合は急上昇している。1994年の「ほぼ毎日外出する」の
割合が19.15%であったものが、2000年には46.14%、2003年には53.95%と増
加している。「週に3〜4回」を加えると、週のほぼ半分以上外出している人
の割合は、1994年は40.29%、2000年は55.58%、2003年は65.6%である。

　「ほぼ毎日」の数値は、通勤や通学をしている障害者の割合を示している可
能性が高い。障害者の絶対数も増加しているので、1996年の捷運の開通による、
障害者の社会参加の増加を明確に表しているといえるのではないだろうか。

　一方、「外出しない」については、1994年に13.22%であったものが2000年
に18.48%に増加している。障害者の社会参加という流れに逆行しているよう
にもみえる。しかしながら、1996年は直近の3か月であり、2000年は直近の
1か月である。現代社会において、これだけの日数にわたって一度も外出して
いないということは、これらの人々のなかにはまったく外出しない、あるいは
外出することのできない障害者が含まれる可能性も考えられる。

　同時に、内政部のアンケート調査も1994年には「直近の3か月の外出回数」
で調査していたものが、2000年以降は「直近の1か月の外出回数」と変化し
ている。また、「外出のしようがない」（13.22%）の選択肢もなくなっている。
このことは、質問の目的が障害者の外出の有無から回数へ変化したからではな
いだろうか。さらに、2000年のアンケート項目には外出手段が新たに加わり、

　　77）「外出しない」（6.33%）と「外出のしようがない」（13.22%）の合計である。

第 4 章　他都市のバリアフリー

写真 4-50　障害者の外出は珍しくない

写真 4-51　捷運でエレベーターを待つ利用者

2003 年にはバリアフリー公共交通機関の利用頻度の項目が新たに加わっていることから、障害者の外出に対する内政部の姿勢が変化したとみられる。これらは、台北において障害者の外出が比較的容易になったことを意味する（写真 4-50、4-51）。

4・3・6　台北編の小括

　台湾は国連に加盟していないが、国連障害者権利条約の権利の保障に積極的である［張、顔 2011:412］。また研究者は国連の決定事項を参考にして福祉政策を政府に提言するため、国連の影響は小さくない[78]。

　台北の事例は、渋滞緩和の社会政策として、バイクから公共交通機関へ利用者の移行を実現できた成功例である。同時に、バリアフリーの都市鉄道が障害者だけではなく高齢者・妊婦・ベビーカーを包括しながらユニバーサルなものへと発展した例でもある。さらに、捷運と駅周辺のバリアフリーがバリアフリーバスに連係しており、バリアフリー動線が都市全域に拡大している。そして、台北と高雄の事例から、都市鉄道が開通してもただちに渋滞が解消されるわけではないということも明らかである。渋滞問題が解消されていない状態の都市にバリアフリーバスを走らせることが容易ではないのは当然であり、たとえ形式的に走らせても効果が得られないであろう。バリアフリー化を進めるうえで経済事情が問題となる途上国の場合は、渋滞緩和を最初の課題として考え、

78）2012 年 5 月 31 日の廖慧燕のインタビューより。障害者団体を含めて、台湾は国連の正式な会議には参加できないが、国連の決定事項は公開されるため、それらを世界標準として参考にしていると思われる。

4・3　台北——バイク社会におけるバリアフリー化

交通関係の法整備による包括的な誘導を行うことが、経済負担の少ない一手段であると考えられる。

　2007年からの調査において、台北市内はバイクの渋滞が緩和され、捷運駅構内ではひんぱんに車椅子利用者が見られた。本節の図表は、筆者が受けた印象を客観的に裏づけている。都市公共交通機関がバリアフリーの設備を備えているため、障害者の移動制約を補完できる環境に変化しつつある。これにより障害者の外出が容易になり、社会参加の道が開ける。この背景には、バリアフリーに対する台湾の行政側の柔軟な対応も存在する。障害者の社会参加が容易になったことにより、住民にとって障害者の存在は身近なものとなった。この結果、バリアフリーに対する社会の理解は深化をみせている。したがって、捷運が開通した場合であっても、「利用できる路線ではなかったから、関心がなかった」（康美華）、「家の近くだったから、遠出できる期待が膨らんだ」（林君潔）といったインタビューの回答が対照的であったように、たとえ便利な環境ができても、直接の当事者にならなければ市民は関心を持たず、社会の理解は深まらないともいえる。

　このような台北における障害者に対する社会の心のバリアフリーは、「共生」の段階に入っているように考えられる。台北にかぎらず、地方都市においてもこのような変化はみられる。日本の新幹線技術を導入した台湾高速鉄道は台北から高雄まで開通した。高速鉄道はバリアフリー車両を有しているため、障害者は台北から高雄までの移動が可能になった。台北から地方都市へのバリアフリーの意識の伝播がみられ、高速鉄道と連絡する在来線の駅や車両、地方都市の街並みもバリアフリー化されている。当然のことながら、台湾の地方都市においては、バリアフリーバスなどのハードが台北ほど十分ではないので、社会参加にはまだ厳しい面がある。しかしながら、障害者に対する社会の心のバリアフリーは「共生」に近いと考えられる。

　現在の台北のバリアフリーは日本以上に進んでいる点もある。しかし、台湾のバリアフリーの黎明期である1980年代は日本などの海外をモデルにしており、台湾においても障害者に対して差別扱いをしていた時期も存在した。「台湾にも貧しい時期があり、社会が豊かになったことにより、市民が自分たち以外の社会的弱者のことも考えられるようになった」という考えもある[79]。また、「戒厳令が市民の不満を抑圧していたため、戒厳令の解除後、一気に爆発した」

229

第 4 章　他都市のバリアフリー

という考えもある[80]。経済力と市民の意識が相関して上昇することにより、心のバリアフリーのトリクルダウン効果は期待できるかもしれない。現在のベトナムにおいて、心のバリアフリーは経済力と無関係に進展している。この点を考えると、ベトナムの場合は伝統的文化の相互扶助の精神を利用した政策も有効であろう。

　台湾のバリアフリーが現在のように変化できたのは、政府がリーダーシップを執りながらも、障害者がバリアフリーに関与することにより、自覚と自信を身につけ、社会の一員としての役割を果たしているためである。バリアフリーをチェックするための建築系の資格を、事業者だけでなく、障害者にも取得することを勧めている。つまり、政府に依存しない、障害者の意識の高さがバリアフリー化を進めた要因であるともいえる。捷運の駅のホームの端に設置されていたエレベーターが、障害者の意見により、ホームの中央に設置されるようになったのもこの一例である。

　また、バリアフリーを実践している事業者に対し、政府が「友善建築」の表彰を行うことは、建築物のオーナーにとってバリアフリー化への積極的な動機づけになっている。2012 年の行政官僚のインタビューの後、台湾のバリアフリー建築に関わる研究者が連れて行ってくれた友善建築のレストランのオーナーは、いかにバリアフリー化に努めているかを説明し、筆者にも再チェックを依頼した。筆者の細かいチェックにも、オーナーは真摯に耳を傾けた。友善建築の表彰対象は台北市内だけではなく、台湾の地方都市へも広がっている。政府側が柔軟な対応をすることにより、障害者、事業者、政府の 3 者のバランスが保たれている。この 3 者の関係により、バリアフリー社会が台湾全土に広がり始めている。

　以上が、ベトナムと共通の特徴を有する東アジア 3 都市におけるバリアフリーの事例である。次章では、これらの事例を参考にしながら、ベトナムに応用できる可能性を探る。

　79）馮正民のコメント。
　80）康美華のコメント。

第5章
社会とバリアフリー

　これまで論じてきた内容から、バリアフリー化についての分析をまとめる。バリアフリー化のプロセスを考えたならば、バリアフリーを強制できる立場の「政府（行政、立法、司法）」、バリアフリーを供給する「事業者」、バリアフリーを需要する「障害者」の3者の関係で、バリアフリー化の三角形が形成される。そして社会は、形成されたバリアフリーの関係に大きな影響力を有する。これは多数派であり、政府、事業者、障害者も社会の構成員だからである。さらに、バリアフリー化を主導する主体が政府（トップダウン）であるか社会の人々（ボトムアップ）であるかで、バリアフリーの形態も変わりうる。

　バリアフリー化を主導する主体がトップダウン型であっても、ボトムアップ型であっても、経済力を有していればバリアフリーのハードを整備できる。しかしながらトップダウン型の場合、バリアフリーの概念が社会に浸透していない状態で、政府主導によりバリアフリー化が進められる。事業者はバリアフリーのソフトに対応しきれていないので、バリアフリーのハードは実用性がともなわず、形式的なバリアフリーとなることが多々ある。筆者は、このように途上国でよくみられる、バリアフリーのハードが整いながらも実用性をともなっていないバリアフリーを、「形式的バリアフリー」と定義する[1]。

　一方、ボトムアップ型の場合、社会からバリアフリー化の要求が先に発生するため、バリアフリーの概念は社会に浸透しているといえる。ボトムアップ型バリアフリーは社会で理解されているバリアフリーであるため、実用的なものへと発展する。また、社会の人々がバリアフリーを理解することにより、心のバリアフリーへとつながる。しかしながら心のバリアフリーの形態は、その国

---

[1] 日本国内でも「なんちゃってバリアフリー」という呼び方がある。形式バリアフリーとの相違点は、日本の場合は知識と経験を有していることである。

第5章　社会とバリアフリー

の都市の文化や生活習慣によって変化しうるので一様ではない。また、そのバリアフリーの実現には、トップダウン型と比べると時間を要するという特徴を持つ。

途上国では、経済的要因はバリアフリーの大きな要因であるため、経済力を有していなければバリアフリー社会の実現に時間を要する可能性がある。一方、先進国から技術移転がなされてバリアフリーのハードが整った場合であっても、途上国側にハードを使いこなせるだけの技術（ソフト）がなかった場合は、バリアフリー社会にはなりえない。このことから、先進国と途上国のバリアフリーの差異は、社会に浸透したバリアフリーの概念の有無であると考えられる。この概念の存在が、台北でバリアフリーが成功した理由の1つでもある。

バリアフリー化により、ベトナムにおいても障害者の社会参加が可能になる。しかしながら、障害者だけが無条件に恩恵を受けるだけの政策であっては、社会における合意形成を得がたい。障害者政策が社会全体にとっての利益をもたらすように、あるいは社会政策が障害者を包摂できるようにする必要がある。一般によくいわれるのは、バリアフリー化することにより、障害者の外出機会が増加し、買い物をするという形で経済活動に参加できるようになるため、社会の経済効果を上げられるということである。このことに関して、ベトナムの障害者は購買力を有していないという反論があり、当初の筆者はこれを覆せるだけの論拠を有していなかった。そこで、ベトナムのバリアフリー環境において、障害者の社会参加を効率的にうながすには何が必要かを考えるために、前章で論じた北京、バンコク、台北の事例研究をふまえながら、ベトナムのバリアフリー化に関わる3者を個別にみていく。

5・1　政府の役割

ベトナムが社会主義国家である以上、バリアフリーを主導するのは政府となる。国連障害者権利条約やESCAPの動きが要因となっていることをベトナム政府も認めているように、バリアフリー環境の構築に向けて法律を制定するなど、近年の動きは明らかである。この一方で、目標の設定など、性急すぎるようにも思える。先進国を視察してバリアフリーの必要性を理解し、ベトナムでも同様の政策をとろうと考えることは評価できるが、理想ばかりが先行し、自

国の現状では達成不可能な目標値が掲げられているようにみえる。検査機関が存在しているとしても、違反者に対する罰則がないため、十分に機能しているとはいえない。実際、市街地を歩いていても、中途半端にバリアフリー化された施設が点在し、そのいずれにもバリアが残ってしまっている。車椅子で移動するにあたっては、バリアフリー動線が断続的では意味をなさない。バリアフリーが普及していない後進国における管理指導は、行政主導で、有効な働きを可能にする検査機関を組織し、検査制度を整備することから始めなければならない。

　ベトナムにおいてバリアフリーが実現しない最大の理由として筆者が考えることは、バリアフリー化に関わる3者と市民から聞かれる、「ベトナムは貧しいから」という発想自体である。ここで政府が考えなければならないことは、現状を打破することである。政府は、貧しいから先進国並みのバリアフリーができないとあきらめるのではなく、現在のベトナムにできることは何なのかを考える必要がある。日本の地方都市では、都内で使われたバスの払い下げが行われている。バリアフリーバスは新車だけとはかぎらない。ワンステップバスであってもバリアフリーは実現できるのである。また104番路線に導入したバリアフリーバスの実用性を追求して、社会主義国家らしくバリアフリー化に向けて指導力を発揮してよいかもしれない。

　インタビューでは、障害者のための政策は国民のごく一部を対象としたものであるため、社会全体の利益にならないということが聞かれた。ベトナムの障害者の割合からいうと、社会における少数派ではあるが、他国と比較してけっして少数ではない。第3章のアンケートの回答からもわかるとおり、ベトナムにおける心のバリアフリーは「理解」、「受容」と進んでいるため、「共有」の段階で社会からの反対が起きにくいようにも考えられる。それでも社会からの反対を考慮するならば、社会全体の利益となる、障害者も包摂できる政策を導き出す役割を政府が果たさなければならない。

　ベトナム政府は渋滞の原因をバイク社会と考えているため、政策で市民に都市バスを利用させることにより、バイクの台数を減少でき、渋滞も緩和できると考えている。バイクの渋滞緩和を成功させることにより、さらなるバスの参入も容易になる。この新たなバスをバリアフリーにすることにより、障害者の社会参加も可能になる。ただし、バイクの渋滞緩和の政策は実効性を得られて

いないようである。政策の大前提として必要なことは社会全体の利益であるが、さらに考える必要があることは、バイクに乗るのをやめてバスを利用しようとする市民にとっての利益ではないだろうか。なぜならば、台北市が実現したバイクの渋滞緩和は偶然によるものではなく、政策によって誘導されたものだからである（4・3節）。バイクの渋滞緩和の政策が効果を得られていない状態でバリアフリーバスを104番路線に走らせて、採算が合わないと考えているのでは計画的ではない。また、104番路線をバリアフリーバスの路線として選んだ理由も明確ではない。障害者の利用を考えての路線とはいいがたく、形式的バリアフリーに陥りかねない。このままでは数年後も利用者が少ないままで、事業者がバリアフリーバスは採算が合わないと判断し、不要とされてしまうことにもなりうる。

　ホーチミンでは現在、地下鉄を建設中である。地下鉄はバリアフリーな乗り物であることから、公共交通のバリアフリー化による障害者の社会参加だけではなく、渋滞緩和による社会全体の利益への期待が込められている。しかしながら、4・3節の図4-1の台北の事例からもわかるように、小型バイクの所有台数が減少したのは、捷運の路線が拡張され、利便性が増したからであり、ベトナムの地下鉄が開通しても、即座に渋滞解消の効果を期待できるわけではない。そして、台北の事例をそのままベトナムに移植できない理由は、台北には存在しないバイクタクシーやシクロも、ベトナムでは手軽な交通手段[2]として住民に広く利用されている反面、これらも渋滞に関与しているからである。

　また渋滞の原因は車両の多さだけではなく、交通規則が厳守されていない環境にもある。バリアフリー化に経済事情が問題となる途上国の場合は、交通関係の法整備による包括的な誘導も、経済負担の少ない有効な方法であると考えられる。バイク利用者が信号を守り、歩道を走らなくなることで、都市交通が改善され、渋滞が緩和される。この手法は経済コストも少ないため、国家の経済効率も上昇する。

　政府は早急に先進国に追いつくことを考えずに、段階を経た自国のバリアフリー政策を考える必要がある。また、かつてヘルメット着用のための規制を厳しくし、実現できた経緯もある。このように、交通安全のために規制を加える

2）シクロは後2輪、前1輪の自転車タクシーである。2012年7月のホーチミン市都市発展研究院のインタビューでは、どちらも公共交通機関という認識であった。

ことが、バリアフリー化にとってもプラスになることもある。渋滞を避けて歩道に乗り上げて走るバイクを規制することにより、都市インフラである歩道の損傷の補修費も抑えられる。歩道が安全になれば、車椅子の移動も容易になる。経済コストの負担を抑えようとする規制が、バリアフリー化につながる。これも、社会全体の利益となる政策が障害者も包摂できる一例である。

5・2　障害者の役割

　ベトナムにおける公共交通機関のバリアフリー動線をしいてあげるならば、ホーチミンの104番路線ということになる。空港内のバリアフリー環境を除き、住民の生活環境をみると、ベトナム全土でこの104番路線を走るバリアフリーバスだけが先進国並みのバリアフリーであった。

　では、この路線が走る地域以外に住む障害者は、バリアフリー環境が整わないなか、どのように生活しているのだろうか。2・4節におけるベトナムの障害者へのインタビューの事例からわかることは、障害者の場合、一社会人として国家の発展に十分に寄与できる人材であるという可能性を秘めていながらも、移動手段の有無で社会参加に格差が生じているということである。これは、移動手段を有しなかったことにより、障害者は情報弱者という二次的な課題を背負うことになる。都会には障害者教育施設や障害者職業訓練施設が存在し、社会参加のための教育を受けている障害者がいる一方で、地方都市で生活するため学校に通う手段がなく、小学校すら通えない人が存在する。障害者が社会参加したならば、第3章のアンケートの回答にもあったように、障害者の社会参加に対するベトナム国民の理解は高いので、社会における障害者の受け入れは可能であろう。これは、心のバリアフリーが「理解」を越えて、「受容」の段階に進んでいるからである。ベトナム国家統計局によると610万人の障害者が存在するということだが、彼らが運不運に左右されず、より多く社会参加できる環境をつくり上げることが課題である。

　バリアフリーのハードを整えることは大前提ではあるが、この社会参加のためさらに必要なのは何だろうか。4・2節のバンコクや4・3節の台北のように、障害者の意識の向上と考える。中国のマスメディアは2008年の北京オリンピック・パラリンピックを前に、北京の新しい障害者用トイレや階段昇降機などの

第 5 章　社会とバリアフリー

施設を地元の障害者が実際に利用して、便利になったと評価したことを報道していた。しかしながら筆者の調査において、実用性からは離れていながらも、北京の障害者は便利と評価していたことが明らかになった。障害者用トイレの扉につながるスロープの上に踊り場はなく、手前に開く形の扉であったからである。この場合、車椅子に利用している者がスロープ上で扉を引く必要があり、この行為は非常に危険で実用的とはいえない。駅の階段昇降機の場合、利用したくても、地上の駅入口に呼び出しボタンが存在しなかった。

　では、地元の障害者はなぜこのような施設を、便利になったと考えたのだろうか。それまでこのような施設がなかったので、新しくこのような施設ができ、それだけで便利になったと思ったのかもしれない。しかしながら、実際に実用的でなければ、便利とは考えないであろう。これらの現象は、評価工程が供給側である事業者により、無意識のうちに準備されていたために起こったものと考えられる。評価のさい、事業者がトイレの扉を開けて、障害者がスロープを上がり、トイレをのぞきこんだとしたら、障害者は便利なものができたと考えるであろう。事業者が階段の上で階段昇降機を準備し、障害者が階段昇降機に乗り込み、階段を下りる。そして、階段昇降機で階段を上がり、地上に戻る。この一連の行為において、何の問題も起こらないため、障害者は車椅子でも階段を移動できるようになり、便利になったと考えるであろう。事業者が評価を意識してトイレのドアを開けたり、階段の上に昇降機を準備したのではなく、親切心からしたのであろうが、このような形での評価は意味をなさない。

　これらの実用的ではなかったバリアフリーは、オリンピック・パラリンピック後に修正されている。外国から来た障害者による指摘があったことも考えられるし、あるいは中国国内の障害者が実際に使うことで、不便と感じたのかもしれない。

　障害者が移動に本当に困らないのか。あるいは、移動手段がないから外出をしないのか。障害者が社会参加するさいの前提条件である移動に積極的になり、社会にバリアフリーが必要なことを認識させる必要もある。はじめから 104 番路線のノンステップバスのような先進国型のバリアフリーバスの完成形を求めるのではなく、自国の社会においてバリアフリー意識が深化することを待ちながら、クチ行きのバス（94 番路線）にあるようなワンステップバスを利用することから社会参加を拡大していくことも一手段である。バンコクや台北の障害

者のように、バリアフリーに関して障害者が自己の視点で判断し、どこがどのように不便で、どのようにすれば便利になるのか、自発的に意見を言える能力も必要とされる。

5・3 事業者の役割

　事業者はバリアフリーのハードを直接供給する主体である。このため、バリアフリーに対する理解がもっとも必要である。しかし、実際のバリアフリーは形式的バリアフリーとなっている。ここではバリアフリーの有無ではなく、質について考えてみたい。

　ホーチミンの1番路線のバス車両は、環境を考慮したヒュンダイのエコエネルギーのバスに変更された。このバスは韓国国内では旧式であり、現在の韓国は新式のエコエネルギーのバリアフリーバスへと移行している。この新式のバスこそが、ホーチミンの104番路線を走るバリアフリーバスである。ホーチミンで導入されたエコエネルギーのバスは、韓国ではバリアフリーバスとは認められていない。この認められていない旧式のバスに対し、ホーチミンでは国際シンボルマークを掲示しているという点が問題なのである。経済的要因だけが問題であるならば、旧式バスの払い下げを入手するのはやむをえないことかもしれない。しかしながら、バリアフリーではないものをバリアフリー仕様と評価し、障害者など交通弱者に配慮していると表示してしまっては、車椅子を利用する障害者が実際には乗車できなかったとしても、一般利用者はその表記だけをみて、配慮がなされていると考えてしまうであろう。そして、ベトナムの障害者政策は十分に行われていると思い込んでしまうかもしれないのである。

　このような現象は、事業者側の不勉強がいちばんの原因であるが、政府の指導力不足とともに、これまで指摘してきた障害者の未熟さも影響している。104番路線が障害者にとって実用的な路線でないことも問題点ではあるが、利用できないものに配慮が施されていると表示されてしまっているこの問題を指摘できないところに、ベトナムのバリアフリーの発展の限界がみえてくる。さらに、このままでは、車椅子の障害者はバリアフリーに配慮したバスを利用していないと結論づけられてしまい、バリアフリー動線の拡張は望めなくなる。過去の事例のように、採算が合わないという理由で廃止される可能性を考える

第 5 章　社会とバリアフリー

と、このままですませてはならない。

　ベトナムでは心のバリアフリーが進んでいることは、第 3 章のアンケート調査、「バリアフリーバスに対する理解」の結果からも明らかである。事業者はベトナム市民の心のバリアフリーにより、協力を得ることができる。クチ行きのバスで協力する一般市民の力を、ベトナムにおける伝統的な人的資本と考えたならば、これは豊かな社会資本であり、「ベトナムは貧しいからバリアフリーができない」という考えは成り立たない。完全なバリアフリー社会が形成される前に、事業者がこのような手法を用いながら障害者の社会参加を段階的にうながすことも可能である。同時に、社会参加をしようとする障害者がいて、バリアフリーを必要としていることを社会の人々に知らしめることは、社会におけるバリアフリーの深化にもつながる。これはマスメディアも同様であり、先進国のノンステップバスと比較してワンステップバスしかないベトナムの公共交通機関を批判するのではなく、現状でも市民と一体となって障害者の社会参加を助けるほうが賢明ではないだろうか。

　ベトナムの調査にあたり、筆者は自国の地方都市のバリアフリーの調査も行った。都心部と異なり、公共交通機関がバスだけしかない地方都市は、日本でも少なくない。このような地域であっても、バリアフリーバスが運行している[3]。都心部からの払い下げと思われるようなバスも少なくない。バリアフリーのコミュニティバスもあったので、ベトナムでも新車の購入以外の方法も考えることができるのではないだろうか。

　地方都市のバリアフリーの発展には、観光地の存在も大きいように考える。ベトナムにおいてもホイアンの事例があったように、観光収入もバリアフリーの維持管理の一助になると期待できる。

5・4　バリアフリー化の三角形

　前節までにおいて、バリアフリー社会を形成する政府、事業者、障害者の 3 者の役割を個別にみてきた。この 3 者の関係にプッシュ要因（P）が働いた場

3）駅から観光地まではバリアフリーバスが運行していながら、市内には走っていないアンバランスな地方都市も存在した。その地域の調査では、住民から遠巻きにじろじろと見られた。

5・4 バリアフリー化の三角形

合、図 5-1 のように発展し、バリアフリー社会に意識の三角形が広がっていくのが理想である。筆者はこの 3 者の関係の形態から、「バリアフリー化の三角形」と定義した（第 1 章）。本節では、バリアフリー化の過程を図を用いて示す。

プッシュ要因は、北京のようにオリンピック・パラリンピックであったり、バンコクのようにデモ行動であったり、いくつかの事例が考えられる。障害者は政府に対し社会の改善としてバリアフリー化を求め、政府は事業者に対し法規制でバリアフリーを求め、事業者は法律を遵守するために義務としてバリアフリー化する。このとき社会が障害者側に比重を置くと、社会においてバリアフリーに対する合意形成ができやすく、バリアフリー化の三角形の関係は強くなる。それに対し事業者側に比重が置かれると、バリアフリー化の三角形は弱いものとなる。図 5-1 は、障害者と事業者の対立構造が解消された結果、社会で合意形成された理想状態である。このとき事業者も社会の一員として、障害者にとってのバリアフリーの意義を理解している。

先進国を含めて、バリアフリー社会の形態が最初からこのようであったわけではない。かつてはバリアフリーをめぐって、要求する障害者と供給を渋る事業者の間には対立関係があった。障害者は住民の一部にすぎないとして、事業者は費用対効果を理由に、この少数の住民のためのバリアフリー化を行おうとしない。そして事業者の不作為により、障害者と事業者の間で対立構造が生じても、社会は事業者が自己の権利を守ることに対して何の疑問も抱かない（図 5-2 の「支持の大きさのベクトル」）。バリアフリー化は事業者側に経済負担を負わせるものであるため、政府は直接関与せず、事業者が行うバリアフリー化は障害者への慈善行為にすぎないと社会の人々は考えていた。しかしながら、2 度の世界大戦の戦場となり、傷痍軍人が多く生活する欧州の社会において、障害

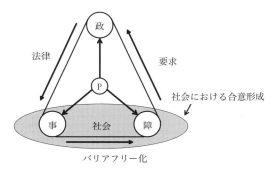

図 5-1　バリアフリー化の三角形の理想形
障害者と事業者の間の対立構造は解消されており、社会（灰色の部分）でも合意が形成されている。行政、障害者、事業者がすべて、バリアフリーの意識を共有する。バリアフリー社会が成り立ち、さらに進むと灰色の部分がバリアフリー化の三角形を包む形になる。

239

第 5 章　社会とバリアフリー

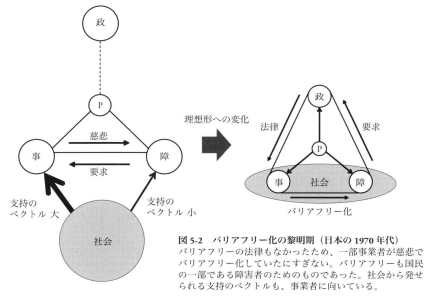

図 5-2　バリアフリー化の黎明期（日本の 1970 年代）
バリアフリーの法律もなかったため、一部事業者が慈悲でバリアフリー化していたにすぎない。バリアフリーも国民の一部である障害者のためのものであった。社会から発せられる支持のベクトルも、事業者に向いている。

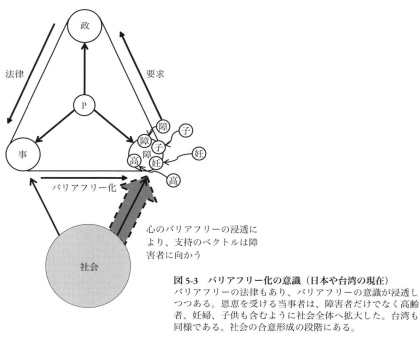

図 5-3　バリアフリー化の意識（日本や台湾の現在）
バリアフリーの法律もあり、バリアフリーの意識が浸透しつつある。恩恵を受ける当事者は、障害者だけでなく高齢者、妊婦、子供も含むように社会全体へ拡大した。台湾も同様である。社会の合意形成の段階にある。

5・4 バリアフリー化の三角形

者の人権に対する考えが芽生えるようになると状況が変わる。事業者の不作為に対し、障害者の人権を重視するようにと、社会の支持のベクトルの向きが変化したのである。また、社会において発生した多くの対立構造に対し、障害者の権利を支持する社会の影響を受け、政府が事業者に対してバリアフリー化を法律で規定するようになる（図 5-2 の「理想形への変化」）。

現在の日本は、図 5-3 のように、バリアフリーの意識は障害者だけに向けられたものではなく、社会における高齢者、妊婦、子供にまで拡大したユニバーサルデザインである。この構図は台北も同様であると考える。大きな特徴として、障害者が社会参加をしているので、国家が障害者向けの施策をユニバーサルな政策として実施できることがあげられる。このことが福祉先進国と途上国の差異と考えられる。心のバリアフリーが発展することにより、社会の構図は理想形へと変化すると考えられる。

北京の場合は図 5-4 のように、バリアフリー化の三角形の 1 点は当初、外国人を含む外来の利用者との間で成り立っていたが、現在は障害者に代位した。2008 年北京オリンピック・パラリンピック前の社会は、障害者の存在に対して無関心に近い状態であり、事業者を支持していた可能性も高い。パラリンピッ

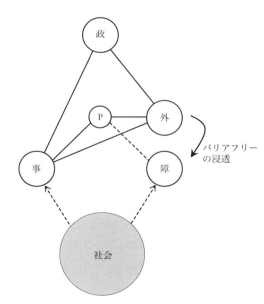

図 5-4 北京型
「外」は外来の利用者で、パラリンピックの選手であったり、観光客であったりする。社会は当初、バリアフリーに無関心であったが、パラリンピックの影響でバリアフリー化の意識が広がりつつある。

第5章　社会とバリアフリー

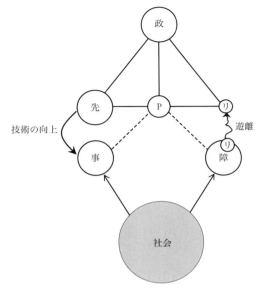

図 5-5　ベトナム型（途上国型）
「先」は先進国の技術（先端技術）、「リ」は障害者のリーダーである。事業者の技術は向上するが、一般の障害者はバリアフリー化の三角形から取り残されている。実線は先進国が与えた、ベトナムにとっての理想的なバリアフリーの状態である。本来あるべきバリアフリーの姿とは異なるため、実用性を有していない。

クにより、障害者の存在が社会に近いものとなり、社会の支持は障害者の方向へ徐々に向かいだしている。

　ベトナムの場合は図 5-5 のように、バリアフリーは行政、事業者が有する先進国の技術、障害者のリーダーの 3 者の間で成立している。これは、ベトナム社会にバリアフリーの意識がまだ浸透していない状態を表している。ベトナムの障害者リーダーが抱くバリアフリー意識の問題点は、先進国からのバリアフリーに関するエリート教育を受けた結果、自国との格差であきらめを感じてしまい、一般の障害者から遊離した感覚であることである。そして、この格差を解消する手段が確立されていないため、バリアフリー意識は障害者全体に浸透しないままである。事業者が先進国の技術を自国に吸収し、障害者が社会参加できる環境が整い、障害者リーダーのバリアフリー意識がほかの障害者にも伝播することで、バリアフリー化の三角形のバランスが成り立つ。

　図 5-6 は、心のバリアフリーが進んでいる社会が、障害者を包摂している状態である。バリアフリー化を障害者のためだけに進めるのではなく、社会政策が障害者も包摂するようになることで、社会全体の利益として発展する。これは、途上国においては、障害者に対して特別な政策を行うことは容易ではなく、

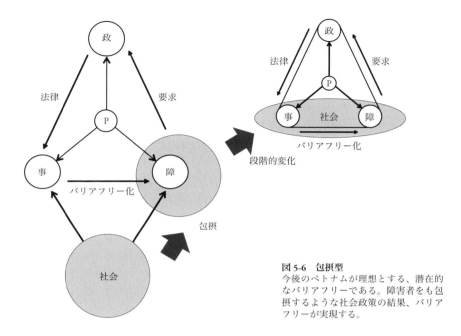

図 5-6 包摂型
今後のベトナムが理想とする、潜在的なバリアフリーである。障害者をも包摂するような社会政策の結果、バリアフリーが実現する。

一般市民と障害者が同等の利益を享受できる政策にならざるをえないということである。

5・5　バリアフリーの形態

　バリアフリー化におけるアクターは同じように存在していても、バリアフリー化の過程は一様ではない。前節では社会におけるバリアフリーという視点で、バリアフリーのアクターから概念的にとらえたのに対し、本節では途上国におけるバリアフリーの形態の特徴を、バリアフリーの因子に着目しながらまとめる。福祉先進国の北欧であっても、当初はバリアフリーという概念は存在していなかった。バリアのある社会においてどのようなバリアフリーが存在するか、形態ごとに特徴をまとめたい。

(1) ボトムアップ型バリアフリー
　先進国におけるバリアフリーの多くはこの形態である。社会がバリアに対す

第 5 章　社会とバリアフリー

る認識を持ち、政府に対してバリアフリーの要求が起こったことにより、バリアフリー化が実現した形態である。この形態では、バリアフリーの概念が社会全体に広がっているため、ユニバーサルデザインへと発展し、障害者だけではなく、高齢者、妊婦、ベビーカーを含めた包括的な対応が可能である。また、都市全体にバリアフリーが広がり、バリアフリー動線が描きやすい。

近年では建物が最初からユニバーサルデザインというバリアレスな環境として建設されるため、バリアのないことが当然のものとなっている。それゆえ、バリアに対する社会の認識が薄れる可能性もあり、継続した啓蒙活動が必要である。

社会における心のバリアフリーは、「共有」あるいは「共生」の状態にあるか、あるいはゼロ（不認識）かの両極端になる。

(2) トップダウン型バリアフリー

バリアフリーの概念が確立していない社会において、政府が主導するバリアフリーである。この場合、政府の目的がバリアフリーの実現ではなく、バリアフリーの導入になりがちなため、利用者不在のバリアフリーに陥りやすい。

バリアフリーとは無関係な未開の地では、このような議論は不必要なことからもわかるように、経済発展が進み、都市の形態が整いつつある途上国においても多くみられる形態である。バリアフリーが十分には理解されない状態で、なじみのない概念として導入されるため、ときとして不自然なバリアフリーとなる。

バリアフリー化により国家としての信用度を上昇することを目的としている場合、バリアフリーの意識を社会に深化させることが不可欠である。

(3) キャッチアップ型バリアフリー

バリアフリーを導入する側にバリアフリーの概念がないにもかかわらず、バリアフリーが自然発生する形態である。途上国の場合、インフラ再整備や新しい技術を導入するさいに、自国の技術では達成が難しい場合、先進国の技術を導入する。このさいに、バリアフリーの技術が付随して導入される。

バリアの認識が確立していない社会で起きるバリアフリーであるため、(2)のトップダウン型バリアフリーと異なり、バリアフリー化を主導する存在や目

的が顕在化しない。このため政府には、バリアフリーの概念を社会に浸透させようとする動機も生まれない。しかし、このバリアフリー化が障害者の社会参加につながると、障害者から社会の人々へバリアフリーの意識が伝わる可能性はある。

(4) 観光地型バリアフリー

観光収入を目的とした、福祉意識と経済活動が融合したバリアフリーである。バリアフリーの恩恵を受けるおもな主体は観光客となる。このバリアフリー化の供給者は、多くの場合は事業者であるが、規模が大きい場合は行政府であることもある。バリアフリーによる経済効果は証明されているため、バリアフリー化を進める事業者は積極的である。先進国だけでなく途上国においても、観光スポットなど限定されたエリアで起きる現象である。しかし経済活動が主目的であるため、途上国では、バリアフリーの恩恵を受ける主体に地元住民の存在が含まれていないことも多い。

限定されたエリアのバリアフリーになりがちなため、社会全体へのバリアフリーの浸透は期待されていないと考えられる。ただし、このバリアフリーのエリアが一般社会の生活空間と接続された場合、キャッチアップ型バリアフリーへと発展する可能性がある。

(5) 人的介助型バリアフリー

バリアを認識していながらも、バリアフリーのハードを設置するための経済的負担を回避するために、社会的資本である人力の介助で補完するバリアフリーである。途上国において多くみられる。この場合、バリアフリーの供給者は規模が小さい事業体となることが多い。費用対効果を考え、このようなバリアフリー化を選択しやすい。

ここで留意すべき点は、バリアを認識したうえでのバリアフリーの形態であるため、この理解の程度により、形式的バリアフリーが発生しやすいことである。この形態では、経験と知識が不足していたため形式的バリアフリーに陥る場合と、当初から人的介助による補完を期待したうえでのバリアフリー化の2者が存在する。外見から判別することは難しいので、供給側の認識の程度やバリアフリー化への経緯をみる必要がある。

245

第5章　社会とバリアフリー

　具体的には、ハノイの大型ショッピングモール [4] は前者に相当し、ホーチミンのクチ行きのワンステップバスは後者に相当する。日常的に提供されるサービスであれば、人的介助を行う地域住民の心のバリアフリーへとつながる可能性がある。この状態において、先進国からバリアフリーの設備が導入されると、ボトムアップ型バリアフリーと同様の環境になり、バリアフリー動線を描きうる。

(6)　人的依存型バリアフリー

　住民が、社会における階段などを車椅子にとってのバリアとして認識していない特徴を有する。エレベーターが設置されていない、階段だけの建築物を当然の状況としてとらえるため、住民が日常生活の習慣として車椅子を人力で介助することで、バリアフリーが実現している。

　人的介助型バリアフリーと形態は同様であるが、住民が障害物をバリアと認識していない点で異なる。たとえば、車椅子を利用する障害者が階段にきた場合、居合わせた住民たちが協力し合い、善意で担ぎ上げるバリアフリーである。このような行為を住民が日常的に行っているのであれば、社会における心のバリアフリーは高い水準にあるといえる。この状態において、先進国からバリアフリーの設備が導入されると、キャッチアップ型バリアフリーに展開する可能性もある。

　以上のように、バリアフリーの形態を導き出した。都市のバリアフリーがこのうちのどれか1つの型にぴったり該当するという単線的なことは多くなく、いくつかの型の特徴を複合的に持ち合わせた結果、ボトムアップ型やキャッチアップ型へ展開すると考えられる。

　　4)　建物の入口部分にはスロープがあるが、その周辺には段差が残っている。

第6章

ベトナム型バリアフリー

　筆者はフィールド調査において、東アジアの20以上の都市のバリアフリーを検証した経験から、バリアフリーの形態は一様ではないことをつねづね思っていた。この原因について、本章ではさらに深く考察する。序章で述べたとおり、バリアフリーの歴史は浅く、バリアフリーのツールとなるエレベーターなどは現代のものであり、歴史的な建築物には階段などのバリアが必然的に存在する。バリアフリー化には既存の建築物の改造あるいは建築物の新築が必要であり、コストをかけられる先進国では導入が早かったといえる。このことは同時に、バリアフリーと経済力が強く結びついている印象を社会にもたらす結果にもなっている。

　バリアフリーのハードにコストがかかることは自明である。しかしながら、経済的負担をしてバリアフリーのハードを設置しても、それだけでバリアフリーが社会に浸透するわけではない。先進国から先端技術を持ち込むだけではバリアフリー化が実現できないことは、筆者の北京の調査事例からもわかる。バリアフリーが社会に浸透し、バリアフリー社会が実現するためには、事業者が供給するバリアフリーのソフト、社会からの心のバリアフリーも必要な因子である。では、これらの因子をベトナムにもたらすには、どのような方法があるだろうか。生活習慣が大きく関わるため、ベトナムにおけるバリアフリーについて文化的要因から考察したい。

6・1　形式的バリアフリーとその認識

　ベトナムにかぎらず一般的に、バリアフリー化に関して経済力だけを考えることは、バリアフリーを一過性のものとしてとらえており、単線的である。筆

247

第6章　ベトナム型バリアフリー

者は、前章の人的介助型バリアフリーにおいて、形式的バリアフリーが起こりうる原因として、事業者がバリアに対する認識を十分には有していないことをあげた。バリアフリー化を進めるにあたり、社会におけるバリアフリーという重層的な考え方も必要である。先進国においても、当初からバリアを認識していたわけではない。現在の日本でも、実用性のないバリアフリーは存在する。このような状況を変えたのは、社会におけるバリアに対する認識である。事業者も社会を構成する一員であるのだから、社会がバリアを認識していれば、事業者も同様に認識できるはずだからである。

　現在のベトナムのバリアフリーにはトップダウン型の因子もあり、バリアフリーが社会に定着しない状態で事業者がハードを供給する形式的バリアフリーが少なくない。この結果、ハードのバリアフリーが先行し、ソフト（人的介助、社会的資本、マンパワー）のバリアフリーが補完する関係になっている。経験と知識を得ることで、このソフトのバリアフリーの質を高めることができたならば、バリアを認識し、バリアフリーに不足しているものを理解することができる。これにより、ハードの質も同様に高まることが期待されると同時に、形式的バリアフリーに陥る悪循環から脱することができる。この経緯こそ、先進国が長年の経験から得てきた知識なのである。現在のベトナムには、この経験と知識が不足しているといわざるをえない。

　しかしながら、ベトナムのバリアフリーの特徴は物理的障壁がありながらも、障害者に住民が手を差し伸べるインクルーシブな社会でもある。これは、ベトナムのバリアフリー文化と呼ぶことができる。たとえば、建物の入口から中に入るには階段を上がるしかないとわかり、階段の下で戸惑っていると、周囲の人たちが手を貸そうとすぐに集まってくる。手を差し伸べる人たちは、その建物の関係者というわけではない。当然のことながら、バリアフリーの知識を有する人々とはかぎらず、偶然にその場に居合わせたにすぎない。道端で屋台を営んでいるオーナーやバイクタクシーの運転手など、バリアフリーに対して無関心と思われる人たちまでが、見知らぬ車椅子の利用者にすぐに手を差し伸べ、手伝い終わるとすぐに元の仕事の場に戻っていく。そこには、困っている人がいるから手を貸すという考えがあるにすぎない。このため、ベトナムはバリアがたくさんありながらも、バリアと感じさせない一面もある。

　このように不便さを感じさせない理由として、ベトナム人の心のバリアフ

6・1　形式的バリアフリーとその認識

リー[1] が考えられた。ここで筆者は、ベトナムでは心のバリアフリーが日本よりも進んでいながら、バリアフリーのハードが普及しないことを疑問に思った。これまでの先進国の事例から考えると、バリアフリーが進む環境には、障害者に対する社会の人々の共感が不可欠だからである。

　日本の場合は、支援を必要とする人への理解を深め、自然と支え合う心のバリアフリーを推進する［内閣府 2006］としており、日越の心のバリアフリーはともに障害者の社会参加に手を差し伸べるものである。しかしながら、日越の心のバリアフリーの性質は大きく異なるため、その淵源は異なると考えられる。日本においては4つの障壁（バリア）の教育も行われていて、障害者に対する慈悲は哀れみであり、障害者を特別視する差別なのだという認識を含有している[2]。このような認識は、先進国の福祉文化にふれたベトナム人にも共有されているであろうが、ベトナム社会に広く浸透しているわけではない。障害者にかぎらず、困っている人たちに積極的に手を差し伸べるベトナムの社会的慣習の根源を duy tinh [3] と表現したベトナム人がいたように、ベトナムの心のバリアフリーには慈悲の心が内在していることは否めない[4]。慈悲を差別と考える福祉先進国の経験と知識は、ベトナムにとってもモデルとなりうるが、文化や生活習慣が異なる先進国をバリアフリーのモデルとしながら、淵源の異なる心のバリアフリーをめざすことには、ベトナム文化を破壊する負の側面があることも見逃してはならない。

　この淵源について、第3章のアンケート（5）「障害者と交通——心のバリアフリー その2」でも述べたが、ここではベトナムの伝統的文化にも目を向けて、ベトナムの心のバリアフリーについて再考したい。

　ベトナムの心のバリアフリーの淵源は何だろうか。先進国にあるような教養やモラル[5] とは異なっているようにも思える。心のバリアフリーには生活習慣が大きく影響すると考えられるため、文化的因子が理由として考えられる。

1) 日本の内閣府は、2008年に「バリアフリー・ユニバーサルデザイン推進要綱」として、「心のバリアフリー」という言葉を定義している。（後述）
2) 米国の障害者運動の軌跡を描いた名著の題名は『哀れみはいらない』［Shapiro 1993］である。
3) ベトナム語を母語とする人によると、日本語にぴったり対応する言葉はなく、「人情」の意味に近いという。
4) 筆者の通訳者が好奇心から、この件について介助をしてくれた男性に理由をたずねたところ、「かわいそうだから」という回答を得ている。
5) ベトナム語でいうならば văn hóa（文化）と考えられる。

249

第 6 章　ベトナム型バリアフリー

道徳教育や宗教の影響は当然のことながら考えられるが、これは他国にもあり、ベトナムにかぎったことではない。このため、ベトナムと文化が近く、また歴史的な影響をベトナムに与えた中国との比較から考えてみたい。両国に共通するのは、先行研究［真保、高橋 1971、シェノー 1969］が指摘している、社会主義的な農業合作社の共同体文化である。両国とも歴史的に、社会主義集団農業の影響で村落の結合が強かった。ただし、社会主義社会に資本主義経済を導入したことにより、両国とも合作社は消滅している。資本主義経済の発展にともなう都市化が核家族を生み出したように、集団生活の文化を分散へと向かわせたと考えられる。中国社会とベトナム社会を比較すると、中国の改革開放政策（1978 年）とベトナムのドイモイ政策（1986 年）が始まった時期、発展の度合い、都市化の影響とその人口移動の規模などの差異がある。ベトナムの都市化は中国ほどのスピードで進んでいないため、まだ共同体の影響が残っているのではないだろうか。

　家を基本とする相互扶助の文化は日本にもあったが、日本の場合は都市化とともに核家族化が進み、それにつれて崩壊していったといえる。一方、ドイモイ以降のベトナムの共同体は伝統的な村落共同体を破壊したが、村落に自主統治を委託する「民主制度規定」などにより新たな共同体精神を産み出すことで、なお共同体的結合の機能を発揮している［加藤 2011、古田 2013］。

　筆者のこれまでの調査で感じられることは、ハノイやホーチミンのような大都会であっても、隣人や他人に対する無関心が支配するまでには至っていない。とくに、筆者がこれまでの多くのベトナム人との交流から知ったことは、ベトナム社会でも都市部における核家族化、さらには個人化へという流れが進んではいるが、西洋文化に起こっている変化とは異なることである。地方出身者の多くは、都市部でも親戚あるいは兄弟姉妹と同居したり、同郷の友人とルームシェアをしたりと、新たな形態で共同生活を継続しており、1 人で生活する習慣が定着していない。この都市社会の農村性、農村的共同性の存続が、心のバリアフリーの淵源の 1 つとして考えられる。

　もっとも、農村部では現在でも、障害者に対する偏見が少なくないという報告もある。レ・バイック・ズオン（Le Bach Duong）たちは、タイビン（Thái Bình）、クアンナム（Quảng Nam）、ダナン（Đà Nẵng）[6]、ドンナイ（Đồng Nai）の4 都市[7]の調査研究の結果、住民には障害者に対する偏見があり、仏教信者ほ

250

6・1　形式的バリアフリーとその認識

どそれが強いことがわかったと述べている［Le Bach Duong *et al.* 2007:81-89］。これらの地域では、都市部より農村部のほうが偏見が強い。

　同様のことは、日本の地方都市においても起こりうる。筆者の体験では、日本の地方都市に行くと、障害者を遠巻きに見る人が少なくない。やはり、「障害者をじろじろ見ない」という文化的習慣によるものであろう。それに対し、ベトナムの文化はかなりオープンである。まったく面識がなくても、開口一番、「その足はどうしたのか」とたずねる人が少なくない。だがベトナムの都市部では、このような体験をしたことがない。地方都市におけるベトナム人の偏見は、障害者に対する無理解から発するものであり、近寄ることを躊躇する日本や西洋の文化とは異なるのであろう。仮に障害者が日常生活の身近にいたならば、アジアに存在する伝統的な「家の文化」により、障害者の存在は他人事ではなくなる。第2章で述べたチャム族の村の事例でも、近所に障害者が3人いると話したように、生活圏を共有する関係が成立するように考えられる。

　このような社会構造は、物理的障壁をバリアと認識しないまま、近隣の住人が介助して乗り越える文化を生む。そして、そのような生活習慣を有する者が、障害を有する人を都会で見かけたならば、やはり手を貸すであろう。障害者に対する偏見（無理解）があっても、困っている人を見かければ助ける相互扶助の文化は、このような形で都会でも維持されていると考えられる。このように、ベトナム人の障害者に対する接し方は、日本人とは異なっていると考えられる。

　さらにベトナム固有の事由である戦争犠牲者の多さは、障害者理解の一助になるのではないかとも考えられる。今日のベトナムをつくり上げた功績者として、傷病兵の存在は特別なものとなっている。7月27日の「烈士・傷病兵の日」には、烈士（現体制の側で戦争を戦った戦没者）家族や傷病兵の慰問活動に青少年が大々的に動員されており、その教育的効果は小さくない。また筆者は、ハノイでの調査中に営まれたベトナム戦争の救国の英雄、ヴォー・グエン・ザップ将軍の国葬（2013年）のさいに見かけた、そろいのTシャツを着た学生ボランティアの数の多さに驚いた。現在の日本では、軍人を英雄視する教育は行わ

---

6)　ダナンは1997年1月1日にクアンナムから分離して特別行政区になっている。ベトナム戦争中は同一区域であり、同じ中部地区ということもあり、フィールド調査データではクアンナム・ダナンとして扱われている。

7)　4都市を選んだ理由としては、地理的にそれぞれ北部、中部、南部に位置していることと、障害者が比較的多い地域であることをあげている。

251

れていない。軍人に対する評価が日本と異なる点は、ベトナム文化を理解するうえでは欠かすことができない。

6・2　日本のバリアフリー文化

　日本では、障害者に対する慈悲の心を、偏見として否定的にとらえている。障害者は1人の人間であり、対等であるため、慈悲の視点からみてはいけないと教育され、バリアフリーは障害者の権利だと教えられる。日本の社会において、他人の前で積極的に手を差し伸べることは目立つことである。多くの日本人は「出る杭は打たれる」ことを避けようと考え、人前で他人に手を貸すことに対し消極的であるといえる。さらに、都築［2003］は日本とベトナムの女子大生が、障害児に対してどのようなイメージを抱いているかをアンケート調査している。日本の女子大生はベトナムの女子大生よりも、障害児に対して非友好的な態度であり、社会環境を整えることを求める傾向があることを指摘している。

　また、政府が4つの障壁を認識する［総理府ほか1995］以前の日本では、リハビリは障害の医学モデルの影響を受けていた。個人の機能回復を重視しており、障害者は自分のことは他人の助けを借りずに独力で解決しようとすることをめざした。このため、他人から手を借りることを恥じる風潮もあった。同様に、歩行に衰えが見え始めた高齢者であっても、自ら車椅子に乗ることを避ける傾向もある。近年は障害の社会モデルが普及し、このような考え方は変化している。

　日本が2014年に批准した国連障害者権利条約第2条では、障害のある人に対し「過度な負担を強いない範囲で、個人の障害に応じて配慮をする」という意味の合理的配慮を定めている。2020年に東京で開催されるパラリンピックを前に、心のバリアフリーや合理的配慮という言葉が社会で聞かれるようになっている。

　日本では、ベトナムのような人々の態度を「心のバリアフリー」とよび、奨励する。この語の本来の定義は、4つの障壁の1つである意識のバリア、つまり障害者を特別視する偏見を持つ心に対処するものである。しかしながら、この障害のある人への理解を深め、自然に支え合うことをめざす心のバリアフ

リーの解釈には、ときとして誤解もあるように考えられる。巷で聞かれる「心のバリアフリー」は barrier-free mind とも英訳され、「バリアフリーの心」という意味になる。本来の「心のバリアフリー」という言葉は、障害者を特別視する偏見という、心のなかにある障壁（偏見）を取り除くことを意味している。この考えは、もともとバリアのない、バリアレスな社会の構築をめざすものである。一方、「バリアフリーの心」とは、バリアが存在する社会において、バリアフリーに努める（バリアをなくす）意識のことである。内閣府の方針である「ハード・ソフトからハートへ」において、バリアフリーのハードとは設備などのツールを、ソフトとは職員の対応や情報提供などのサービスを意味している。それらを充実したうえで、障害者への理解、さらには障害への理解を深めることで、ハートのバリアをなくし、支援を必要とする人と支え合うということである。

　この後者を前面に出した「心のバリアフリー」を掲げることは、バリアがある社会を前提にし、バリアを残したままで、バリアフリーであろうとするマインドから人力で介助しようとすることにもつながるため、バリアフリー化を阻害する要因にもなりつつある。障害者権利条約第2条では、事業者側の過度な負担の限界が明確にされていない。そのため、「心のバリアフリー」を大義名分に掲げ、経済負担を避けて人的介助で間に合わせれば、合理的配慮を行わなくてもよい、あるいは人的介助という合理的配慮を行ったというロジックも成り立ってしまうのである。あくまでも、心のバリアフリーが最終的にめざすのは、バリアレスな社会を構築することである。

6・3　日越のバリアフリー文化の比較考察

　日越の違いについて、障害のモデルに対する理解の差異を指摘する考えも存在する。途上国においては、障害学における障害の医学モデル、すなわち「バリアの原因は障害者本人に帰属する」とする考えが優勢であり、障害の社会モデルの「バリアの原因は社会環境に帰属する」という考えは、まだ社会に浸透していない。しかしながらこの知識は、日本の社会でもまだ深まっていないのではないだろうか。

　日越の心のバリアフリーは異なるものであるとすれば、ベトナムでは障害者

に対する慈悲の心を duy tinh と肯定的にとらえ、これに基づいて積極的に介助を行っているのだと考えることができる。ベトナムの課題である形式的バリアフリーの社会的要因は、障害者についての知識と経験が不足していたことによる、ベトナム社会のバリアフリーに対する不理解であったが、障害者に対する理解がないわけではない。むしろベトナム社会では、障害者をインペアメント（があって）で困っている人と考え、積極的に手を差し伸べている。このように考えると、障害者に慈悲を感じることは、本当に正しくないことなのだろうか。ベトナム文化における心のバリアフリーの積極性が日本よりも進んでいることを考えたならば、障害者に対して慈悲の心を持つことはあながち過ちとはいい切れない。

　このことに関して、徳田は障害理解という教育を提言している。日本では親が子供に対し、障害者を「じろじろ見ないように」と注意することが一般的である。しかしながらこのことは、子供が障害者を特別視することを増長する。徳田の教育は、障害を当人の1つの不幸な出来事であるととらえ、かわいそうなことであると理解することから始まる。そして、かわいそうな出来事が起きた人に対して、どのように手伝うかを考えさせるのである［徳田 2005］。ここで、障害という不幸な出来事を理解するまでを障害者理解という第1段階、そこから手を貸すまでを障害理解という第2段階に分けたならば、ベトナム文化は無意識のうちに障害者理解をしているといえる。しかしながら、その次の段階の知識と経験が十分ではないため、形式的バリアフリーに陥っている。したがって、ベトナム文化に根ざした障害者理解に、教育を融合させることができたならば、不足している知識と経験を補うことができ、ベトナムの課題である形式的バリアフリーも改善されうる。

　しかしながら同時に、この相互扶助の文化に根ざす共生関係を過信することは許されない。なぜならば、人力により解決してきた文化であるがゆえに、物理的バリアを除去する（たとえば段差をなくすなど）ための合理的な知識を有していないこともありうるからである。この点に関して、日本のバリアフリーマインドは、バリアフリーの知識を有しながらも、行き届かないところを人的介助で対処しようとする意味で、ベトナムの文化に由来する障害者理解とは異なっている。

　ベトナムでは、障害者に手を差し伸べる duy tinh の社会を尊重しながら、イ

6・3　日越のバリアフリー文化の比較考察

表 6-1　越日の心のバリアフリー比較

	ベトナム	日本
淵源	伝統的文化、傷病兵	教育（意識のバリア）
障害者への慈悲	duy tình（感情に支配される）	偏見
障害者観	友好的	非友好的
見知らぬ人への介助	積極的	消極的（出る杭は打たれる）
障害者側の意識	達観的	自立をめざす

筆者とグエン・ティ・トゥイ・リン（Nguyễn Thị Thùy Linh、東京大学大学院新領域創成科学研究科）の共同作成。

ンクルーシブな社会を構築すれば、社会の人々が障害者と関与する機会を増やすことができるであろう。バリアフリーに対する知識と経験が蓄積すれば、ベトナム社会のバリアフリー化を進めることができるであろう。これらをふまえて、ベトナムの伝統的な文化や生活習慣のうえで成り立つベトナム型バリアフリーモデルを形成することができれば、現在発展途中のアジアの他地域にとって、地域の文化を重視したバリアフリー化のモデルになると期待できる。

　途上国でみられるバリアフリーは、バリアに対する認識（障害理解）の有無という観点から、第 5 章 (5) の人的介助型バリアフリーが限界だと判断できる。したがって、バリアフリー化を進めるにあたり、バリアフリー化の三角形における、バリアに対する認識という因子の有無を把握することから始めなければならない。

　社会資本である人力による介助を必要とする点では、(5) と (6) は同様である。しかし (5) の場合、事業者がバリアを認識したうえでバリアフリーのハードを提供しており、人的介助はそれを補完している。この点で、人的介助に完全に依存する (6) とは大きく異なる。

　これまでのベトナムでの実地調査からの印象ではあるが、社会の人々はバリアを認識して介助しているのではなく、たんに文化的な相互扶助の意識で、困っている人を介助しているにすぎない。ここで、このベトナム文化にバリアに対する認識を加味することにより、ベトナム型バリアフリーが完成する。

第7章
ベトナムにみられるバリアフリー化の課題

　ベトナムの障害者の社会参加をうながすという観点から、障害者の移動制約を解除する手段として、公共交通機関のバリアフリー化を論じてきた。当初の課題は、ベトナムのバリアフリー化が先進国並みではないことから、限られた経済力のなかでどのようにバリアフリー化を進めるかを論じることだった。多くの研究者は、ベトナムに経済力があればバリアフリー化できると指摘する。だが筆者の調査により明らかになったことは、ドイモイ以降、ベトナムは著しい経済発展をしており、バリアフリーのハードの設置は進んでいるのだが、その設置されたハードに問題があるということである。したがってベトナムのバリアフリーの課題は、形式的バリアフリーの要因を明らかにすることから始まる。外資からの支援を受けたと思われるバリアフリーの先端技術であっても、やはり形式的バリアフリーになってしまっている。したがって経済力や技術力以外の部分に焦点を当てなければ、根本的な問題解決にはつながらないといえる。本章では形式的バリアフリーの要因を考察し、本書における結論としたい。

7・1　議論の整理と形式的バリアフリーの要因

　第1章では、バリアフリーの先進国である北欧と米国の事例をとり上げ、バリアフリー化の経緯について分析をした。北欧は高福祉の国であり、米国は日本の障害者団体が模範とした国である。これにより、政府、事業者、障害者がバリアフリー化のアクターであることを導き出した。また、国連からの影響という視点からみて、日本を含めたアジアのバリアフリーがどのように変化をしたかを整理した。こうして1章では、先進のバリアフリーと先進国の差異を大まかにつかむことができた。

257

第 7 章　ベトナムにみられるバリアフリー化の課題

　第 2 章ではベトナムのバリアフリーについて、第 1 章で導いたバリアフリー
化の各アクターの視点から論じた。そのさいに各アクターへのインタビュー調
査を行っている。またベトナムの実地調査を筆者自らの車椅子で行い、バリア
フリーのデータの 1 次データを抽出した後、現地の障害者と同データのすり合
わせを行っている。これにより、ベトナムのバリアフリーの現状と課題を実証
的に明らかにした。

　第 3 章では、バリアフリー化の過程において社会が及ぼした影響力が大きい
ことから、バリアフリーバスを実験運行したハノイとホーチミンの住民に対し、
バリアフリーに関するアンケート調査を行った。これらから、住民はバリアフ
リーに関して、事業者よりも障害者を支持していることがわかった。

　第 4 章では、第 2 章の調査で明らかになったベトナムのバリアフリー化の課
題に対してどのように対処しているかを、北京（政府主導である社会主義の都市）、
バンコク（東南アジアにおいて障害者団体の活動が活発な都市）、台北（バイク社会の
都市）を選び、実地調査を交えながら検討した。とくにアジアに限定したのは、
経済的、文化的にベトナムに近い都市を選んだからであった。

　第 5 章では、ベトナムにおいてバリアフリーに関わる行政、事業者、障害者
のそれぞれの課題をあげながら、都市におけるバリアフリー化の三角形の図を
用いて、バリアフリー化の形態の特徴を導いた。さらに、ベトナムにとって意
義のあるバリアフリーを考えた。

　第 6 章では、日本のバリアフリー文化と比較しながら、ベトナムのバリアフ
リーの文化的側面とその優位性について分析を行った。ベトナム人が日常生活
のなかで当然ととらえていることについて、異文化圏からの訪問者の視点で考
察を加えた。

　以上の章ごとの論点から導き出されたベトナムのバリアフリーの特徴は、
ツールは存在しているが実用的ではない、形式的バリアフリーになってしまっ
ているということであった。バリアフリーのハードが存在している以上、ベト
ナムのバリアフリーの課題を解決するには、経済以外の要因を検討する必要が
ある。

　このことに関して、実験が中止されるまでの経緯が明確になっているダナン
のバリアフリーバスの事例をとり上げ、バリアフリー化の三角形の視点から考
察したい。

258

7・1　議論の整理と形式バリアフリーの要因

① 事業者と障害者の大きな対立は存在しない
② 障害者は消極的である
③ 政府はバリアフリーを法制化する
④ 事業者は法律を遵守する（供給側の事業者にバリアフリー化の意識がある）
⑤ 地域住民においても、バリアフリーへの合意がある
　　　　　↓
しかし、バスは実験運行のみで終了した
⑥ 実用的でなかったから、障害者は利用しなかった
⑦ 地域住民は障害者専用に思えて、利用しなかった
⑧ 誰も利用しなかったから、事業者は同バスの運行を中止した
⑨ 経済的に豊かで新車を買えていたら、みんな利用したはず（経済力に帰責）

　この経緯から明らかなことは、バリアフリーバスに関して、障害者、事業者、(地方) 政府という直接のアクターが存在しており、社会の人々（地域住民）も関与していたことである。それでいながらもバリアフリーバスが中止に追い込まれたのは、バリアフリーバスが形式的バリアフリーであったことが第一にあげられる。先進国とベトナムのバリアフリー化の三角形の大きな相違点は、ベトナムの場合、事業者と障害者の対立がなかったことである。先進国のバリアフリー化の特徴は、事業者と障害者の対立を経て、社会がバリアフリーの知識と経験を蓄積していることである。

　ベトナムの障害者の特徴はある意味、わがままをいわずに我慢する優等生タイプである。このため、自国は貧困国だと達観しており、さらには社会主義国家であるため、他国のように政府に強く要求することができないと考えている。したがって障害者の立場は、アクターというよりも傍観者に近い。そして、国家へ要望を出して待つだけで、事業者に対し直接的な要求を行わない。この結果、対立構造（図 5-2）が発生しないまま、政府が主導してバリアフリー化が行われた。対立が存在しないままバリアフリー化が進められるならば、理想的にもみえる。しかしながら、社会の人々は障害者に対する知識と経験を得る機会を逸したままであり、事業者は不十分な理解のままバリアフリー化を進めたことが、形式的バリアフリーを招く結果となった。バリアフリーの供給者側である事業者は社会を構成する一員であるため、社会がバリアフリーを理解する

ことができたならば、事業者側も同様であり、形式的バリアフリーは起こりえない。

　当然のことながら、対立構造がつねに必要なのではない。先進国はすでに、バリアフリーについて合意形成が得られる段階にある。この課題の解決のためには、障害者が計画段階の早い時期に参与することが必要である。ダナンのバリアフリーバスでは、障害者の参与は運行前の試運転の段階であった。一般に、障害者の参与はもっと早く、試作品の段階が望ましいことはいうまでもない。障害者からのフィードバックによって、事業者は知識と経験を得られるからである。

　また、ダナンのバリアフリー化に対して社会の関与が弱く、傍観者のままでいたことも問題である。社会が傍観者から影響力ある当事者となったときに、社会の合意形成がなされ、バリアフリー化が実現する。図5-2の経緯があったからこそ、先進国では議論が起こり、バリアフリーに対する合意形成がなされうるのである。しかしながら、長年の経験で得られた知識は形のあるものではないため、この経緯はしばしば見過ごされてしまう。このため先進国の研究者の間でさえ、「バリアフリー＝経済力」とみなされているのである。

　以上のことから、ベトナムの形式的バリアフリーの課題は経済的要因ではなく、障害者に対する知識と経験が十分ではなかったという社会的要因だといえる。このことが、バリアフリーに対する理解不足につながったのである。

7・2　バリアフリー化の知識と経験

　日本国内でも近年、バリアフリーは社会のなかでごく自然なものとなっている。しかしながら、日本国内においてバリアフリーの環境が実現するまで、数十年の道のりを経ている。またこのような考えは、もともと日本の社会に備わっていたものではなかった。1990年代には毎年、JRの全駅にエレベーターまたはエスカレーターを設置することを求めて、多くの障害者団体が集結して「誰もが使える交通機関を求める全国行動」を行っていた。バンコクのデモさながらに、新宿の都庁からJR新宿駅まで移動し、新宿駅から東京駅まで電車に乗るデモ行動をして、その夜のテレビニュースにとりあげられていた時期もある。

　ベトナムにも障害者団体が存在し、有意義な活動を行っている。しかしなが

ら彼らは社会システム上、デモのような積極的な行動をとれるわけではない。彼らに望まれるのは、ベトナムで暮らす彼らの日常生活において、実用的だと考えられる的確な意見を政府や事業者に伝えることである。

　外国がベトナムに支援を行うさい、ベトナムの地域文化を理解することも必要である。先進国の技術をそのまま輸出して支援することは、福祉先進国の考えを押しつけることになり、地域独自の社会や文化を破壊することにもなりうる。この場合、ベトナム政府の関係者も、先進国の先端技術を追い求めるのではなく、自国のインフラで可能なバリアフリーについても先に考える必要があるだろう。

　また、先進国がベトナムの障害者リーダーに対し、バリアフリーのノウハウを伝授するだけでは、彼らが帰国した後、そのノウハウを活用する機会を得られない。さらには先進国と自国の置かれている状況とのギャップに直面し、障害者は諦めという方向へ進む可能性すらある。それがハノイにおけるバリアフリーバスの実験後の状況である。実験が失敗に終わってから、進展がまったくみられない。さらに渋滞の状況が改善しないままバリアフリーバスを走らせても、実用性がなく、「採算が合わないから」と廃止されてしまうであろう。

　ここで、バリアフリーの用語がもつ意義を再認識する必要がある。世界最初のバリアフリーの基準書の題名は*"American National Standard Specifications for Making Buildings and Facilities Accessible to, and Usable by, the Physically Handicapped"*（1961年、下線は筆者による）である。同基準書が1981年に大改訂されたさいの中心人物であったエド・スタインフェルドは、アクセシブルとユーザブルの用語に関し、川内への私信において

　　a. アクセシブルは人々が環境中の資源の中から自分たちの使いたい物を得ることができるということ。b. ユーザブルとは環境が人によって効果的に使われることを意味する。c. バリアフリーとはアクセスしたり使ったりするときにバリアがないことを指す。これらの語には微妙な違いがあるが、通常は全ての意味を含んだ形で一語で表す

と説明している［川内 2001］（abc は筆者が便宜上つけた）。日本文化の感覚では、aのアクセシブルとcのバリアフリーの説明はわかりやすい。bのユーザブル

第 7 章　ベトナムにみられるバリアフリー化の課題

について、もっと具体的に考えられないだろうか。

　建築物の場合、建物のなかに入ることができれば目的が達成されるため、これ以上の議論は必要がないと考えられる。では、本書の議論の中心となる公共交通の場合はどうであろうか。バスの場合、a のアクセシブルとはバスの乗降が可能であること、b のユーザブルとはバスに車椅子が乗車できるスペースがあることで、この両方を満たして c のバリアフリーになると考えられる。

　この考えに従い、ホーチミンでバリアフリーとされていたバスを分析したい。具体的には

①ベンツ製バス（リフト付きバス）
②クチ行きのワンステップバス
③1 番路線に投入された手すり付きのエコバス
④104 番路線のノンステップバス

があげられる。明らかにわかるのは、③ がバリアフリーバスではないことと、④ がユニバーサルデザインであることである。① はアクセシビリティとユーザビリティを有しているといえる。② はどうであろうか。バリアがないとはいえない。しかしながら ③ とは異なり、最低限のアクセシビリティを有している。実際に、運転手と乗客で車椅子の乗客を介助して乗せている。② には車椅子用のスペースもあるため、バリアフリーの意識が存在し、乗車さえできればユーザブルといえる。また前述したように、筆者の日本の経験では、② のようなバスがバリアフリーバスとして走行し、① のようなバスに変わり、そして ④ のようなバスへと発展した経緯がある。この意味において、ベトナムのバスのバリアフリー化は発展経路にあると考えられる。

　それでは、④ のバスの問題点は何だろうか。ユニバーサルデザインなので、アクセシブルでユーザブルである。建築物であれば、これだけで十分にバリアフリーだといえよう。しかしながら移動を要するバスの場合、さらに路線の実用性も考慮する必要がある。

　ここで筆者は、車椅子利用者にとっての公共交通機関のバリアフリーの指標として、「プラクティカブル」（practicable）をさらに付け加えたい。ホーチミン市公共旅客運送運営管理センターでは、コストと採算性から、バリアフリーバ

スの購入が難しいことを話していた[1]。バスがアクセシブルでユーザブルであることは最低条件ではあるが、このことに関しては④のバスである必要はなく、②のワンステップバスでも問題はない。介助は必要だが、車椅子用のスペースも有している。バス本来の目的である移動性に着目して、プラクティカブルな路線を考えることにより、都市のバリアフリー化はさらに発展できる。

　ベトナム独自のバリアフリーの段階的発展の鍵は、クチ行きの運転手と乗客が車椅子をいっしょに担ぎ上げる方式にあったと考えられる。ホーチミンのバスがこの段階を飛び越えてしまったのは、先進国の指導により、先進国のモデルをベトナムに持ち込んだことによるのではないだろうか。図5-5に示すように、理想と現実の乖離が、ベトナム型バリアフリーの成長を阻害している。したがって、先進国との格差を経済的理由によるものと判断しているうちは、成長は困難であると考えられる。まずはベトナム式バリアフリーの確立と成長を目標としつつ、先進国のような社会全体のバリアフリー化を段階的にめざすほうが、理想とするバリアフリー社会に確実に近づけるのではないだろうか。

　また、公共交通のバリアフリーのために必要なことは、バリアフリー設備を有する乗り物を走らせることだけではない。公共交通システムの整備までを視野に入れることが重要である。現在のベトナムはスローガンやキャンペーンにより、バイクの利用者をバスへ移行させようとしているが、目立った効果が表れているわけではない。ただ訴えるだけでは、市民は生活習慣を変えようとしないだろう。5・1節で政府の役割について述べたように、台北の事例は、バイクから公共交通機関へ利用者を政策的に誘導したことにより、渋滞緩和が成功した例である。そこで、3・2節（3）の交通手段についての調査で、⑤の「バスを利用する場合」についての問いに「バイクを有しながらもバスを利用する」と回答した人たちを分析することで、効果的な対策を考えられるかもしれない。また、高木資料のバスを利用しない理由についての回答も分析対象となる。台北の事例では、公共交通規則の段階的な厳格化も効果があったという。

　ホーチミンでは現在、地下鉄を建設中である。台北や高雄の例からもわかるとおり、地下鉄の開通によりただちに渋滞が緩和するとはかぎらない。ただし、同地下鉄はバリアフリーの設計がなされているので、障害者には朗報である。

---

1) 韓国では③のバスから④へと更新されつつあり、ベトナムが韓国から③のバスを安く購入した可能性もある。

第 7 章　ベトナムにみられるバリアフリー化の課題

すでに地下鉄の路線は決定しているが、プラクティカブルとなるためには駅周辺を含めたバリアフリーを考える必要もある。また、車椅子が乗車できるバリアフリーバスと連動できれば、さらにプラクティカブルになる。

7・3　バリアフリー化の目的地

　これまで、障害者の社会参加のために、公共交通機関のバリアフリー化の必要性について論じてきた。当然のことながら、公共交通機関のバリアフリー化が即座に障害者の社会参加につながるとする考えに対しては、反論もあるだろう。しかし、ベトナム社会の特徴をみたならば、障害者の社会参加を受け入れる素地はすでにあるといえるのではないか。6・3節で述べたように、物理的バリアに対する障害理解は不十分ではあるが、障害者を受け入れる障害者理解が進んでいるということである。

　たとえば3・2節(5)の③「車椅子用のバスは必要か」という問いに対し、「必要」という回答は100%近いことから、ベトナム社会は障害者に対する心のバリアフリーの水準が高く、偏見を持たずに障害者を受け入れる体制（「受容」あるいは「共有」）が整っている。しかしながら、3・2節（5）の②「リフト付きバスを知っているか」という問いに対し、「知らない」（86%）という回答があったことに加えて、④「どのくらいの時間を待てるか」に対し、「乗り終わるまで待つ」、「20分以上」という非現実的な回答も少数ではなかったことから、障害者が必要とするバリアフリー環境がどのようなものであるかを知りうる機会がまだ十分ではないと考えられる。

　後発性の利益とも考えられるが、現在の台北市のバリアフリー環境は、東京よりも進んでいる点が少なくない。捷運のバリアフリーはユニバーサルデザインに基づいていて、外出が非常に容易である。電動車椅子に乗り、公共交通機関を使い、単独で外出している重度障害者の数も多い。このような台湾であっても、戒厳令が解除される以前は、かつての日本のように障害者に対する偏見も存在していた。さらに、台湾の馮が指摘したのは、バリアフリーに関する台湾社会の福祉意識の成長である。台湾にも貧しい時期があったのだが、市民は生活が豊かになったことで、自分たち以外の社会的弱者のことも考えられるようになったのだという。経済力とともに福祉意識が高まれば、心のバリアフリー

にトリクルダウン効果が期待できるかもしれない。

　台湾の事例から、アジアの社会の成熟度とバリアフリーに関して、3段階の相関関係が考えられる。第1段階では、社会において一般国民は日々の生活を考えているため、自分たちの富を求める。第2段階では、一般国民に対しては富の分配がなされたので、一般国民から社会的弱者への配慮が生まれ、富の再分配がなされ、バリアフリーを求めることに対して同調できる。第3段階は、富の再分配を受け、環境を整えられた障害者が富を生産する側に加わり、社会還元をする段階である。第1段階から第2段階には農業国から工業国への変化が、第2段階から第3段階へはサービス産業の発展が関わっている。そしてサービスと心のバリアフリーには関連性があると考えられる。

　欧州の場合、2度の大戦の戦場になったことが、福祉に対する意識を育てたともいわれている。富をめぐっての大戦が起きたことから、2度の大戦中、先進工業地域である欧州の社会は第1段階から第2段階へと、すでに変化していたと考えられる。一方、この時期のアジアの多くの地域は欧州の植民地であり、社会の変化の点では第1段階であった。このように考えると、国連障害者生活会議でバリアフリーの議論がアジアにもたらされたとき、アジアはまだ第1段階であり、欧米とは社会構造が異なっていた。この意味において、バリアフリーには文化の影響だけではなく、社会の成長段階の影響もあると考えられる。

　筆者はベトナムが受け入れられる政策として、障害者政策が社会全体の利益となる方策か、あるいは社会政策が障害者を包摂できる方策のいずれかを考えていた。しかしながら途上国の場合、障害者向けの政策は恩恵を受けられるのが障害者だけにとどまり、社会全体まで恩恵が波及しないように考えられる。これは、障害者の社会参加がまだ十分にはできていない段階なので、一般市民と障害者の日常生活の環境に格差が存在するからである。したがって、1つの障害者政策が社会全体の利益をもたらすためには、障害者が社会参加を果たし、社会において一般市民と障害者が生活環境を「共有」する必要がある。筆者は、福祉先進国と途上国の差異は、国家が障害者政策をユニバーサルな政策として実施できるかどうかであると5・4節に述べた。この差異の克服こそが、福祉先進国への移行の第一歩となる。同時に、心のバリアフリーによる社会の「受容」から「共有」へ変化する転換点にもなる。この段階を経ることにより、障害者は、権利を享受するだけの庇護の対象者から、市民としての義務も果たす

第 7 章　ベトナムにみられるバリアフリー化の課題

権利の主体へと変位できる。このように考えたならば、バリアフリーとは、障
害があるがゆえの移動制約を解除するためにサポートする物理的ツールである
だけではなく、障害者が一市民へとなる機会を創出するツールでもあるととら
えることができる。このバリアフリーこそが障害者の社会参加の実現の前提で
あり、共生社会を確立するための第一歩と考えるのである。

　公共交通機関のバリアフリー化により、障害者の社会参加が実現したら、そ
の先にあるものは何だろうか。筆者は、移動手段のバリアフリー化を効果的に
するために、自宅から移動する目的地として高等教育機関を考えている。障害
者が高等教育を受ける機会が増すことは、障害者にとってプラスとなるだけで
はなく、机をともに並べるほかの学生にも影響を与えるだろう。こうした人材
教育は社会に影響を及ぼし、バリアフリーは何たるかを伝える機会にもなりう
る。ここで筆者は、米国のルーズベルト[2]とトルーマンの関係を築けると考
える。ルーズベルトを見ていたトルーマンが大統領になってから、障害者雇用
のための委員会を発足させたように、高等教育を受けた人材の多くが、やがて
国家あるいは社会の中枢で活躍して、障害者政策に影響力を発揮する可能性も
ある。さらに障害者が高等教育を受けることにより、就業の機会を得ることが
できれば、収入を得て経済活動に参加することもできる。そのようになれば、
バリアフリー化で受けた恩恵を社会に還元できる。公共交通機関のバリアフ
リー化は、障害者の社会参加の道を開拓でき、高等教育を通じてバリアフリー
理解が社会へと伝播していく可能性を有している。結果的に、障害者と一般市
民の間に相互作用をもたらすことになるだろう。

　先進国の社会にもかつて、経済負担を回避するためにバリアフリー化に反対
していた事業者を支持していた時期もあった。障害者を支持するように変化し
たのは、社会において障害者が身近な存在となり、バリアフリーに対する理解
が深化したからである。

　筆者が初めてハノイを訪れた 2003 年はパラゲームの開催中であったが、車
椅子の人間が自由に外出しているだけで物珍しかったようで、「パラゲーム」
とか、日本のバイク会社の名前である「ホンダ」、「ヤマハ」などと、興味本位

2）世界恐慌から第二次世界大戦の時期（1933 ～ 1945 年）の、アメリカ合衆国第 32 代大統領。
　40 代のころから車椅子を使用していたが、その事実を国民には知られないようにしていた。
　トルーマンは 1945 年 1 月に副大統領に就任し、ルーズベルトの死去にともない同年 4 月に
　大統領に昇格した。

で声をかけてくる人が多かった。しかし近年、車椅子を使用している筆者に対し、家族に車椅子の者がいるから同じようなものが欲しいなど、障害者の社会参加につながるような声を積極的にかけられるようになってきた。ベトナム社会が経済的に豊かになってきたことの表れであろう。障害者の家族も、障害者を社会に積極的に参加させることを考え始めたのかもしれない。経済成長期にあるいまこそ、心のバリアフリーの水準が高いベトナム社会に、公共交通のバリアフリーを通じてそのハードがどうあるべきかを知ってもらう、よい機会といえるであろう。

　心のバリアフリーは伝統的共同体における相互扶助の産物ともいえる。伝統文化は外国人の目には驚きを感じる優位性であっても、当のベトナム人にはあまりにも自然のことで気づかないことが多い。今後さらに都市化が進み、近代的社会に向かおうとしているベトナムでは、先進国と同様の他人との関係の希薄化が懸念されており、心のバリアフリーが維持できるか不安である。ベトナムのバリアフリーを先導している政府には、この優位性を認識するとともに、ベトナム型バリアフリーを構築することで、伝統を継承することが望まれる。これまで多くの心のバリアフリーによる恩恵を受けてきた筆者は、いまこそこの恩恵を還元すべきときであると感じている。地域文化研究を志す者として、そしてベトナムにおける心のバリアフリーを評価する者として、ベトナムの人々が他国に誇れるバリアフリー社会の実現へと向かうため、これからもベトナムのバリアフリー文化と関わっていくつもりである。

終 章
動き始めたベトナム
――4年後のバリアフリー化の検証

　筆者が博士論文を提出したのは 2013 年 12 月であった。最終章ではその後 4 年間の変化とともに、2018 年 3 月に行った調査から、現在のバリアフリーの状況について述べる。

　第 3 章の VNAH のインタビュー（2012 年）では運行はいつになるかわからないといわれていた BRT が、ハノイで開通した。ハノイ市内の渋滞緩和を目的に、ハノイ BRT は 2017 年 1 月 1 日に運行を開始した。しかし、都心部の渋滞の多い地域に BRT の路線を設置したことにより、逆に渋滞を悪化させているという住民の意見もあり、ハノイ市民の間では賛否両論である。この件に関して 2017 年 11 月 13 日、ハノイ自立生活センター事務局長で交通問題担当のグエン・ビック・トゥイ（Nguyễn Bích Thuỷ）にインタビューを行った（写真 E-1）。

　BRT は車椅子に配慮した車両と平坦なプラットホーム（写真 E-2、E-3）が特徴で、視覚障害者向けのホームドアと点字ブロック、聴覚障害者向けの電光掲

写真 E-1　ハノイ自立生活センターにおけるインタビュー

写真 E-2　最新技術のハノイ BRT

写真 E-3　BRT の車椅子用乗車スペース
車掌が車椅子の固定ベルトを装着して、安全管理している。

示板を設置しており、同社のホームページでもバリアフリーであることをうたっている。BRT の車両は車椅子の利用者にとって、低床バスのスロープよりも乗降が容易なので、駅舎とその周辺のバリアフリーを確立させることにより、車椅子の利用者にとってバリアフリーの動線が描ける。

　しかしながら、全 22 の停車駅の半分近くがバリアフリーと判定できない[1]。駅からの横断歩道付近に物理的バリアが存在するため、横断歩道にアクセスできなかったり（写真 E-4）、駅の出口の先に歩道橋があるため、車椅子はそれ以上移動することができなかったりする（写真 E-5）。また、BRT の車両と駅のプラットホームの間に段差ができていたことも大きな問題といえる（写真 E-6）。グエン・ビック・トゥイによると、この問題は試運転時に障害者団体が参与したさい、実際に車椅子で下車できなかったことにより、明らかになったもので

---

1) 2017 年 11 月 12 日、筆者による実地調査。

270

終章　動き始めたベトナム──4年後のバリアフリー化の検証

写真 E-4　BRT の駅周辺のバリア
障害物があって横断歩道を渡れない（左）。ポールの先も渡ることができない（右）。

写真 E-5　改札口の先にある歩道橋

ある。BRT の車両は同一であり、プラットホームの設計も同一のはずである。このような段差が生まれたことは、設計図どおりに工事が行われていないことの表れである。しかも、このような段差が見つかったのは1つの駅だけではないという。さらに、公開試運転の前に、誰も気づかずにいたことも問題である。見つかった段差は、試運転に同乗していた幹部職員に直接指摘したことで、すぐに駅を閉鎖し改修が行われた。ほかには駅の改札口の幅が狭く、車椅子で通過できない事例もいくつかあったが、これらも指摘後、改修が行われている。

　元 MOLISA の職員であったディン・テー・ラップの個人の構想で、障害者による障害者のための団体として、2011 年に成立した VFD（2・5・4項参照）も変化している。当初は、障害者が社会参加できる社会環境の構築を目標とし、社会に向けて障害者が持つ能力に対して理解を求める啓蒙活動を行うと同時に、障害者自身が社会参加できるように職業訓練を行う組織であった。VFD 総書記代理のダン・ヴァン・タイン（Đặng Văn Thanh）によると、現在は障害者団体

写真 E-6　開通後に障害者団体からの指摘で補修されたプラットホーム
急傾斜のスロープが設けられた。

の連合組織の代表という立場から、障害者の意見を政府に発信する活動を行っているという(写真 E-7)[2]。NCD が障害者の権益を政府レベルで調整するなかで、VFD は NCD の委員として参加する形で、障害者と政府の橋梁的役割を担っているという。VFD の具体的実績としては、ベトナム航空やベトジェットエアーの障害者割引があげられる。同時に、バリアフリーバス導入の働きかけも行っていた[3]。

　ハノイではバリアフリーバスの実験中止後、車椅子のまま乗車することが困難な、乗降口が狭い、2 ステップのバスが走っていた(写真 E-8)。そのようななか、

写真 E-7　VFD におけるインタビュー

[2] 2016 年 12 月、アジア経済研究所「アジアの障害者アクセシビリティ法制」プロジェクトによる調査。
[3] ノイバイ空港間(国内線 - 国際線)におけるリフト付きのシャトルバスの導入も、実績の 1 つである。http://infonet.vn/tang-cuong-tiep-can-giao-thong-duong-bo-doi-voi-nguoi-khuyet-tat-post 239524.info

終章　動き始めたベトナム——4年後のバリアフリー化の検証

写真 E-8　以前の33号線のバス（2015年4月）

写真 E-9　2016年11月より33号線に導入された新しいバス
乗降口はワンステップで、国際シンボルマークが掲示された車椅子用スペースも存在する。

　2016年12月の調査中[4]、筆者は、国際シンボルマークが掲示された車椅子エリアを有するワンステップバスを見かけた。このようなバスをハノイで目撃したのは初めてであったため、同バスの運転手にインタビューを行った。同運転手によると、ハノイバスは2016年11月にワンステップバスを新規に数十台購入していた（写真E-9）。車椅子の乗降についてたずねると、「以前の狭い乗降口の2ステップバスの場合、障害者の乗客は車椅子のまま乗り込むことができず、障害者を抱きかかえて座席にまず座らせてから、車椅子を折りたたんで積み込んでいた」という。これと比較して、「ワンステップバスは乗降口のスペースが広くなったため、車椅子の乗客を車椅子のまま乗降させる介助をしやすい。さらに車椅子を置くスペースが（国際シンボルマーク付きで）確保されているため、以前と比べればかなりの進歩である」とのことだった。筆者は同バスを見

　4）2016年12月、アジア経済研究所「アジアの障害者アクセシビリティ法制」プロジェクトによる調査。

273

写真 E-10　3号線に導入されたハノイ初のノンステップバス

写真 E-11　バオイェンバス
(左) スロープ板が2枚なので傾斜が急になってしまう。(右) 終点はハノイ郊外のドンアインである。

て、ホーチミンのクチ行きのバスを想起し、障害者がこのバスを利用して社会参加することで、段階的にではあるが、バリアフリーに対するハノイ市民の理解が深化していくであろうと考えた。

　同バスの購入は、ダン・ヴァン・タインへのインタビューの1か月前のことであった。このことに関してダン・ヴァン・タインは、ワンステップバスはほかの乗客の協力を含め、介助に多大な労力を必要とするため、VFDが想定するバリアフリーバスの基準を満たしていない。それゆえVFDは、今後も政府に改善を要求し続けていくとのことだった。

　現在のハノイでは、2017年11月7日に欧州の基準を満たした低床バスが初めて15台購入され、実際に運行されている (03番線:ザップバット - ザーラム)。ハノイでは初めてのノンステップバスで、折りたたみ式のスロープ板を備えている (写真E-10)。また、2017年12月には107番線 (キムマー[5] - ランヴァンホア) に同様の低床バスを投入している。

終章　動き始めたベトナム――4年後のバリアフリー化の検証

写真 E-12　ホーチミン市3区にある定宿の前の交差点
2013年（左）と2017年（右）の様子。点字ブロックが設置され、車椅子利用者のために段差が解消されている。

　またバオイェンバスも2017年3月に17台の新型バスを投入した（61番線：カウザイ公園‐ドンアイン）。ノンステップではないが、乗降口の1ステップを2枚の折りたたみ式のスロープ板で段差を解消するバスである（写真E-11）。ハノイバスが市内を運行しているのに対し、バオイェンバスは郊外とハノイ市内を結んでいる。沿線には小学校、中学校、高校が存在し、生徒が通学に利用する生活圏内であるため、障害児の社会参加にもつながり、バリアフリーの伝播に有効である。

　一方のホーチミンであるが、こちらにも新たな発見があった。2017年9月の調査時[6]、筆者が2013年より利用している3区の定宿の前の交差点で初めて、歩道に車椅子用の段差解消（切込み）と点字ブロックを見つけた（写真E-12）。

　ただ、バリアフリーバスに関しては停滞している印象を受けた。現在も104号線と33号線で低床バスは運行し続けている。しかし、かつて1号線を走っていたベンツ製のリフト式バスは、国際シンボルマークを残したまま、介助機器が撤去され、車椅子用スペースには座席が設置されてしまっていた（写真E-13）。2017年10月にDRDでインタビューしたさいの情報[7]では、当時のホーチミンは車椅子のまま乗車できる新型バスを購入しており、同バスの運行路線について、障害者団体を交えた関係当事者によるシンポジウムの開催を同年

5）キムマーはBRTの始発駅でもある。BRTとバスの連携により、バリアフリー動線が拡張している。
6）2017年9月、アジア経済研究所「アジアの障害者アクセシビリティ法制」プロジェクトによる調査。
7）アジア経済研究所「アジアの障害者アクセシビリティ法制」プロジェクトによる調査。

写真 E-13 ベンツ製リフト式バスの現在
（左）国際シンボルマークはまだ残っている。（右）車内ではリフトが撤去され、国際シンボルマークの前に椅子が設置されている。

写真 E-14 ホーチミン市バスの9月23日公園ターミナル
スロープが設置されている。

写真 E-15 2017年12月に完成したベンタイン市場のバスステーション
バリアフリー化への意識がみられる。

10月末に予定していた。2018年3月に DRD を再訪し、この件を確認したところ、そのシンポジウムは2度も延期をしており、次回の予定も未定であるため、新規のバスは運行の目処も立っていないとのことであった。

この一方で、バス停留所には多くのバリアフリー化がみられた。2018年2月末に9月23日公園のバスターミナルを調査したところ、いくつかのバス乗車エリアにスロープが設置されていた（写真 E-14）。また、大規模な改造後、2017年12月に完成したベンタイン市場のバスステーションには、スロープや点字ブロック、電光掲示板、障害者用トイレなどが設置され、バリアフリーの意識が高まっていることがわかる（写真 E-15）。さらに、敬老マークが掲示され、乗車口に手すりがつき、優先席が多く設置されているバスも新たに見つけるこ

終章　動き始めたベトナム――4年後のバリアフリー化の検証

写真 E-16　敬老マーク付きのワンステップバス　　写真 E-17　景観に配慮した結果できてしまったバリア

とができた（写真 E-16）。しかしながら、プラットホームに樹木を植えてバリアをつくってしまったり、段差解消がなされていない箇所もあったりと、バリアフリーに対する知識がまだ不十分な、形式的バリアフリーであることもわかる（写真 E-17）。

　これらの4年後の検証からわかることは、ベトナム社会のバリアフリー化は確実に進んでいることである。そして筆者に強い印象を与えているのは、4年前はベトナムのバリアフリー化に関して達観していた障害者リーダーが、ベトナム社会に影響を与え始めていることである。この理由として、留学した障害者の帰国や、海外の障害者情報の摂取など、グローバル化の影響による社会の変化も少なくないと考えられる。

　博士論文の調査で筆者自身がベトナムの障害者（DRDのグエン・タイン・トゥン幹事）にインタビューを行ったさい、政府に対してバリアフリー化を要求できない理由に、自国が社会主義であることをあげていた（2・5・2項）。しかし、ベトナムの社会主義のシステムは、必ずしもそうとはいえないようである。ベトナムで何度か研究発表を行ったさいに、現地の研究者から指摘されたことでもあるが、現在のベトナムでは言論の自由は保証されているという。このため、かつての社会主義とは異なるということであった。これにはドイモイ政策以降の順調な経済発展も背景にある。

　このようなベトナムの政治体制と障害者の権利について、2018年3月、ハノイ法科大学のチャン・タイ・ズオン（Trần Thái Dương）にインタビューした（写真 E-18）。チャン・タイ・ズオンは幼少期に障害を負い、歩行に困難がともな

277

写真 E-18　チャン・タイ・ズオンへのインタビュー

写真 E-19　『教程ベトナム障害者法』

うようになった。その後、法科大学を卒業し、現在はハノイ法科大学科学管理科で憲法を専門とした講師として教鞭をとっている。憲法に保障される障害者の権利について、社会モデルの観点から、『教程ベトナム障害者法』を使用して授業を行っている（写真 E-19）。チャン・タイ・ズオンは、バリアフリーとは障害者の権利であると語った。

　筆者が言論の自由について質問したところ、ベトナムにおいて言論の自由は保証され、自由に意見を言うことができるだけではなく、デモも可能であり、このための法律も整備中とのことであった。さらに、現在のベトナムの社会主義は、国民が国家に依存しすぎる社会であると話した。筆者は、これまでベトナムの障害者をインタビューした経緯から、社会主義の社会には国家から国民への制約が存在しているものと考えていた。しかし実際は、国民自らが行動を起こさずに、政府が行うのを待っていることが問題なのだということである。チャン・タイ・ズオンの考えでは、国民自ら行動を起こし、政府から自立する必要があるという。

　このような考えを実践しているのがタインコンタクシーである（写真 E-20）[8]。同事業者は障害者の社会参加に寄与できるように、2つの項目をハノイ市政府に申請した。1つは障害者を講師にした同事業者への介助セミナー[9]であり、

---

8) 2018年3月、タインコンタクシーのオフィスにおけるドアン・ティ・フオン・ズン最高人事責任者とチャン・ティ・トゥ・ハー事務マネージャーへのインタビュー。
9) ハノイ自立生活センターがセミナーの講師を担当した。

終章　動き始めたベトナム——4年後のバリアフリー化の検証

写真 E-20　タインコンの社長グエン・クオン・ズイとハノイ自立生活センターの会長グエン・ホン・ハーとの署名式
［Tin Tục TTXVN 2018］

写真 E-21　タインコンタクシー
リアガラスの左下に国際シンボルマークが掲示されている。

写真 E-22　タインコンタクシーのオフィスでのインタビュー

　もう1つは車椅子のまま乗降できるタクシーの導入である。1つ目の項目に関して2015年3月、自己の資金により社員（運転手）に向けて、障害者の乗車を介助できるようにセミナーを行っている。2つ目の項目に関しては、2018年3月現在まだ実現できていない。

　また、政府からの補助はないが、同事業者の方針として、障害者が同社のタクシーを利用した場合、割引を適用している。このため、同事業者は障害者の利用状況を把握しており、2016年7月から12月まで118人、2017年1月から12月まで285人である（写真 E-21、E-22）。障害者の利用目的は、通院よりも一般の外出のほうが多いということである。このことからも、障害者の社会参加が進みつつあることがみえてくる。

　BRT、バス、タクシーのバリアフリー化をみてきた。このなかで、バリアフリー化が新たなバリアをつくり出している事例が数多く発見された。ここからみえることは、事業者は障害者がバリアフリーを必要としていることを理解（障

279

害者理解）していても、バリアフリーを理解（障害理解）するまでには至っていないことである。そして、障害者理解から障害理解まで至らない知識の不十分な部分が、形式的バリアフリーを生み出してしまっている。この不十分な部分を埋めることが、形式的バリアフリーの解消につながると考えられる。

　筆者は、需要側である障害者と供給側である事業者の双方にインタビューを行った経験から、両者が社会のバリアフリー化という同じ目標に向かっていることはわかっている。筆者が感じたことは、両者が同じ席で議論を行い、認識を共有する必要があるということである。具体例として、低床バスがあげられる。低床バスのスロープには、電動式（電動操作によりスロープが設置される）、折りたたみ式（手動でスロープを折りたたむ）、ワンステップ式という3種類が存在する。ホーチミンの104号線は電動式であり、ハノイの3号線と61号線は折りたたみ式を採用している。利用するうえで最善の選択肢は電動式であろう。しかしながら、電動式はコストがかかる。筆者は作業効率から考えて、手動の折りたたみ式が次善の選択と考えるのだが、ベトナムの障害者はインタビューのなかで、手動の折りたたみ式スロープ板は重いため、運転手に負担をかけてしまうので、担いでもらってワンステップバスに乗車するほうがよいという。事業者側は障害者のことを考えてスロープ板のある低床バスを準備したのだが、障害者側は事業者（運転手）の負担を考え、スロープ板のない低床バスを選択するという行き違いが生じてしまっているのだ。このような不一致に、両者が気づくことが必要になる。また、日本や台湾ではワンマンバスで、スライド式の手動スロープ（スロープを滑らせて引き出すタイプ）を採用している。このような方式を知り、勘案することも、双方にとって心的負担の減少につながる。

　現代のベトナムは障害者権利条約に批准し、バリアフリーの法律も整っている。事業者は費用対効果を考えていた段階から、合理的配慮から効果を優先し、次に費用について考える段階になっている。ここで先進国の役割として、効果的な技術をアドバイスする支援を行えないだろうか。

　次に、政府が法律に柔軟に対応することにより、実用的なバリアフリーを実現できた具体例として、上海の外灘のスロープをあげる。観光地であった外灘の車道には、2001年当時は横断歩道もなく、車道と歩道の間に柵があって通り抜けができなかった。さらに中央分離帯も設置されていたため、車道を渡るには階段しかない地下通路を通る必要があった。このため、車椅子利用者は横

終章　動き始めたベトナム——4年後のバリアフリー化の検証

写真 E-23　2001年の外灘
車道に横断歩道はなく、写真左下の地下通路の階段を利用するようになっていた。丸印に筆者がいる。

断することができなかった（写真 E-23）。

　2007年に再訪すると、車椅子利用者に対する配慮として、階段の地下通路とは別に、スロープのある地下通路ができていた（写真 E-24）。工事中であったため実際に渡ってみることができなかったので、2012年に再度確認のために訪れると、今度は道路の様子がすっかり変わっていた。横断歩道が設けられ、障害の有無にかかわらずに利用できる「共有」の形へと変化していたのである（写真 E-25）。2010年の上海万博の影響であろうと考えられる。2007年に存在

写真 E-24　2007年の外灘
（左）地下通路に降りる車椅子用のスロープができていた。（上）ただ残念ながら工事中で、車道の横断はできなかった。

281

写真 E-25　2012 年の外灘
柵がなくなり、横断歩道ができていた。

した車椅子向けスロープは、閉鎖されたまま残っている。

　階段とスロープの2つの地下通路という試行錯誤を経て、横断歩道を設けて地下に降りる手間をなくしたことで、障害の有無によらずすべての歩行者にとって、負担は軽減されたのではなかろうか。柵を厳重に設置して、歩行者の横断を禁止する（地下通路を利用させる）という考え方を転換したことで、バリアフリーを実現したのである。このような効率のよい手法の経験を先進国からベトナムに伝授することで、無駄なコストを抑えることができる。目の前にある建築物をバリアフリー化しただけでは、都市のなかの点在するバリアフリーの1つにすぎず、生活空間の拡大へとつながらない。都市全体のバリアフリー動線を考える必要がある。

　新規事業のために国際機関から融資を得るには、バリアフリーであることが条件となっていることから、障害者団体に直接要望を聞きにくる事例も出てきている。この場合、事業者には相応の知識が必要である。日本では建築士の資格をとるのにバリアフリーの知識が必須であり、また福祉住環境コーディネーターや台湾のバリアフリー検査士のような専門の資格もある。ベトナムでもこ

終章　動き始めたベトナム ── 4年後のバリアフリー化の検証

写真 E-26　DRD が制作した、バリアフリーの
国家基準に準拠した図解の小冊子の表紙と内容

のような資格を新設することが、1つの解決策になるのではなかろうか。ハノイの BRT で起こったように、開業直前になってはじめて車椅子で乗降できないほどのバリアに気づくということを避けるためにも、事業の初期段階で障害者も参加するなど、障害者と事業者が一体となって、バリアフリー化を理解し、確認できるだけの知識を得ることが要求される。

　DRD の活動も、そのようなあり方をめざしている。DRD は事業者にバリアフリーを理解させるために、大学を通じてバリアフリーの設計コンテストを開催したという。また、建築物のバリアフリーの基準は 2002 年の決定（01/2002/QĐ-BXD）によるものであったが、2014 年 12 月 29 日の建設省の通知（21/2014/TT-BXD）により、「障害者のアクセスを保障する施設工事に関する国家技術基準」（QCVN10:2014/BXD）に改正されている。DRD はバリアフリーの啓蒙のために、USAID の支援を受け、2017 年に同基準を図解で示した小冊子を作成している（写真 E-26）。

　障害者、事業者、政府がそれぞれ、バリアフリーを認識し始めていることは、

写真 E-27　歩行者天国（グエンフエ通り）にある押しボタン式の音の出る信号
ホーチミン市の視覚障害者には周知されていない。

すでに述べたとおりである。しかし、それぞれの認識の方向が同一ではないのが現状である。具体例としてあげられるのは、ホーチミンのグエンフエ通りの音の出る信号機である。ホーチミン市政府の方針のもと、歩行者天国もでき、バリアフリーになっている。しかし音の出る押しボタン式信号の存在は、視覚障害者に周知されていないという（写真 E-27）[10]。これは、先に述べた3区の歩道の点字ブロックも同様である。誰のためのバリアフリーであるのかを考えさえすれば、形式的バリアフリーは回避できる。今後新設されるバリアフリーが形式的バリアフリーにならぬよう、社会全体を含め、バリアフリー化の三角形の構成者が共通の認識を持つこと、これこそが今後のベトナムに求められる課題といえるであろう。

10）2017年10月、アジア経済研究所「アジアの障害者アクセシビリティ法制」プロジェクトによる調査。

参考文献一覧

［日本語］

秋山哲男、建設省都市局都市交通調査室（2001）『都市交通のユニバーサルデザイン：移動しやすいまちづくり』、学芸出版社。

秋山哲男（2003）「ユニバーサルデザインの公共交通・システム計画」野村みどり編『バリアフリー生活環境論』第 3 版、医歯薬出版、pp. 371-403。

石川准、長瀬修（1999）『障害学への招待』、明石書店。

石川准、倉本智明（2002）『障害学の主張』、明石書店。

伊藤彰人（2010a）「5316 東南アジアの発展途上国の鉄道駅における日本型バリアフリー基準の適応要件に関する研究：鉄道駅におけるベトナムと日本のバリアフリー整備基準の比較研究（公共交通施設のユニバーサルデザイン、建築計画 i）」、『学術講演梗概集 e-1、建築計画 i、各種建物・地域施設、設計方法、構法計画、人間工学、計画基礎』、pp. 677-678。

伊藤彰人（2010b）「ベトナムのバリアフリー環境事情（アジアのバリアフリー / ユニバーサルデザイン環境）」、『福祉のまちづくり研究』12 巻 1 号、pp. A27-A29。

今泉慎也（2003）「タイにおける 1990 年代の裁判制度改革」、早稲田大学比較法研究所編『比較法研究の新段階：法の継受と移植の理論』、https://www.waseda.jp/folaw/icl/assets/uploads/2014/10/A79233193-00-0300170.pdf（2018 年 2 月 14 日閲覧）。

大友有（2003）『タイ王国憲法：概要及び翻訳』、衆議院憲法調査会事務局。

小野澤正喜（2005）「東南アジアにおける宗教の再生と市民社会（1）タイにおける仏教的原理主義の 2 つの類型と世俗内倫理」、『筑波大学地域研究』24、pp. 181-192。

加藤敦典（2011）「近代のプロジェクトとしての村落調停」、小長谷有紀、後藤正憲編『社会主義的近代化の経験』、明石書店、pp. 46-69。

河東田博（2009）『ノーマライゼーション原理とは何か：人権と共生の原理の探究』、現代書館。

川内美彦（2001）『ユニバーサル・デザイン：バリアフリーへの問いかけ』、学芸出版社。

川内美彦（2007）『ユニバーサル・デザインの仕組みをつくる：スパイラルアップを実現するために』、学芸出版社。

川越敏、星加良司、川島聡（2013）『障害学のリハビリテーション障害の社会モデ

ル——その射程と限界』、生活書院。

川島聡（2011）：「第9章　差別禁止法における障害の定義——なぜ社会モデルに基づくべきか」、松井彰彦、川島聡、長瀬修編著『障害を問い直す』、東洋経済新報社、pp. 289-320。

川島聡、長瀬修（2008）「障害のある人の権利に関する条約 仮訳」、http://www.normanet.ne.jp/~jdf/shiryo/convention/30May2008CRPDtranslation_into_Japanese.html（2013年11月27日閲覧）。

川原啓嗣（2009）「ユニヴァーサルデザインの国際的動向と今後の展望」、『名古屋学芸大学メディア造形学部研究紀要』、pp. 111-116、https://nufs-nuas.repo.nii.ac.jp/?action=pages_view_main&active_action=repository_view_main_item_detail&item_id=407&item_no=1&page_id=13&block_id=17（2013年11月27日閲覧）。

関志雄（2006）「資本主義へ移行する中国経済の現状と課題（BRICs経済の実像）」、『国際問題＝ International Affairs』557、pp. 37-45。

黒田学、向井啓二、津止正敏、藤本文朗（2003）『胎動するベトナムの教育と福祉：ドイモイ政策下の障害者と家族の実態』、文理閣。

黒田学（2006）『ベトナムの障害者と発達保障——障害者と福祉・教育の実態調査を通じて』、文理閣。

国際協力銀行（2007）「第22回 NGO-JBIC 定期協議会：障害と開発；国際協力銀行における取組」、http://www.jica.go.jp/partner/ngo_meeting/ngo_jbic/2007/pdf_22/jbic01.pdf（2013年11月14日閲覧）。

古瀬敏（1997）『バリアフリーの時代』、都市文化社。

国土交通省（2001）「バリアフリー化の社会経済的評価の確立へ向けて」、http://www.mlit.go.jp/pri/houkoku/gaiyou/pdf/kkk3.pdf（2018年3月31日閲覧）。

小林恒夫、白川泰二（1969）『「太陽の家」の記録：保護よりは闘いを』、日本放送出版協会。

小林昌之（2006）「中国の障害者法制と司法へのアクセス」、森壮也編『開発問題と福祉問題の相互接近：障害を中心に』、日本貿易振興機構アジア経済研究所、pp. 91-115。

小林昌之（2008）「障害者の司法へのアクセス」、森壮也編『障害と開発：途上国の障害当事者と社会』、日本貿易振興機構アジア経済研究所、pp. 139-177。

小林昌之（2010）「第2章　中国の障害者と法 ―法的権利確立に向けて―」、小林昌之編『アジア諸国の障害者法：法的権利の確立と課題』、日本貿易振興機構アジア経済研究所。

小林昌之（2013）『中国の障害者―障害者団体の位置づけ―』、「障害者の権利条約の実施過程に関する研究会」資料。

佐々木信彰（2002）「上海浦東新区の現況と課題」、『アジアの大都市 5　北京・上海』、日本評論社、pp. 79-96。

ジェトロ・アジア経済研究所（2003）アジア動向データベース「ベトナムの動向分析レポート 2003 年」、http://d-arch.ide.go.jp/browse/html/2003/201/2003201TPC.html#ID_2003201TPC_h1_1　2013 年 11 月 14 日閲覧）。

シェノー・ジャン（1969）『ベトナム：政治と歴史の考察』、藤田和子訳、青木書店。

塩瀬隆之（2009）「インクルーシブデザイン」、京都大学フィールド情報学研究会編『フィールド情報学入門』、共立出版、http://www.ai.soc.i.kyoto-u.ac.jp/field/chapter7.html（2013 年 11 月 21 日閲覧）。

白石昌也（2000）「第 I 章　党・国家機構概観」、白石昌也編著『ベトナムの国家機構』、明石書店、pp. 15-52。

真保潤一郎、高橋保（1971）『ベトナム』、現代アジア出版会。

杉野昭博（2007）『障害学：理論形成と射程』、東京大学出版会。

総理府、内閣府、総理府内閣総理大臣官房内政審議室（1995）「障害者白書 平成 7 年版」、大蔵省印刷局。

総理府、内閣府、総理府内閣総理大臣官房内政審議室（1999）「障害者白書 平成 11 年版」、http://www8.cao.go.jp/shougai/whitepaper/gaikyou-h11.html（2013 年 11 月 27 日閲覧）。

高木通雅（2013）『アセアン主要都市における路線バスの現状』、株式会社アルメック VPI。

高藤昭（2009）『障害をもつ人と社会保障法：ノーマライゼーションを越えて』、明石書店。

タカサキ・ミー・ドアン（2006）「ベトナムの枯れ葉剤 / ダイオキシン問題——解決の日はいつ（ベトナム戦争は終わっていない——30 年後の枯れ葉剤被害と国際支援の現状）」、内田正夫訳『東西南北』、pp. 206-222、http://www.wako.ac.jp/souken/touzai06/tz0619.pdf（2013 年 11 月 27 日閲覧）。

高橋儀平（1996）『高齢者・障害者に配慮の建築設計マニュアル：「福祉のまちづくり」実現に向けて』、彰国社。

高嶺豊（2000）「アジアで交通バリアフリーを求める動き——タイの例を中心に」、『ノーマライゼーション』**20**（11）、pp. 30-33。

田多英範（2004）「序章　生活保障制度から社会保障制度へ」、田多英範編『現代中国の社会保障制度』、流通経済大学出版会、pp. 1-26。

田中泉（1998）「20 世紀世界史のための新しい教材開発：アメリカ合衆国の公民権運動」、『広島経済大学創立三十周年記念論文集』、pp. 445-467。

千葉寿夫（2011）『タイにおける障害者運動の展開——「障害の社会モデル」受容

と政策関与に注目して──』、修士論文、http://blog.canpan.info/h_chiba/img/E4BFA EE5A3ABE8AB96E69687E99BBBE5AD90E78988E794A8%28E58D83E89189EFBC89. pdf（2013 年 11 月 27 日閲覧）。

都築繁行（2003）「女子大生の肢体不自由児観に対する日越比較研究」、https://aue. repo.nii.ac.jp/?action=repository_uri&item_id=2204&file_id=15&file_no=1（2017 年 5 月 22 日閲覧）。

丁健（2002）「上海の交通体系と交通政策」、『アジアの大都市 5、北京・上海』、日本評論社、pp. 211-236。

鄭功成（2007）「中国社会保障制度の変遷と発展　国家 - 単位保障制から国家 - 社会保障制へ」、広井良典、沈潔編『中国の社会保障改革と日本：アジア福祉ネットワークの構築に向けて』、ミネルヴァ書房、pp. 31-77。

寺本実、岩井美佐紀、竹内郁雄、中野亜里（2011）『現代ベトナムの国家と社会：人々と国の関係性が生み出す「ドイモイ」のダイナミズム』、明石書店。

寺本実、グエン・クォック・フン、藤田麻衣、坂田正三、石塚二葉、アジア経済研究所（2012）『転換期のベトナム：第 11 回党大会、工業国への新たな選択』、日本貿易振興機構アジア経済研究所。

東京大学東洋文化研究所田中明彦研究室、「アジア・太平洋諸国の対外政策データベース──ベトナム社会主義共和国憲法」（訳）http://www.ioc.u-tokyo. ac.jp/~worldjpn/asiapacific/19920415.O1J.html（2013 年 11 月 19 日閲覧）。

徳田克己、水野智美（2005）『障害理解：心のバリアフリーの理論と実践』、誠信書房。

内閣府（2006）「バリアフリー化推進に関する国民意識調査」、『バリアフリー・ユニバーサルデザインの推進普及方策に関する調査研究』http://www8.cao.go.jp/ souki/barrier-free/tyosa_kenkyu/17-design/pdf/b-2-2.pdf（2013 年 11 月 27 日閲覧）。

内閣府（2008）「バリアフリー・ユニバーサルデザイン推進要綱」、http://www8.cao. go.jp/souki/barrier-free/20barrier_html/20html/youkou.html（2013 年 11 月 27 日閲覧）。

内閣府（2012）「BF 化推進に関する国民意識調査」、『バリアフリー・ユニバーサルデザインの推進普及方策に関する調査研究』。

長瀬修（1997）「「アジア太平洋障害者の 10 年」の背景と意義」、『ワールド・トレンド』No. 24、アジア経済研究所広報部広報課、pp. 7-9。

長瀬修（1997）「書評：中野善達編『国際連合と障害者問題』」、http://www.arsvi. com/0w/no01/199712.htm（2013 年 11 月 27 日閲覧）。

長瀬修（1999）「第 1 章　障害学に向けて」、石川准・長瀬修編著『障害学への招待：社会、文化、ディスアビリティ』、明石書店、pp. 11-40。

長瀬修（2008）「障害者の権利条約における障害と開発・国際協力」、『障害と開発』、日本貿易振興機構アジア経済研究所、97-138 頁。

中野亜里（2005）「グローバル化の潮流とベトナムの内外政策——世界市場への「主体的参入」と「全民大団結」路線」、『アジア研究』51巻3号、pp. 60-77、http://www.jaas.or.jp/pdf/51-3/p60-77.pdf（2013年11月27日閲覧）。

中野善達編（1997）『国際連合と障害者問題：重要関連決議・文書集』、エンパワメント研究所、筒井書房。

中邑賢龍、福島智（2012）『バリアフリー・コンフリクト：争われる身体と共生のゆくえ』、東京大学出版会。

ニィリエ・ベンクト（2000）『ノーマライゼーションの原理：普遍化と社会変革を求めて』増補改訂版、河東田博、杉田穏子、橋本由紀子、和泉とみ代訳、現代書館。

西澤希久男（2010a）「タイにおける障害者権利条約への対応と国内法整備——2007年障害者エンパワーメント法について（アジアの障害者立法——国連障害者権利条約への対応）」、『アジ研ワールド・トレンド』16巻10号、pp. 16-19。

西澤希久男（2010b）「第4章　タイにおける障害者の法的権利の確立」、『アジア諸国の障害者法：法的権利の確立と課題』、日本貿易振興機構アジア経済研究所、pp. 119-148。

日本障害者リハビリテーション協会（2002）「びわこミレニアム・フレームワーク」、http://www.dinf.ne.jp/doc/japanese/intl/bf/index.html（2013年11月27日閲覧）。

日本地下鉄協会（2010）『世界の地下鉄：151都市のメトロガイド』、ぎょうせい。

日本福祉のまちづくり学会編（2013）『福祉のまちづくりの検証』、彰国社。

日本貿易振興機構バンコクセンター編（2007）「2007年タイ王国憲法」、https://www.jetro.go.jp/ext_images/world/asia/th/business/regulations/pdf/general_1_2007.pdf。

沼尻恵子、鈴木圭一（2011）「既存施設のバリアフリー化に係る費用及び技術的課題についての調査研究」、（財）国土技術センター、pp. 43-48。

野村みどり編（1991）『バリア・フリーの生活環境論』、医歯薬出版。

花村春樹（1998）『「ノーマリゼーションの父」N. E. バンク-ミケルセン：その生涯と思想』、ミネルヴァ書房。

日比野正己（1999）『図解 バリア・フリー百科』、TBSブリタニカ。

古田元夫（1996）『ベトナムの現在』、講談社。

古田元夫（2000）「第Ⅵ章　行政改革」、白石昌也編『ベトナムの国家機構』、明石ライブラリー、pp. 179-197。

古田元夫（2013）「ベトナムにおける社会主義とムラ」、南塚信吾、古田元夫、加納格、奥村哲『21世紀歴史学の創造5　人びとの社会主義』、有志舎、pp. 314-369。

星加良司（2007）『障害とは何か』、生活書院。

ブンスク・チョティガバニト、ドゥアンドゥアン・オランファン（1997）「第1章　タイの福祉　第3節　障害者社会復帰法の現状と展望」、萩原康夫訳、萩原康夫

編『アジアの社会福祉』、中央法規出版、pp. 61-81。

堀田卓、川上光彦、小林史彦、山口高史（2005）「車椅子利用者のバス利用におけるバリアフリーの実態と課題に関する調査研究 金沢市における事例研究」、土木計画学研究・講演集（CD-ROM）巻、p. 32、ROMBUN NO.89、http://www.jsce.or.jp/library/open/proc/maglist2/00039/200511_no32/pdf/89.pdf（2013 年 11 月 27 日閲覧）。

村嶋英治（2002）「タイ国の立憲革命期における文化とナショナリズム」、池端雪浦責任編集『植民地抵抗運動とナショナリズムの展開』、岩波書店。

森杉壽芳、福田敦（1998）「第 7 章　交通問題」、田坂敏雄編『アジアの大都市〔１〕バンコク』、日本評論社、pp. 213-233。

柳澤雅之（2008）「ダナン」、桃木至朗、石井米雄、高谷好一、前田成文、土屋健治、池端雪浦編『東南アジアを知る事典：ベトナム＋カンボジア＋ラオス＋タイ＋ミャンマー（ビルマ）＋マレーシア＋ブルネイ＋シンガポール＋インドネシア＋東ティモール＋フィリピン』、平凡社。

吉村千恵（2009）「1991 年障害者リハビリテーション法形成過程」今泉慎也編『タイの立法過程とその変容』、アジア経済研究所、pp. 73-89。

李蓮花（2011）『東アジアにおける後発近代化と社会政策：韓国と台湾の医療保険政策』、ミネルヴァ書房。

渡辺達緒（2000）「第 II 章　法規文書の制定と運用」、白石昌也『ベトナムの国家機構』、明石ライブラリー、pp. 53-81。

JBIC（2007）「第 22 回 NGO-JBIC 定期協議会」、http://www.jica.go.jp/partner/ngo_meeting/ngo_jbic/2007/pdf_22/jbic01.pdf（2013 年 11 月 14 日閲覧）。

〔英語〕

AEI（2005）AEI Newsletters, http://globalride-sf.org/newsletters/0506.pdf（2013 年 11 月 27 日閲覧）.

American National Standards Institute（1984）*American National Standard Specifications for Making Buildings and Facilities Accessible to, and Usable by, The Physically Handicapped*, Secretariat, U.S. Department of Housing and Urban Development, National Easter Seal Society, President's Committee on Employment of the Handicapped.

ASEAN Para game Federation, http://www.aseanparasports.org/aboutus/default.asp?action=aboutus（2013 年 11 月 27 日閲覧）.

Barnartt, Sharon N and Richard Scotch K（2001）*Disability Protests : Contentious Politics 1970-1999,* Gallaudet University Press.

Bangkok Post（2015）"Disabled rejoice over BTS ruling"（2015 年 1 月 22 日）, https://www.bangkokpost.com/news/general/458889/disabled-rejoice-over-bts-ruling（2018 年 3 月 31 日

参考文献一覧

閲覧).

Charlotte Area Transit System, http://charmeck.org/city/charlotte/cats/paratransit/Pages/ Default.aspx (2013 年 11 月 21 日閲覧).

CRPD, Committee on the Rights of Persons with Disabilities - 8th session, http://tbinternet. ohchr.org/_layouts/treatybodyexternal/Download.aspx?symbolno=CRPD ％ 2fC ％ 2fCHN％ 2fCO％ 2f1 & Lang=en (2013 年 11 月 27 日閲覧).

Disability Rights & Resources, http://www.disability-rights.org/Cats/STS.htm (2018 年 3 月 31 日閲覧).

Disabled World (2014) CRPD List of Countries: Convention, Optional Protocol Signatures, Ratifications, https://www.disabled-world.com/disability/discrimination/crpd-milestone.php (2018 年 3 月 29 日閲覧).

ESCAP Division Social Development (2012) *Disability at a Glance 2012: Strengthening the Evidence Base in Asia and the Pacific,* United Nations Publication.

Goldman, Charles D. (1982) Architectural Barriers: A Perspective on Progress, W. New Eng. L. Rev. 5 HeinOnline: 465. http://assets.wne.edu/159/31_arti_Architec.pdf (2013 年 11 月 27 日閲覧).

Hammerman, Susan and Duncan, Barbara (1975) *Barrier-free Design: Report of a United Nations Expert Group Meeting on Barrier-Free Design, Held June 3-8, 1974, at the United Nations Secretariat, New York,* Rehabilitation International.

Kugel, Robert B, Wolf Wolfensberger, United States President's Committee on Mental Retardation (1969) *Changing Patterns in Residential Services for the Mentally Retarded,* President's Committee on Mental Retardation, Washington.

Le Bach Duong, Khuat Thu Hong, Nguyen Duc Vinh (2007) People with Disabilities in Viet Nam: Findings from a Social Survey in Dong Nai, Quang Nam, Da Nang and Thai Binh, Institute of Social Development Studies. Hanoi. http://www.ilo.org/surveydata/index.php/ ddibrowser/996/export/?format=pdf&generate=yes (2017 年 5 月 23 日閲覧).

National Commission on Architectural Barriers to Rehabilitation of the Handicapped (1967) *Design for all Americans: a report of the National Commission on Architectural Barriers to Rehabilitation of the Handicapped,* U.S. Government Printing Office, Washington, D.C.

National Council on the Handicapped (1986) *Toward Independence*, U.S. Government Printing Office, Washington, D.C., http://www.law.georgetown.edu/archiveada/documents/ towardindependence_000.pdf (2013 年 11 月 27 日閲覧).

Nirje, Bengt (1969) The normalization principle and its human management implications, in Robert B. Kugel *et al., Changing Patterns in Residential Services for the Mentally Retarded,* President's Committee on Mental Retardation, Washington〔河東田博、杉田穏子、橋本

由紀子、和泉とみ代訳（2000）『ノーマライゼーションの原理：普遍化と社会変革を求めて』増補改訂版、現代書館〕.

Oliver, Michael（1990）*The Politics of Disablement,* Macmillan.

Patibatsarakich, N.（2002）Country report of Thailand: The Implementation of the Agenda Action Disability statistics. In *NGO perspectives for full participation and equality: Evaluation of Asian and Pacific Decade of Disabled Persons, 1993–2002.* RNN Research Task Forces. http://www.dinf.ne.jp/doc/english/intl/02rnn/thai_e.html（2013 年 11 月 25 日閲覧）.

Palmer, Michael（2010）Chapter 5: Disability in Viet Nam. In "The economic impact of disability and policies for risk mitigation in developing countries," PhD thesis, The Australian National University. http://www.agentorangerecord.com/images/uploads/resources/studies/Disability,%20poverty%20and%20social%20protection%20in%20Viet%20Nam.pdf（2013 年 11 月 21 日閲覧）.

Reaves, Joseph A.（1997）Ca Van Tran's Last Battle, http://vnah-hev.org/company/（2013 年 11 月 24 日閲覧）.

Rickert, Tom（1998）*Mobility for All: Accessible Transportation Around the World,* Access Exchange International (AEI), http://www.independentliving.org/mobility/mobility.pdf（2013 年 11 月 21 日閲覧）.

Scotch, Richard K.（2001）*From Good Will to Civil Rights: Transforming Federal Disability Policy*, 2nd Edition, Temple University Press.〔竹前栄治監訳（2000）『アメリカ初の障害者差別禁止法はこうして生まれた』明石書店〕。

Shapiro, Joseph P.（1993）*No Pity: People with Disabilities Forging a New Civil Rights Movement*, Times Books〔秋山愛子訳（1999）『哀れみはいらない——全米障害者運動の軌跡』現代書館〕.

Tsai, I-lun, and Ming-sho Ho（2010）An Institutionalist Explanation of the Evolution of Taiwan's Disability Movement: From the Charity Model to the Social Model. Journal of Current Chinese Affairs **39** (3): 87-123.

United Nation Enable, "Introduction", Purpose and content of the Standard Rules on the Equalization of Opportunities for Persons with Disabilities Standard, http://www.un.org/esa/socdev/enable/dissre01.htm（2013 年 11 月 27 日閲覧）.

United Nation Enable, "Rule 5. Accessibility", http://www.un.org/esa/socdev/enable/dissre04.htm（2013 年 11 月 27 日閲覧）.

USAID/Vietnam（2011）Disabilities and Health Assessment, http://www.agentorangerecord.com/images/uploads/resources/studies/USAIDVNReport.pdf（2013 年 11 月 21 日閲覧）.

VNAH (Viet-Nam Assistance for the Handicapped), http://www.vnah-hev.org/（2013 年 11 月 27 日閲覧）.

World Health Organization（2011）World Report on Disability, http://whqlibdoc.who.int/hq/2011/WHO_NMH_VIP_11.01_eng.pdf（2013 年 11 月 27 日閲覧）.

［ベトナム語］

Báo Giao Thông（2008）Một số tuyến xe buýt đang tiếp cận với người khuyết tật（2008/5/28）, http://giaothongvantai.com.vn/chinh-tri/200805/TP-Ho-Chi-Minh-Mot-so-tuyen-xe-buyt-dang-tiep-can-voi-nguoi-khuyet-tat-12036/（2017 年 11 月 27 日閲覧）.

Bộ Kế hoạch và Đầu tư （2013）"Niên giám Thống kê 2012 (Tóm tắt)," NHÀ XUẤT BẢN THÔNG KÊ.

Bộ Ngoại Giao Việt Nam （2009）"4. Người khuyết tật", Báo Cáo Quốc Gia Kiểm Điểm Định Kỳ Việc Thực Hiện Quyền Con Người Ở Việt Nam, http://www.mofahcm.gov.vn/vi/mofa/nr040807104143/nr040807105001/ns090723074537（2013 年 11 月 27 日閲覧）.

Cao Trọng Hiển, Phạm Gia Nghi, Chu Mạnh Hùng, Nghuễn Hữu Tiến （2008）Giao Thông Tiếp Cận, Nhà xuất bản trường Đại học Giao thông Vận tải, 2008.

Chu Mạnh Hùng, Nguyễn Hữu Tiến （2006）"GIAO THÔNG TIẾP CẬN & quá tính triển khai thực hiện ở Việt Nam", Tạp chí giao thông vận tải xuất bản.

Đường Bộ （2013）TP. HCM tiên phong áp dụng xe buýt sạch cho người khuyết tật, http://duongbo.vn/0201-7401/TPHCM-tien-phong-ap-dung-xe-buyt-sach-cho-nguoi-khuyet-tat#（2013 年 11 月 14 日閲覧）.

Hội Thống Kê Việt Nam （2011）Giáo dục Việt nam 1945-2010, Nhà Xuất Bản Thống Kê.

Giao thông vận tải （2008）TP Hồ Chí Minh: Một số tuyến xe buýt đang tiếp cận với người khuyết tật, http://giaothongvantai.com.vn/chinh-tri/200805/TP-Ho-Chi-Minh-Mot-so-tuyen-xe-buyt-dang-tiep-can-voi-nguoi-khuyet-tat-12036/（2013 年 11 月 27 日閲覧）.

GSO （2006）Mức sống dân cư qua kết quả khảo sát mức sống hộ gia đình năm 2006（2012 年 11 月 1 日閲覧）.

GSO （2009）Báo cáo Kết quả điều tra suy rộng mẫu Tổng điều tra dân số và nhà ở 01/4/2009（2012 年 11 月 1 日閲覧）.

GSO （2010）Kết quả Khảo sát Mức sống dân cư năm 2010（2012 年 11 月 1 日閲覧）.

ICT DANANG （2010）Từ 21 đến 25/7 tại Đà Nẵng: Hội thi Thể thao–Văn nghệ Người Khuyết tật toàn quốc lần IV, http://www.ictdanang.vn/m-chi-tiet?articleId=4855#（2013 年 11 月 27 日閲覧）.

Info net （2017）"Tăng cường tiếp cận giao thông đường bộ đối với người khuyết tật", http://infonet.vn/tang-cuong-tiep-can-giao-thong-duong-bo-doi-voi-nguoi-khuyet-tat-post239524.info（2018 年 3 月 31 日閲覧）.

MOLISA（2006）Hội thảo Khái niệm và từ ngữ về Người tàn tật, http://www.molisa.gov.vn/news/detail/tabid/75/newsid/47101/seo/Hoi-thao-Khai-niem-va-tu-ngu-ve-Nguoi-tan-tat/language/vi-VN/Default.aspx（2013 年 11 月 22 日閲覧）.

MOLISA（2012）Ủy ban Kinh tế Xã hội châu Á Thái Bình Dương Liên Hiệp Quốc（UNESCAP）, http://www.molisa.gov.vn/news/detail/tabid/75/newsid/54653/seo/Uy-ban-Kinh-te-Xa-hoi-chau-A-Thai-Binh-Duong-Lien-Hiep-Quoc-UNESCAP-/language/vi-VN/Default.aspx（2013 年 11 月 27 日閲覧）.

NCCD（2002）Xây dựng công trình đảm bảo người khuyết tật tiếp cận sử dụng, http://nccd.molisa.gov.vn/index.php/uu-tien/tiep-can/449-xay-dng-cong-trinh-m-bo-ngi-khuyt-tt-tip-cn-s-dng（2013 年 11 月 27 日閲覧）.

NCCD（2010）Báo cáo năm 2010 về hoạt động hỗ trợ người khuyết tật Việt nam, http://nccd.molisa.gov.vn/attachments/438_BC%20thuong%20nien.PDF（2013 年 11 月 27 日閲覧）.

Nghị Lực Sống（2010）Hà Nội miễn phí xe buýt cho thương-bệnh binh, người khuyết tật, http://www.nghilucsong.net/tin-tuc/chi-tiet/4101/ha-noi-mien-phi-xe-buyt-cho-thuong-benh-binh,-nguoi-khuyet-tat.html（2018 年 6 月 14 日閲覧）.

Nghị Lực Sống（2011）Xe buýt và nhà chờ cho người khuyết tật - Thiếu và chưa đồng bộ, http://www.nghilucsong.net/tin-tuc/chi-tiet/4619/xe-buyt-va-nha-cho-cho-nguoi-khuyet-tat---thieu-va-chua-dong-bo.html（2013 年 11 月 27 日閲覧）.

Người Lao Động（2011）Vận động người dân đi xe buýt, http://nld.com.vn/2011063006038430p0c1002/van-dong-nguoi-dan-di-xe-buyt.htm（2013 年 11 月 18 日閲覧）.

Người Lao Động（2012）Xe buýt sạch cho người khuyết tật, http://nld.com.vn/thoi-su-trong-nuoc/xe-buyt-sach-cho-nguoi-khuyet-tat-20120630123751152.htm（2013 年 11 月 27 日閲覧）.

Nguyên Thị Báo, Hoàn Thiện Pháp Luật Về Quyền Của Người Khuyết Tật Ở Việt Nam Hiện Nay（2008）Học viện Chính trị Hành chính Quốc gia Hồ Chí Minh（博士論文）.

Thanh Niên Online（2008）Nhận diện metro Sài Gòn, http://www.thanhnien.com.vn/news1/pages/200807/226196.aspx（2013 年 11 月 27 日閲覧）.

Thanh Niên Online（2012）Hai chiếc xe buýt CNG dành cho người khuyết tật, http://www.thanhnien.com.vn/pages/20120704/hai-chiec-xe-buyt-cng-danh-cho-nguoi-khuyet-tat.aspx（2013 年 11 月 27 日閲覧）.

Tin Tức TTXVN（2015）"Taxi Thành Công đào tạo kỹ năng phục vụ người khuyết tật",https://baotintuc.vn/doanh-nghiep-doanh-nhan/taxi-thanh-cong-dao-tao-ky-nang-phuc-vu-nguoi-khuyet-tat-20150311133817611.htm.（2018 年 3 月 31 日閲覧）.

Tổng Cục Thống Kê（2009）Báo cáo Kết quả điều tra suy rộng mẫu Tổng điều tra dân số và nhà ở 01/4/2009, http://www.gso.gov.vn/default.aspx?tabid=595 & ItemID=9453（2012 年 11 月 1 日閲覧）.

Trung Tâm Quản Lý Và Điều Hành Vận Tải Hành Khách Công Cộng（2013）ホーチミン市公共旅客運送運営管理センターのホームページの時刻表、http://www.buyttphcm.com.vn/TTLT.aspx（2013 年 11 月 27 日閲覧）.

Trương Đại Học Luật Hà Nội（2011）"Luật Người Khuyết Tật Việt Nam", Nhà Uất Bản Công An Nhân Dân, 2011.

Trương Hữu Quỳnh（2011）*Đại cương lịch sử Việt Nam tập III,* Nhà xuất bản Giáo dục, VN-2011

Tuổi trẻ online（2001）Bao giờ hết "tàn tật", http://tuoitre.vn/Nghi/130244/bao-gio-het-tan-tat.html（2013 年 11 月 27 日閲覧）.

VGP News（2010）http://baochinhphu.vn/Tin-noi-bat/Giai-phap-giao-thong-cho-nguoi-khuyet-tat/45672.vgp（2018 年 3 月 31 日閲覧）.

Việt Báo（2009）Lần đầu tiên có xe buýt trợ giúp người khuyết tật, http://vietbao.vn/Xa-hoi/Lan-dau-tien-co-xe-buyt-tro-giup-nguoi-khuyet-tat/20883167/157/（2018 年 6 月 14 日閲覧）.

Vietnam Plus（2013）VN đẩy mạnh phê chuẩn công ước người khuyết tật, http://www.vietnamplus.vn/Home/VN-day-manh-phe-chuan-cong-uoc-nguoi-khuyet-tat/20138/213580.vnplus（2013 年 11 月 18 日閲覧）.

VnExpress（2011）Bộ trưởng Đinh La Thăng muốn 'toàn quyền lĩnh vực giao thong, http://vnexpress.net/tin-tuc/thoi-su/bo-truong-dinh-la-thang-muon-toan-quyen-linh-qvc-giao-thong-2201710.html（2013 年 11 月 18 日閲覧）.

VnExpress（2012）Diễm Hương vận động bạn trẻ đi xe buýt, http://giaitri.vnexpress.net/tin-tuc/gioi-sao/trong-nuoc/diem-huong-van-dong-ban-tre-di-xe-buyt-1928701.html（2013 年 11 月 18 日閲覧）.

［中国語］

北京市地方志编纂委员会（1997）『北京年鉴』、中国城市出版社。

北京日報紀採写組（2008）『紀事 2007』、新華出版社。

京报网（2010）「4 号线增设 7 部无障碍扶梯 解决乘客需求」http://www.bjd.com.cn/10bjxw/shenghuo/201004/t20100422_609336.html（2013 年 11 月 27 日閲覧）、『北京日報』の二次資料。

蔡依倫（2010）『從非營利到社會企業？台灣非營利身心障礙組織場域制度變遷之研

究』、博士論文。

陳武雄（1997）『推動福利社區化之政策規劃與具體作法』、社區發展季刊第 77 期、pp. 7-12。

高桥仪平（2003）『无障碍建筑设计手册』、中国建筑工业出版社。

国家统计局（2006）http://www.stats.gov.cn/tjzs/tjsh/xzg60n/dsj/t20090921_402588830.htm（2013 年 11 月 27 日閲覧）。

国务院公报（2008 年 3 月 28 日）「中共中央国务院关于促进残疾人事业发展的意见」http://www.gov.cn/gongbao/content/2008/content_987906.htm（2013 年 11 月 27 日閲覧）。

康美華（1999）『無障礙環境政策發展之探究 -- 以台北市推動無障礙環境為例』修士論文。

千龙网（2007）「本市首条无障碍公交专线取消　车辆并入 10 路车队」http://beijing.qianlong.com/3825/2007/04/23/118@3799717.htm（2013 年 11 月 27 日閲覧）、『北京青年报』の二次資料。

新华网（2004a）「北京首条无障碍专线公交车今天正式开始运营」http://www.bj.xinhuanet.com/bjpd_sdzx/2004-11/23/content_3270943.htm（2013 年 11 月 27 日閲覧）、『新华网北京频道』の二次資料。

新华网（2004b）「王岐山：北京明年将对故宫长城进行无障碍改造」http://news.xinhuanet.com/newscenter/2004-12/09/content_2311402.htm（2013 年 11 月 27 日閲覧）、『京华时报』の二次資料。

新浪网（2005）「北京公交地铁票改方案将出台　方案已上报市政府」http://news.sina.com.cn/c/2005-07-21/01416486460s.shtml（2013 年 11 月 27 日閲覧）、『北京娱乐信报』の二次資料。

王鲁光記念館『访中国残疾人福利基金会副理事长王鲁光』http://article.netor.com/article/memtext_41177.html（2013 年 11 月 27 日閲覧）。

衛生福利部社会及家庭署多功能輔具資源整合推廣中心「台北市推動無障碍公共運輸服務系統構想」、『輔具之友』第 30 期 - 無障礙環境系列（二）交通篇。

張恆豪、顏詩耕（2011）「從慈善邁向權利：台灣身心障礙福利政策的發展與挑戰」、『社區發展季刊』133、pp. 402-416、http://web.ntpu.edu.tw/~henghao/from%20charity%20to%20rights_community%20development.pdf（2013 年 11 月 27 日閲覧）。

中国残疾人联合会（2002）『中国残疾人事業年鑑 1994-2000』、華夏出版社。

中国残疾人联合会、http://www.cdpf.org.cn/

中国广播网（2010）「北京市仅 70 辆无障碍出租车运营　预约难以保证」http://www.cnr.cn/allnews/201002/t20100201_505972016.html（2013 年 11 月 27 日閲覧）。

中国网（2008）「70 辆无障碍出租车　铺设盲道 1541 公里」http://www.china.com.cn/paralympic/2008-09/05/content_16393947.htm（2013 年 11 月 27 日閲覧）。

中华人民共和国中央人民政府（2004）中华人民共和国宪法、http://www.gov.cn/gongbao/content/2004/content_62714.htm（2013 年 11 月 27 日閲覧）。

中華民國交通部常用資料查詢「高雄捷運客運概況」http://stat.motc.gov.tw/mocdb/stmain.jsp?sys=100（2013 年 11 月 25 日閲覧）。

中華民國交通部常用資料查詢「機動車輛登記數」http://www.motc.gov.tw/ch/home.jsp?id=63&parentpath=0,6（2013 年 11 月 25 日閲覧）。

中華民國交通部常用資料查詢「臺北捷運客運概況」http://stat.motc.gov.tw/mocdb/stmain.jsp?sys=100（2013 年 11 月 25 日閲覧）。

中華民國内政部（1996）『中華民国八十三年 臺閩地區残障者生活狀況調查報告 社会福利服務編』中華民國內政部統計處。

中華民國内政部（2000）『中華民國八十九年 臺閩地區身心障礙者生活需求調查報告』中華民國內政部統計處。

中華民國内政部（2003）『身心障礙者生活狀況及各項需求評估調查綜合…民国 92 年版』中華民國內政部統計處。

中華民國內政部統計查詢網「土地與人口概況」http://statis.moi.gov.tw/micst/stmain.jsp?sys=100（2013 年 11 月 25 日閲覧）。

［タイ語］

Prachachat（2012）ประชาชาติธุรกิจ（12 มิ.ย. 2555），"10 สถานีบีทีเอส ยอดผู้ใช้บริการสูงสุด"，http://www.prachachat.net/news_detail.php?newsid=1339485497&grpid=09&catid=no&subcatid=0000_（2013 年 11 月 27 日閲覧）。

Topong- an agent of change（2008）ต่อพงษ์ คนพังกำแพง, Thailand.

［韓国語］

黃虎（2011）『장애인의 공공버스 이용에 대한 연 (A Study on the use of public bus of the disabled)』、修士論文、2011 年（韓国語）。

インタビュー

家田仁、東京、2013 年 4 月 26 日。

ヴァン・コン・ディエム、ホーチミン、2012 年 7 月 25 日。

ヴォー・ティ・ホアン・イン、ホーチミン、2010 年 9 月 30 日。

ヴォ・ニュ・タン、ダナン、2012 年 7 月 20 日。

ヴォ・ニュ・タンの会社の 2 人の障害者、ダナン、2012 年 7 月 20 日。

運動障害の女性、ハノイ、2011 年 10 月 7 日。

河東田博、埼玉、2017 年 11 月 27 日。

解岩、東京、2013 年 11 月 2 日。

許朝富、台北、2012 年 5 月 30 日。

グエン・タイン・トゥン、ホーチミン、2011 年 9 月 30 日および 2012 年 8 月 2 日。

グエン・トゥイ・ディエム・フォン、ホーチミン、2010 年 9 月 28 日。

グエン・ビック・トゥイ、ハノイ、2017 年 11 月 13 日。

グエン・フン・ヒエップ、ダナン、2012 年 7 月 17 日。

グエン・ホン・ハー、ハノイ、2017 年、11 月 10 日。

康美華、台北、2013 年 10 月 29 日。

サオワラックとワンサオとオラヤ、バンコク、2011 年 10 月 19 日。

佐藤克志、東京、2010 年 8 月 1 日。

サバ、バンコク、2016 年 2 月 8 日。

視覚障害者の女性 2 人、ハノイ、2012 年 7 月 16 日。

傷病兵 2 人、ハノイ、2013 年 10 月 10 日。

傷病兵 1 人、ホーチミン、2013 年 10 月 18 日。

ズゥオン・ティ・ヴァン、ハノイ、2011 年 10 月 6 日、2012 年 7 月 16 日。

スポンタム、パタヤ、2011 年 9 月 22 日。

台北市の一住民、台北、2012 年 5 月 14 日。

高橋儀平、埼玉、2005 年 8 月。

ダナン市障害者連合、ダナン、2011 年 10 月 6 日。

ダン・ヴァン・タイン、ハノイ、2016 年 12 月 21 日。

チャン・タイ・ズオン、ハノイ、2018 年 3 月 9 日。

チュー・マイン・フン、ハノイ、2010 年 10 月 2 日。

インタビュー

チュムケート、バンコク、2012 年 8 月 6 日。

中国障害者連合会、北京、2012 年 6 月 26 日。

チュラローンコーン大学の 2 人の障害者、バンコク、2011 年 10 月 14 日。

DP-AP、バンコク、2011 年 10 月 18 日。

ディン・テー・ラップ、ハノイ、2013 年 10 月 11 日。

ドアン・ティ・フオン・ズンとチャン・ティ・トゥ・ハー、ハノイ、2018 年 3 月 5 日。

土橋喜人、福岡、2012 年 8 月 26 日。

博愛医院の 3 人、北京、2012 年 7 月 3 日。

ファン・ランの女性、ファン・ラン、2012 年 7 月 28 日。

ファン・レ・ビン、東京、2013 年 8 月 5 日。

ブイ・ヴァン・トアン、ハノイ、2012 年 7 月 16 日。

馮正民、台北、2012 年 5 月 13 日。

降幡博亮、東京、2017 年 8 月 18 日。

ホーチミン市障害者職業支援センター、ホーチミン、2009 年 3 月 19 日。

ホーチミンの大学生、ホーチミン、2010 年 9 月 30 日。

宮本泰輔、バンコク、2012 年 8 月 3 日。

リュウ・ティ・アイン・ロアンとリェウ・ゴック・ヒェウ、ホーチミン、2017 年
10 月 2 日、2018 年 3 月 1 日。

廖慧燕、台北、2012 年 5 月 31 日。

林君潔、台北、2013 年 10 月 29 日。

付 録

ハノイにおける調査票

（第 1 回目：2011 年 9 月 20 日 Google、第 2 回目：2012 年 7 月 7 日配布、ベトナム語訳：
ヴ・テイエン・ハン）

Khảo sát này được thực hiện bởi Uwano Toshiyuki, hội viên Hội Xây dựng xã hội phúc lợi
Nhật Bản, nhằm nghiên cứu về tình hình xây dựng đô thị tại Việt Nam trong những năm
tới, khi tàu điện ngầm được xây dựng và đi vào hoạt động. Phiếu này chỉ đơn thuần được sử
dụng vào mục đích học thuật, không vì mục đích thương mại.

Giới tính：   Nam   Nữ

Tuổi： [   ]

Bậc học cao nhất：   · Tiến sĩ   · Thạc sĩ   · Cử nhân   · Phổ thông trung học
· Trung học cơ sở   · Tiểu học

Một ngày bạn ra ngoài khoảng mấy lần?： [·   ]

Bạn ra ngoài để làm gì? (Xin hãy liệt kê các hoạt động thường xuyên nhất trong ngày)：
· Đi làm   · Đi học   · Đi chơi   · Đi mua sắm   · Đi thăm hỏi   · Đi vì mục đích khác

Nghề nghiệp： [   ]

Các phương tiện đi lại chủ yếu của bạn là gì?
· Xe máy   · Xe buýt   · Ô tô   · Xe taxi   · Xe đạp   · Xe ôm   · Đi bộ   · Phương
    tiện khác

Bạn sử dụng phương tiện nào nhiều nhất để đi ra ngoài cho các hoạt động thường ngày của

付 録

mình?

· Xe máy   · Xe buýt   · Ô tô   · Xe taxi   · Xe đạp   · Xe ôm   · Đi bộ   · Phương
tiện khác

Tại sao bạn chọn phương tiện đi lại như câu hỏi trên?

· Thuận tiện   · Tiết kiệm chi phí   · Nhanh   · An toàn   · Đỡ bụi, mưa gió
· Thân thiện với môi trường   · Phong cách   · Lý do khác [   ]

Với 1 chiều đi bằng phương tiện này cho hoạt động chính hàng ngày (ví dụ đi học, đi làm),
bạn mất khoảng bao nhiêu phút?   [   ]

Bạn có sử dụng xe buýt không?

· Có, hầu như hàng ngày   · Có, một tuần vài lần   · Có, một tháng vài lần
· Có, một năm vài lần   · Không sử dụng

Trong trường hợp nào bạn đi bằng xe buýt?

· Bỏ qua câu này vì tôi không sử dụng xe buýt   · Khi đi trong trung tâm thành phố
· Khi đi những nơi ở ngoại thành hoặc tỉnh lân cận
· Khi thời tiết không thuận lợi (mưa, gió,…)   · Trường hợp khác

Bạn có xe máy không?   · Có   · Không

Bạn có biết sắp tới thành phố sẽ có tàu điện ngầm không?

· Có   · Không

Nếu có tàu điện ngầm, bạn có sử dụng không?

· Chắc chắn có   · Có lẽ có   · Có lẽ không
· Chắc chắn không

Bạn có hay nhìn thấy người khuyết tật không?

· Thường xuyên   · Thỉnh thoảng   · Hiếm khi
· Chưa bao giờ

Bạn nhìn thấy người khuyết tật ở đâu?

· Ngoài đường phố
· Tại nơi làm việc

- Tại nhà mình hoặc nhà người quen
- Tại trung tâm dành cho người khuyết tật
- Tại một sự kiện nào đó (lễ hội, buổi từ thiện, ...)
- Tại bệnh viện
- Tại nơi khác với các mục trên

Bạn đã từng giao lưu với người khuyết tật chưa?
- Tôi đã từng gặp gỡ, trò chuyện với họ
- Tôi đã cùng tham gia các hoạt động mang tính gia đình với họ (nấu nướng, ăn cơm,...)
- Tôi đã cùng làm việc với họ
- Tôi đã cùng tham gia hoạt động xã hội với họ (lễ hội, tình nguyện, ...)
- Tôi đã cùng tham gia hoạt động khác với họ (nếu có)
- Tôi chưa bao giờ giao lưu với họ

Nhiều nước đã hoàn thiện cơ sở hạ tầng để người khuyết tật có thể đi lại dễ dàng. Bạn có biết từ "Giao thông tiếp cận" (Sản xuất, thiết kế sản phẩm, công trình vì người khuyết tật) không?
- Có   - Không

Nếu bạn có biết đến từ "Giao thông tiếp cận", xin hãy cho biết bạn biết đến trong trường hợp nào?
[   ]

Bạn có biết đến loại xe buýt có thiết kế thang máy cho người đi xe lăn không?
- Có   - Không

Bạn thấy xe buýt có thiết kế thang máy cho người khuyết tật có cần thiết không?
- Có cần thiết   - Không cần thiết

Với xe buýt có thiết kế thang máy cho người khuyết tật, việc đưa xe lăn lên xe buýt cũng mất một khoảng thời gian. Nếu bạn đi xe buýt và gặp người khuyết tật dùng thang máy để lên xe, bạn có thể đợi được trong bao nhiêu phút?
[   ]

Ở Việt Nam, theo bạn người khuyết tật có thể tham gia vào các hoạt động xã hội (học hành, làm việc, vui chơi,...) như những người khác không?

付録

· Người khuyết tật hoàn toàn có thể tham gia vào các hoạt động xã hội như những người khác
· Người người khuyết tật có thể tham gia vào các hoạt động xã hội nhưng rất hạn chế
· Người khuyết tật nhìn chung không thể tham gia các hoạt động xã hội và họ nên ở nhà

Xin hãy cho biết lý do cho câu trả lời trên
[   ]

Bạn đã từng nghe cụm từ ≪ Công ước quốc tế về quyền của người khuyết tật ≫ chưa?
· Có nghe nói   · Chưa nghe bao giờ

Xin chân thành cảm ơn sự hợp tác của bạn.
Người điều tra: Uwano Toshiyuki
Nghiên cứu sinh Tiến sỹ chuyên ngành nghiên cứu khu vực Khoa Nghiên cứu Văn hóa Tổng hợp, Đại học Tokyo.
Nếu bạn có câu hỏi gì, xin vui lòng liên hệ đến địa chỉ email sau: ____@__.com

ホーチミンにおける調査票

（2011 年 9 月 24 日配布）

Phiếu điều tra này do Uwano Toshiyuki, hội viên Hội Xây dựng xã hội phúc lợi Nhật Bản, tiến hành điều tra về xây dựng đô thị tại Việt Nam trong vài năm tới, khi tàu điện ngầm lưu thông. Phiếu này chỉ đơn thuần sử dụng vào mục đích điều tra học thuật, không sử dụng vào mục đích thương mại.

Tuổi:
Giới tính:
Bậc học cuối cùng:
Nghề nghiệp:

1. Một tuần bạn đi ra ngoài khoảng mấy lần? (Lúc đi (một chiều) khoảng bao nhiêu phút?)

2. Mục đích đi ra ngoài của bạn là gì?

303

3. Phương tiện đi lại chính của bạn là gì?

4. Bạn sử dụng xe buýt như thế nào? (Một tuần mấy lần)

5. Bạn có đi xe máy không?

6. Giữa xe ôm, xe máy, xe buýt và xe taxi, bạn sử dụng loại nào nhiều hơn?

7. Lý do bạn chọn phương tiện đi lại như mục 6?

8. Khi nào thì bạn đi xe buýt?

9. Bạn có biết sắp tới tàu điện ngầm sẽ lưu thông không? Nếu có, bạn có đi không?

10. Bạn đã từng giao lưu với người khuyết tật chưa? (tại gia đình, nơi làm việc, ngoài xã hội…)

11. Bạn đã từng nhìn thấy người khuyết tật chưa? (Ở đâu)

12. Nhiều nước đã hoàn thiện môi trường để người khuyết tật có thể đi lại dễ dàng. Bạn có biết từ giao thông tiếp cận (Sản xuất, thiết kế sản phẩm, công trình vì người khuyết tật)?

13. Bạn có biết về xe buýt có thiết kế thang máy cho xe lăn không?

14. Bạn có biết ở Thành phố Hồ Chí Minh cũng có xe buýt như mục 13 không (tuyến số 1, 6, 10, 94)?   Có   Không   (Nếu có thì biết như thế nào và tuyến số mấy?)

15. Bạn nghĩ thế nào về xe buýt có thiết kế thang máy cho người khuyết tật của Thành phố Hồ Chí Minh? Có cần thiết? Hay không cần thiết?

16. Bạn đã từng nhìn thấy người sử dụng loại xe này chưa?   Có   chưa
(Nếu có, bạn đã suy nghĩ như thế nào)

17. Để đưa xe lăn lên xe buýt có thiết kế thang máy cho người khuyết tật thì phải mất thời gian. Bạn có thể đợi được trong bao nhiêu phút?

付録

18. Ở nước ngoài, người có khuyết tật và người không có khuyết tật đều tham gia vào xã hội (học tập – làm việc). Bạn từng có ấn tượng về chính sách phúc lợi như thế này không?

19. Ở Việt Nam cũng có ấn tượng về một xã hội như điểm 18 không?

20. Xin hãy nói lý do về câu trả lời ở điểm 19

Xin cảm ơn bạn đã hợp tác.

Người điều tra: Uwano Toshiyuki

Nghiên cứu sinh Tiến sỹ chuyên ngành nghiên cứu khu vực

Khoa Nghiên cứu Văn hóa Tổng hợp, Đại học Tokyo.

Có điểm gì không rõ, xin vui lòng liên hệ đến địa chỉ email sau: ____@__.com

略語一覧

ACCD: American Coalition of Citizens with Disabilities、米国障害者市民連合

ADA: Americans with Disabilities Act of 1990、障害をもつアメリカ国民法

AEI: Accessible Exchange International、アクセス・エクスチェンジ・インターナショナル

ANSI: American National Standards Institute、米国国家規格協会

ASA: American National Standard、米国規格協会

ATBCB: The Architectural and Transportation Barriers Compliance Board、建築物および交通機関障壁対策委員会

BMF: Biwako Millenium Framework、びわこミレニアム・フレームワーク

BRT: Bus Rapid Transit、高速バス輸送システム

BTS: Bangkok Transit System、高架鉄道（通称スカイトレイン）

CNG: Compressed Natural Gas、圧縮天然ガス

DOLISA: Department of Labour - Invalids and Social Affairs（Cuộc Lao động - Thương binh và Xã hội）、労働・傷病兵・社会福祉局 [1]

DP Hanoi: Hanoi Disabled People Association（Hôi Người Khuyết Tật Thành Phố Hà Nội）ハノイ障害者団体

DRD: Disability Research & Capacity Development（Trung Tâm Khuyết Tật và Phát Triển）、障害者人材育成センター

ESCAP（エスキャップ）: Economic and Social Commission for Asia and the Pacific、国連アジア太平洋経済社会委員会、UNESCAP（ユネスキャップ）とも

GSO: General Statistics Office of Vietnam（Tổng Cục Thống kê）、ベトナム国家統計局

JBIC（ジェイビック）: Japan Bank for International Cooperation、日本国際協力銀行

LDTBXH: MOLISA を参照

MOLISA（モリザ）: Ministry of Labour - Invalids and Social Affairs（Bộ Lao động - Thương binh và Xã hội、LDTBXH とも）、労働・傷病兵・社会福祉省 [2]

NCCD: National Coordinating Council for Disabilities（Ban điêu phối các hoạt động hỗ trợ người tàn tật Việt Nam）、国家障害者調整委員会

1）MOLISA（労働・傷病兵・社会福祉省）が中央省庁であるのに対して、DOLISA は地方各自治体の労働・傷病兵・社会福祉局である。

2）ベトナム国内の報道においては、Bộ LĐTBXH あるいは BLĐTBXH とベトナム語の略語で表記されることが多い。

略語一覧

NCD: National Council on Disability（Ủy ban Quốc gia về Người khuyết tật Việt Nam）、障害者に関する国家委員会

ST サービス : Special Transportation Service、特別輸送サービス

UNESCAP: United Nations Economic and Social Commission for Asia and the Pacific、国連アジア太平洋経済社会委員会、ESCAP とも

VFD: Vietnam Federation on Disability（Liên Hiệp hội về người khuyết tật Việt Nam）、ベトナム障害者連合会

VAVA（ヴァヴァ）: Vietnam Association of Victims of Agent Orange/Dioxin（Hội Nạn nhân chất độc da cam/dioxin Việt Nam）、ベトナム枯葉剤被害者協会

VNAH: Viet-Nam Assistance for the Handicapped、障害者のためのベトナム支援

VUSTA：Vietnam Union of Science and Technology Associations、ベトナム科学技術連盟

VTV: Vietnam Television、ベトナムテレビ

WHO: World Health Organization、世界保健機構

307

索 引

あ行

アクセシビリティ　46, 73, 262
アクセシブル　28
アジア太平洋・障害者インターナショナル（DP-AP）　202, 205
ANSI → 米国国家規格協会
医学モデル　23, 28, 40, 252
意識調査　122
インクルーシブ社会　147, 248, 254
インクルーシブデザイン　31
インテグレーション　147
インペアメント　27
エアポートレールリンク　199
ESCAP → 国連アジア太平洋経済社会委員会
ST サービス　21, 63
ADA 法 → 障害をもつアメリカ国民法
NCCD → 国家障害者調整委員会
NCD → 障害者に関する国家委員会

か行

『教程ベトナム障害者法』　278
行無碍資源推広協会　216
形式的バリアフリー　231, 245, 247, 254, 257, 280
言論の自由　278
公共交通機関　121, 218
　　——の利用状況　131
　　——とバイク　218
　　障害者と——　141, 226
高速バス輸送システム（BRT）　91, 200, 269

交通手段の移行　225
『交通バリアフリー』　80
交通バリアフリー法　18
国際障害者年　20, 44, 51
国連アジア太平洋経済社会委員会（ESCAP）　24, 53, 156, 191, 232
国連障害者権利条約　23, 38, 157, 216, 228, 232, 252
国連障害者権利宣言　44
国連障害者の十年　20, 51, 191
心のバリアフリー　23, 32, 149, 151, 183, 235, 238, 242, 246, 252
　　タイの——　210
　　台北の——　229
　　日本の——　249
　　ベトナムの——　249, 267
国家障害者調整委員会（NCCD）　60, 80
コミュニティ交通　21

さ行

サイアム駅　194, 200
サバイウォーク　202, 205
残障福祉法　212, 216
JBIC → 日本国際協力銀行
GSO → ベトナム国家統計局
社会主義
　　——とバリアフリー　153, 185
社会モデル　19, 23, 28, 252, 278
捷運　214
　　——とバイク　223
障害　27
　　——の認定　63
障害者　27, 67

索 引

――と公共交通機関 141, 226
――との交流 141
――の外出 227
中国における―― 154
障害者エンパワメント法 192
障害者が使用する道路、建築物のバリア
フリー規範 155
障害者権利条約 72, 189
障害者権利条約実施法 216
障害者差別解消法 18
障害者人材育成センター（DRD） 85,
109, 276, 283
障害者に関する国家委員会（NCD） 60,
271
障害者に関する法令 70, 73, 78
障害者の機会均等化に関する基準規則
23
障害者の権利宣言 41
障害者のためのベトナム支援 61, 110
障害者法 63, 74, 111
障害者リハビリテーション法 191
『障害に関する世界報告書』 41
障害をもつアメリカ国民法（ADA法）
24, 44, 47, 50
傷病兵 113
障壁 → バリア
自立生活運動 47
身心障礙者権益保障法 214, 217
身心障礙者保護法 213
セオム → バイクタクシー
1992年憲法 67, 73
1980年憲法 67

た行

台北
――の心のバリアフリー 229
――のバリアフリー化 211, 228
――のバリアフリーバス 215
台北市新活力自立生活協會 220
台湾

――の地下鉄 → 捷運
タインコンタクシー 278
高木資料 121, 135, 263
タクシー
北京の―― 175
ダナン 86
――のバス 102
タンロン・ハノイ建都1000年記念イベ
ント 82
地下鉄 103
台湾の―― → 捷運
――の認知度 138
バンコクの―― 198
北京の―― 166
中国
――における障害者 154
――の改革開放 17, 250
――の鉄道 177
中国高速鉄道 179
中国障害者保障法 156
中国障害者連合会 155, 159
駐輪場 221
DRD → 障害者人材育成センター
ディスアビリティ 27, 50
DPハノイ 106
DP-AP → アジア太平洋・障害者インター
ナショナル
鉄道
ベトナムの―― 75
中国の―― 177
ドイモイ政策 71, 250
鄧撲方 155, 158
徳田克己の教育 254
都市道路と建築物のバリアフリー規範
157

な行

日本国際協力銀行（JBIC） 104
ニーリエ、ベンクト 43
ノーマライゼーション 41, 43, 55

309

は行

バイク
　公共交通機関と—— 218
　捷運と—— 223
　——の渋滞 121, 211, 223, 233
　——を選んだ理由 133
バイク社会 150, 218, 233
バイクタクシー 115
博愛医院 181
バス
　ソウルの—— 100
　ダナンの—— 102
　——の利用頻度 134
　ハノイの—— 90, 273
　ホーチミンの—— 92, 237, 262
「バスに乗る運動」 64
ハートビル法 18
ハノイ 81
　——のバス 90, 273
ハノイ駅 75
ハノイ自立生活センター 269
VAVA → ベトナム枯葉剤被害者協会
パラゲーム 81
バリア（障壁） 27
バリアフリー 27
　観光地型—— 245
　キャッチアップ型—— 244
　経済力と—— 183
　社会主義と—— 153, 185
　上海の—— 182, 188
　人的依存型—— 246
　人的介助型—— 245
　トップダウン型—— 244
　——のソフト 33, 39, 171, 183
　——のハード 33, 39, 231, 237, 253
　ボトムアップ型—— 243
バリアフリー化
　台北の—— 211, 228
　バンコクの—— 189, 203, 209
　北京の—— 160, 180

バリアフリー化の三角形 184, 231, 239, 259
バリアフリー検査士 217, 282
バリアフリー新法 18
バリアフリータクシー 176
『バリアフリー・デザイン』 20, 39, 51
バリアフリー動線 36, 179, 197, 228, 233, 235, 270
バリアフリーバス
　台北の—— 215
　北京の—— 161
　ホーチミンの—— 262
バリアフリー・ユニバーサルデザイン推進要綱 33
バンク＝ミケルセン 43
バンコク
　——の地下鉄 198
　——のバリアフリー化 189, 203, 209
バンコク高架鉄道（BTS） 192, 203
　——の行政訴訟 204
ハンディキャップ 27
BRT → 高速バス輸送システム
BTS → バンコク高架鉄道
びわこミレニアム・フレームワーク 53, 72
VFD → ベトナム障害者連合会
VNAH → 障害者のためのベトナム支援
フエ 88
福祉住環境コーディネーター 282
プラクティカブル 262
米国国家開発庁（USAID） 61
米国国家規格協会（ANSI） 19, 29, 45
北京 153
　——のタクシー 175
　——の地下鉄 166
　——のバリアフリー化 160, 180
　——のバリアフリーバス 161
北京駅 177
北京オリンピック・パラリンピック 17, 160, 187, 235
北京南駅 179

索 引

ベトナム
　　——の心のバリアフリー　249, 267
　　——の生活習慣　126
　　——の鉄道　75
ベトナム枯葉剤被害者協会（VAVA）　113
ベトナム国家統計局（GSO）　61
ベトナム障害者連合会（VFD）　112, 271
ホイアン　87
ホーチミン　83
　　——のバス　92, 237, 262

ま・や・ら行

MORISA → 労働・傷病者・社会福祉省
友善建築　216, 230
USAID → 米国国家開発庁
ユニバーサルデザイン　21, 30, 181, 241, 262
4つの障壁　22, 30, 50, 252
レンタルサイクル　221
労働・傷病者・社会福祉省　59

311

あとがき

　本書を書き終え、いちばんにお礼をいわねばならないのは、学位論文作成の
ために指導してくださった先生方である。調査報告書と評価されていた私の修
士論文にわずかな可能性を見いだし、そこから学位論文まで導いて下さった古
田元夫名誉教授。東京外国語大学時代に、学部から修士まで指導してくださり、
博士論文でも継続して指導してくださった澤田ゆかり教授。温かい言葉で励ま
し続けてくださった谷垣真理子教授。友人のような気さくな様子で、鋭く障害
学の立場から指導してくださった長瀬修教授。ベトナムに対する深い造詣で、
ベトナム語の指導をしてくださった岩月純一教授。出版にあたり学位論文を読
み返すと、よくここまで付き合ってくださったと頭が上がらない思いである。

　ベトナムにおける実質的な調査活動は、共立国際交流奨学財団主催「第9回
アジア体験コンテスト」入賞の副賞からであり、出版を勧められたのは「第
13回アジア太平洋研究賞（井植記念賞）」の懇親会であった。この2つの受賞に
より、研究者としての可能性が大きく広がった。気持ちだけが空回りして稚拙
なことしか考えていなかった私を選んでくださった先生方に感謝したい。

　先生方だけではなく、私の学業の遂行上、幾多の障壁の除去をしてくださっ
た東京大学バリアフリー支援室のスタッフの方々と、ページを捲ることができ
ない私のために書籍のデジタル化をしてくれた学生ボランティアたちにもお礼
をいわねばならない。古田ゼミのゼミ生たちには教室で不便なところを助けて
もらっただけではなく、研究に対する姿勢に学ぶことが多く、負けないように
とよい刺激を受けた。留学生のブさんとハンさんには、調査でもたくさん協力
いただいた。ベトナムの調査に同行し、ボランティア同然に通訳をしてくれた
ハノイ国家大学の学生たちは、ブさんの教え子である。彼らにはそのお礼も兼
ねて、本書に調査時の写真を掲載させてもらった。ホーチミンでの通訳は、共
立財団の方から紹介いただいた、さくら日本語学校校長のシー先生にも大変お
世話になった。

　出版を勧められてから4年になろうとしている。優秀なゼミ生たちははやば

やと出版し、教鞭を執っているのに対し、私はのんびりしたものだった。そこには、ベトナムのバリアフリー化を数年にわたって追い続け、この急速な変化を知ったがゆえに、結論として未来のビジョンを簡単には描けないジレンマもあった。そこで、最終章で、4年間の変化を付け加えるという形式をとらせていただいた。本書の執筆にあたって心掛けたことは、バリアフリーの調査報告書にならないことだった。先行研究も乏しい分野であり、車椅子生活者であるがゆえに、バリアフリーの状況に気がつくことが多く、報告しているだけで研究した気分になってしまう。しかし、研究者をめざすならば、その状況からみえることを論理立てて整理することが必要であった。このような真摯な気持ちに対し家族は、「調査に行っているのか、アオザイ姿を見に行っているのかわからない」と揶揄する。たしかに、ベトナムの象徴の一つともいえるアオザイ女性達の優雅な光景が、論文執筆時に挫けそうになった私の心の支えになったのは否定しない。

「ベトナムのバリアフリー研究をしています」という言葉は、多くの人には意外に映るようだった。それはそうであろう。今でこそ多くのベトナム人が研修生として来日して身近な存在となっているが、私が研究を始めたころ、周囲はベトナム戦争、枯葉剤、難民など、ベトナムの古いイメージをそのまま引きずっており、そのようなところでバリアフリー研究をするとは酔狂にしか思えなかったであろう。また、日本人には東南アジアは欧米と比較して、心理的に遠い国のようであった。

そのような状況から十数年研究を続け、出版するまでに至ったということにいちばん驚いているのは、自分自身だと思う。このあたりは『障害学研究』11号のエッセイにも書いているが、高校で受傷した中途障害者の私は性格が内向的なこともあり、復学することもできずに挫折した状態のまま年月だけが無為に過ぎていった。

実際には、リハビリ病院から退院後、通信制の大学に入学したのであるが、時代は医学モデルであり、インペアメントに対する社会の対応はまだまだ厳しいものであった。スクーリングにあたり、「学校側は受け入れますが、それ以上のことはご自身で何とかしてください」といわれ、無理した結果、怪我をして再度の挫折感を味わった。この私がリターンマッチのように社会参加できた

のは、医学モデルによる自己のインペアメントの回復ではなく、他ならぬバリアフリー化という社会モデルによる社会環境の変化があったおかげである。受傷後、大学進学は難しくとも学ぶことは諦められず、勉強はどこでやっても関係ないと、NHKの講座で独学を続けた。語学学習の実践のために市民講座や大学の公開講座に通い始めると、以前に比べ学校側へこちらの要望が通りやすくなり、学校側からさらなる要望はないかと聞いてくれるようになってきたことに驚いた。この興奮は、社会がバリアフリー化することで受けた自己の恩恵を、社会に還元したいという気持ちを強くした。このような思いから、バリアフリー研究を始めた。もちろん、そこには、新たな世界を享受できたベトナム旅行があり、ベトナム研究が大前提でもあるのだが。

　月並みな表現だが、ここまでの道のりには多くの方々からの協力を得ている。大学での出会いがこんなにも視野を広げてくれ、世界を変えてくれるものとは想像もしていなかった。
　念願のキャンパスライフの第一歩を踏み出せたのは、大東文化大学生涯学習講座で中国語を指導してくださった陳思穎先生のおかげである。
　東京外国語大学中国語科編入後は、初めての大学生活で不慣れな私にいろいろと配慮くださった教務課の方々に、大変お世話になった。澤田ゼミやベトナム語科の学生たちとはそれぞれ海外で会ったりして、みんなの活躍が自分のことのように嬉しく思える。授業では、辞書や参考書で著名な先生から直接指導を受けられることが嬉しく、喜び勇んで片端から語学の授業を受講し、10言語の単位を取得した。社会復帰を果たして落ち着いた今ではできないことである。特に、宇根祥夫先生、トー先生、トゥアン先生に教わったベトナム語と、宇戸清治先生とウィチャイ先生に教わったタイ語は、現地調査を行うさいの武器となった。岡田昭人先生の留学生と交流する授業も、現地調査を行う私にとって大きな財産になった。岡田先生には留学生との交流イベントにいつもお誘いいただき、そのおかげで各国に知り合いができ、今でも交流が続いている。千島英一先生の広東語では、仮性音痴の私の声調で授業の進捗にご迷惑をかけたが、この広東語から得られた知識は漢越語の語彙が多いベトナム語の学習に今でも役立っている。帰国していた中国語の蘇英霞先生には北京調査の際に同行していただき、押しの弱い私に代わり、現地で交渉をしていただいた。栗原浩

英先生のベトナム研究では、受講者が 1 人の授業ということもあり、「(ほかに研究者のいない分野だから)パイオニアになるチャンス」とおだてられたように思う。

　東京大学では、池本幸生先生、武川正吾先生、川島真先生、羽田正先生のゼミにお世話になった。池本先生には、ホーチミン人文社会科学大学東南アジアセンターのチャン・ディン・ラム・センター長を紹介していただき、ベトナムの要人とのインタビューへの紹介状をすべて作っていただいた。ラム・センター長の紹介がなければ、これだけたくさんのインタビューはとれなかったであろう。さらに、池本先生とラム・センター長が企画した、ベトナムにおけるフィールドワークの実習にも参加できた。4 泊 5 日のスタディーツアーのコースは、私個人では行くことのできないようなベトナムの地方であり、貴重な場所を回ることができた。この授業をとっていなければ、チャム族の村などけっして行けなかった場所である。このときにいっしょに参加した東京大学の男子学生たちには、車椅子を担いでもらったり、観光バスの乗降などでも大変お世話になった。そのときの通訳者であったフォンさんとは、今でもそのときの楽しい旅の思い出話で盛り上がる。武川先生の授業は、社会学のゼミであり、社会現象に対する分析という社会科学の視座を学ぶことができた。これは、バリアフリーに対する視点を再構築するという意味で、本書でも有効であった。川島先生のゼミでは、川島先生の研究に対する厳しい姿勢を学び、中国研究の友人たちを得ることができた。羽田先生のゼミでは、羽田先生の温和なお人柄のなかから、学問の楽しさを学ぶことができた。また、浅見靖仁先生の学部向けのタイ語と東南アジア論の授業に参加させていただけたおかげで、タイの研究者の情報を提供していただいたり、「日本・アジア学」の修了証まで手にすることができた。

　バリアフリーの専門家の集まりである日本福祉のまちづくり学会の諸先生方からは、専門分野のレクチャーをいただき、その内容は本書のなかでも重要な役割を果たしている。

　本書は刊行にあたり、平成 29 年度東京大学学術成果刊行助成制度の補助を受けている。まだ納得できる形になっていなかった私の学位論文が本書として形を成したのは、このような刊行の機会を与えていただいたおかげである。出版のためには読んでくださる方々のことを考えて書かねばならないと、審査の

あとがき

コメントをくださった先生方に心より感謝申し上げたい。また、今回の出版のために積極的にアドバイスをしてくださった先端科学技術研究センターの福島智教授、事務処理をしてくださった熊坂さんには現在お世話になっており、今後もこれまで以上にお世話になるだろう。そして、回りくどい私の表現を明快な文章に編集してくださり、校了締切り直前まで、私のわがままをたくさん聞いてくださった明石書店、そして編集担当をしてくださった田島俊之氏には心より御礼を申し上げたい。さらに、このようなバリアフリー社会の構築へ尽力してくださった先人たちの活動にも感謝の念が尽きない。

　最後に、読者の皆様には、この本の出版こそがインクルーシブ社会の成果であり、心のバリアフリーの結晶であると感じていただけたらという願いとともに感謝の気持ちとしたい。

　2018 年 7 月

上 野 俊 行

317

●著者紹介
上野　俊行（うわの・としゆき）
東京外国語大学大学院地域文化研究科地域国際専攻博士前期課程、東京大学大学院総
合文化研究科地域文化研究専攻博士後期課程を経て、現在は東京大学先端科学技術
研究センター特任研究員。博士（学術）。ジェトロ・アジア経済研究所より、「アジア
における障害者のアクセシビリティ法制」プロジェクトのベトナム担当を委嘱される
（2016年4月〜2018年3月）。専門は地域文化、社会学、バリアフリー、障害学。

ベトナムとバリアフリー

──当事者の声でつくるアジア的インクルーシブ社会

2018年7月31日　初版第1刷発行

著　者		上　野　俊　行
発行者		大　江　道　雅
発行所		株式会社 明石書店

〒101-0021 東京都千代田区外神田 6-9-5
電話 03（5818）1171
FAX 03（5818）1174
振替　00100-7-24505
http://www.akashi.co.jp/

装丁　　　　　明石書店デザイン室
印刷／製本　　モリモト印刷株式会社

（定価はカバーに表示してあります）　　ISBN978-4-7503-4705-9

JCOPY 〈（社）出版者著作権管理機構　委託出版物〉
本書の無断複写は著作権上での例外を除き禁じられています。複写される場
合は、そのつど事前に、（社）出版社著作権管理機構（電話03-3513-6969、
FAX 03-3513-6979、e-mail: info@jcopy.or.jp）の許諾を得てください。

現代ベトナムを知るための60章【第2版】
エリア・スタディーズ39
今井昭夫、岩井美佐紀 編著
◉2000円

東南アジアを知るための50章
エリア・スタディーズ129
今井昭夫 編集代表　東京外国語大学東南アジア課程編
◉2000円

現代ベトナムの国家と社会
人々と国の関係性が生み出す〈ドイモイ〉のダイナミズム
寺本 実 編著
◉3800円

社会調査からみる途上国開発
アジア6カ国の社会変容の実像
稲田十一
◉2500円

世界障害報告書
アラナ・オフィサー、アレクサンドラ・ポサラック 編
長瀬 修 監訳
◉7500円

中途盲ろう者のコミュニケーション変容
人生の途上で「光」と「音」を失っていった人たちとの語り
柴﨑美穂
◉3600円

盲ろう者とノーマライゼーション 癒しと共生の社会をもとめて
明石ライブラリー1
福島 智
◉2800円

盲ろう者として生きて
指点字によるコミュニケーションの復活と再生
福島 智
◉2800円

バリアフリー社会の創造
齊場三十四
◉1800円

交通とバリアフリー バリアフリー社会の創造②
齊場三十四
◉1800円

多文化共生論
多様性理解のためのヒントとレッスン
加賀美常美代 編著
◉2400円

共生の障害学 排除と隔離を超えて
堀 正嗣 編著
◉3000円

障害学への招待 社会、文化、ディスアビリティ
石川 准、長瀬 修 編著
◉2800円

障害学の主張
石川 准、倉本智明 編著
◉2600円

障害をもつ人と社会保障法 ノーマライゼーションを越えて
明石ライブラリー125
髙藤 昭
◉3300円

アメリカ初の障害者差別禁止法はこうして生まれた
リチャード・スコッチ 著　竹前栄治 監訳
◉2000円

〈価格は本体価格です〉